THREE
YEARS
2009-
2012

谨以此书纪念

国家林业局信息化管理办公室成立三周年

（2009 年 1 月至 2012 年 1 月）

中国林业信息化丛书

POLICIES AND REGULATIONS OF CHINA FORESTRY INFORMATIZATION

中国林业信息化 政策制度

李世东 主编

中国林业出版社

图书在版编目(CIP)数据

中国林业信息化政策制度 / 李世东主编. —北京：中国林业出版社，2012.2

(中国林业信息化丛书 / 贾治邦主编)

ISBN 978-7-5038-6556-5

Ⅰ. ①中… Ⅱ. ①李… Ⅲ. ①林业－信息化－林业政策－中国 Ⅳ. ①F326.2－39

中国版本图书馆 CIP 数据核字(2012)第 079259 号

中国林业出版社·自然保护图书出版中心

策划编辑：刘家玲

责任编辑：温 晋 刘家玲

出 版：中国林业出版社(100009 北京西城刘海胡同 7 号)

E-mail：wildlife_ cfph@163.com　　电话：83225836

发 行：新华书店北京发行所

印 刷：北京中科印刷有限公司

版 次：2012 年 2 月第 1 版

印 次：2012 年 2 月第 1 次

开 本：787mm × 1092mm 1/16

字 数：495 千字

印 张：22.75

定 价：69.00 元

《中国林业信息化》丛书编辑委员会

序

Proface

“十一五”以来，特别是2009年首届全国林业信息化工作会议以来，各地各单位认真落实“加快林业信息化，带动林业现代化”的重要部署，掀起了全面加快林业信息化的新高潮，呈现出持续快速发展、全面健康推进的良好态势，为全面推进现代林业建设做出了重大贡献。

一、首抓顶层设计，科学谋划了林业信息化发展蓝图。适应当今信息时代新变化和现代林业发展新要求，顺应广大林农更多更快更好信息服务新期待，我们首先组织开展了全国林业信息化顶层设计：制定了《全国林业信息化建设纲要》及《全国林业信息化建设技术指南》，形成了全国林业信息化的纲领性文献；组织召开了两届全国林业信息化工作会议，确立了“加快林业信息化，带动林业现代化”的发展思路；精心编制了《全国林业信息化发展“十二五”规划》，绘就了今后5年的发展蓝图；超前开展了中国林业信息化发展战略研究，提出了中长期发展的科学方略。

二、加强基础建设，建成了全国林业信息高速公路。全国林业专网联通了全国各省级林业主管部门和国家林业局京内外直属单位，建成了传输各类信息数据的高标准信息高速公路。各级林业主管部门加快办公内网建设，国家林业局建成了集工作、信息、学习、生活和交流五大平台于一体的内网大平台。各地各单位加大了机房标准化建设力度，明显改善了运行环境和发展条件。

三、强化政务应用，林业开始迈入无纸化办公时代。2010年6月1日，国家林业局正式启用综合办公系统，实现了办文、办会、办事等政府机关主要工作的在线办理。2011年初，国家林业局移动办公系统正式上线运行，彻底打破了传统办公方式的时空界限，实现了随时随地办公新模式，获得“电子政务管理效能提升奖”等。各级林业主管部门加快推进办公自动化进程，显著提高了工作效率，降低了行政成本。

四、狠抓网站整合，打造了中国林业统一服务窗口。国家林业局对原有各司局各单位、各省级林业主管部门网站进行了有机整合，新建了森林公园等网站群，形成了以中国林业网主站为龙头，以数百个子站为主体的大规模网站群，打造了中国林业“网上航空母舰”，科学构建了信息发布、在线办事、互动交流、林业展示四大版块，增建了繁体版和英文版，开办了中国林业网络电视台，建设了中国林业网络博物馆、中国林业网络博览会，全面提升了信息服务功能。2011年国家林业局信息公开在中央部委中名列第二，国家林业局政府网进入中央部委前10名，荣获“中国政府网站领先奖”。

五、优化资源配置，基本建成共建共享统一平台。实施了国家自然资源和地理空间数据库、国家林业局内外网整合改造等重点项目，新建了科技成果、林业专家、电子图书馆等一批重点数据库，整合改造了100多个重点数据库，初步实现了省级以上林业专业数据集中管理和跨部门数据共享。启动实施林业资源监管体系建设项目，新建了森林、湿地、荒漠、生物多样性资源监管等重点应用系统。建设了国家林业局内外网统一平台。

六、积极争取支持，取得了“金林工程”立项等重大突破。认真谋划推进“金林工程”这一林业信息化的龙头工程、全局工程，必将有力带动现代林业大踏步向前迈进。我们紧紧抓住信息化从“互联时代”到“物联时代”的良好契机，成为“国家物联网应用示范工程”首批6个试点部委之一。确定了辽宁、福建、湖南和吉林森工等为全国林业信息化示范省。

七、完善保障体系，形成了林业信息化良好运行机制。组织机构取得突破，经中央机构编制委员会办公室批准成立了国家林业局信息中心，负责组织、协调、指导、监督、管理全国林业信息化建设和电子政务工作，与信息化管理办公室两块牌子一套人马；2/3的省级林业主管部门设立了独立信息化机构。资金投入得到加强，各级林业主管部门5年共投入林业信息化建设资金12.6亿元。制度标准不断健全，制定了《全国林业信息化工作管理办法》等10多项制度，成立了全国林业信息化标准委员会，认真梳理了300多个现行标准，研究制定了20多个急需的基础性标准。信息安全保障不断完善。合作交流进一步加强。管理方法不断创新，发布了首部《中国林业信息化发展报告》，开展了全国林业信息化发展水平评测和网站绩效评估，组织了年度10件大事评选，征集评选了林业信息化标识。

总的来看，林业信息化建设实现了大步跨越，发生了翻天覆地的变化，已成为现代林业建设的一大亮点，成为展现林业部门良好形象的一张名片，有力提升了林业的地位和社会影响力，大大改变了过去林业落后保守的形象。当前，林业已逐渐成为一个信息林业，信息技术正在成为促进现代林业发展最强劲的驱动力量。

“十二五”时期林业信息化建设的总体要求是：围绕“发展现代林业、建设生态文明、推动科学发展”这个中心，按照“加快林业信息化，带动林业现代化”的总体思路，坚持工程带动，强化应用服务，推进资源整合，拓展工作领域，完善体制机制，努力形成“五个统一”的建设格局，大力提升林业信息化水平，为加快转变林业发展方式、全面推动现代林业发展做出新贡献。

林业信息化是推进林业科学发展的重要手段，是关系林业工作全局的战略举措和当务之急。我们一定要高度重视，认真对待，积极行动，狠抓落实，确保林业信息化建设各项任务全面完成。

贾治邦

2012年2月26日

我们有一个梦想

（代前言）

在新年钟声刚刚敲响、新春佳节即将到来的特殊时刻，我们欢聚一堂，举行林业信息化工作座谈会暨国家林业局信息化管理办公室成立三周年总结会，共同回顾过去，展望未来，感到十分高兴和无比激动。

三年前，一群有志于林业信息化事业的同仁，顺应全球信息化浪潮，响应国家林业局党组的英明决策，怀揣着一个美好梦想从四面八方走到一起。我们有一个梦想，就像一棵棵幼苗梦想着长成参天大树！我们有一个梦想，犹如一片片砖瓦梦想着变成摩天大厦！我们有一个梦想，即是通过加快林业信息化早日实现林业现代化！

三年来，我们克服重重困难，冲破重重阻力，启动了中国林业信息化的腾飞之旅，铸就了中国林业信息化的"航空母舰"，取得了几十项第一，获得了几十项突破，创造了林业信息化发展最快、收获最丰、成效最好的光荣历史，书写了一段精彩纷呈、灿烂辉煌的华美篇章！

三年来，林业信息化顶层设计首先推出，发布了《全国林业信息化建设纲要》及《全国林业信息化建设技术指南》，制定了首个全国林业信息化发展五年规划，首次将林业信息化在全国林业发展五年规划中单独列章，科学谋划了林业信息化全面加快发展的新蓝图。

三年来，林业信息化全面加快发展的冲锋号角响彻全国，召开了第一届和第二届全国林业信息化工作会议，确立了"加快林业信息化，带动林业现代化"的发展思路和"五个统一"的基本原则，把林业信息化建设推向新的阶段。

三年来，我们狠抓工程建设，打造了首个中国林业网站群、首个集五大平台于一体的国家林业局办公网，建设了覆盖各地各单位的国家林业专网，建成了高标准的国家林业中心机房，实现了无纸化办公和移动办公，开启了打破时空界限的电子办公新时代。

三年来，国家林业局信息化管理办公室和国家林业局信息中心正式成立，24个省区市成立了独立的林业信息化管理机构，确立了两批全国林业信息化建设示范省，出台了一系列制度标准，连续发布了林业信息化年度发展报告，为林业信息化又好又快发展打下了坚实基础。

三年来，各地各单位信息化建设取得了重要进展。湖南实施了“测土配方”工程，辽宁实现了省、市、县三级网上协同办公，福建开发了综合营造林管理系统，吉林森工研发了经济运行系统，江西开发了林权交易系统，广东建设了林权管理系统，北京建设了网格化管理系统，河南建设了森林资源数据库，内蒙古开展了盟市信息化示范建设，浙江、山西建设了林权一卡通管理系统，山东启动了市县林政资源管理系统，陕西实现了无纸化办公，沈阳市建设了林农服务平台……各地各单位的积极举措，如繁星一般点亮神州大地，形成了全国林业信息化蓬勃发展的绚丽景象。

短短三年，全国林业信息化建设实现了大步跨越，发生了翻天覆地的变化。林业信息化已成为现代林业建设的一大突出亮点，成为展现林业部门良好形象的一张亮丽名片。

回首三年，我们走过了一条充满荆棘、异常艰辛、极其曲折的发展之路。大家付出了太多的汗水，承受了太大的压力，饱尝了酸甜苦辣，体会了人间冷暖。困难面前见真情，坎坷面前显英雄。我们没有退缩，没有言败，我们成功地顶了过来，站了起来，冲了上去！

三年来，林业信息化得到了中央有关部门和国家林业局党组的充分肯定。在2011年中国政府透明度报告中，国家林业局信息公开在中央部委中名列第二。国家林业局政府网在中央部委排名中，由2006年的第23名跃升至2011年的第10名，荣获中央部委“优秀政府网站奖”、“中国政府网站领先奖”、“品牌栏目奖”、“精品栏目奖”等十几项奖励。各地各单位先后获得“全国林业信息化十佳单位”、“全国林业十佳网站”、“国家林业局十佳网站”等数十项荣誉。

三年来所取得的每一个成绩，每一点进步，归功于国家林业局党组的亲切关怀，归功于各部门的大力支持，归功于各地各单位的高度重视，归功于有关高等院校、科研单位、IT企业的积极参与，归功于社会各界朋友的关心鼓励，更归功于全体林业信息化同行的艰辛付出！在这里，请允许我代表国家林业局信息化管理办公室，真诚地向大家道一声谢谢：衷心感谢在座各位的辛勤汗水和共同努力，衷心感谢所有同行的同舟共济和真情奉献！

各位同仁，朋友们：

回顾过去，路途艰辛；放眼未来，任重道远！虽然林业信息化建设硕果累累，但这只是万里长征的第一步，我们美好梦想的实现之旅才刚刚开始。我们清醒地认识到，林业信息化的发展，与国家林业局党组的要求还有很大差距，与林业改革发展的需求还有很大距离，一些制约林业信息化发展的关键问题还没有得到根本解决，一些积极因素还没有全部调动起来。我们不能有丝毫的松懈，不能有任何的犹豫，必须奋起直追、不懈努力。当前，实现林业信息化的美好梦想，我们既面临着宝贵的机遇，也面临着严峻的挑战。

就机遇而言：一是历史时代之机遇。当今时代是信息时代，信息化发展潮流浩浩荡荡一路奔流，信息技术发展日新月异一日千里，信息化战略已成为全球共识，时代给我们提供了实现梦想的最佳舞台。二是林业发展之机遇。绿色增长成为时代强音，绿色新政成为世界共鸣，林业正处于大有作为的战略机遇期和黄金发展期，形势给我们提供了实现梦想的良好平台。三是领导重视之机遇。以两届全国林业信息化工作会议的成功召开为标志，“加快林业信息化，带动林业现代化”已成为整个林业行业的共同意志，内因给我们提供了实现梦想的决胜擂台。

就挑战而言：一是资源整合之挑战。由于种种原因，导致林业信息资源分散，思想认识保守滞后，资源整合阻力很大，有些地方甚至举步维艰。二是基础薄弱之挑战。基实才能筑厦，根深才能茂冠。林业信息化起步早，但不少地方体制机制运行不畅，复合人才十分短缺，基础设施非常薄弱，难以支撑林业信息化持续快速发展。三是深化应用之挑战。信息化应用的领域越来越广，要求越来越高，数量越来越大，时间越来越迫切。恰如逆水行舟，不进则退。

机遇稍纵即逝，时光千载难逢。我们要牢牢把握机遇，积极应对挑战。一张白纸能画最新最美的图画，我们要把挑战转化为机遇，把压力转化为动力，把劣势转化为优势，发挥自身特点，努力赶超跨越，实现美好梦想，不辜负大家的期待，不辜负领导的重托，不辜负时代的使命。

各位同仁，朋友们：

今后三年，是我国林业信息化大有作为充满希望的三年。林业信息化“十二五”规划已经印发，未来几年林业信息化发展的美好蓝图已经绘就。我们要紧紧围绕“发展现代林业，建设生态文明，推动科学发展”这个中心，突出建设、应用、运维三个重点，坚持强化基础、提升水平、拓展领域、深化合作、规范管理，推动林业信息化发展阶段由互联网向物联网推进，建设领域由电子政务向电子商务拓展，技术手段由现代信息技术向下一代信息技术提升，应用服务由局部向整体延伸，努力使林业信息化实现新的突破。再用一个三年，力争到2014年，提前实现“十二五”目标，在新一轮信息化浪潮中冲向各行业前列，引领林业加快实现现代化。

下一个三年，发展阶段要由互联网向物联网推进。紧紧抓住信息化从“互联时代”向“物联时代”发展的良好契机，组织实施好智能林业物联网应用示范项目，科学制定林业物联网发展规划，积极推进物联网建设，从“数字林业”到“智慧林业”，使林业尽快实现物联世界。

下一个三年，建设领域要由电子政务向电子商务拓展。在强化林业电子政务建设的同时，积极向林业电子商务、电子社区等领域拓展，建设中国林业电子商务大平台、大基地、大产业，促进信息化与林业生产服务全面深度融合，充分发挥信息化的引领、带动和支撑保障作用。

下一个三年，技术手段要由现代信息技术向下一代信息技术提升。积极建设中国林业云、中国林业物联网，大力推动发射中国林业星，努力做好北斗卫星应用示范等工程建设，促进物联网、云计算、IPv6、新一代移动通信等信息技术在林业行业的普及应用，大幅提升林业信息化的建设和应用水平。

下一个三年，应用服务要由局部向整体延伸。以提高服务保障能力为目标，加快林业信息化八大行动计划进程，在广度上推动信息化应用从点向面延伸，在深度上推动信息化应用由公共办公向核心业务推进。

各位同仁，朋友们：

我们是时代弄潮儿，我们是时尚领跑者。我们共同选择了这一最具时代特征、最具开创精神的事业，尽管前进的道路上布满荆棘、曲折艰难，尽管奋斗的历程会异常艰辛、充满挑战，但我们满怀信心，胸有成竹，一定能战胜各种挑战，这正是我们信息化事业所有同仁的价值所在。

三年来，走过的是岁月，留下的是足迹，带来的是希望，送到的是祝福，我们相信，在国家林业局党组的正确领导下，在大家的共同努力下，我们一定会再创新的辉煌，续写新的篇章！我们的梦想一定要实现！我们的梦想一定能够实现！

李世东

2012 年 1 月 9 日

目　　录

CONTENTS

2010年

2011年

THREE
YEARS
2009-
2012

2009 NIAN

2009年

林业信息化
Forestry Informatization

国家林业局关于印发《全国林业信息化建设纲要》和《全国林业信息化建设技术指南》的通知

林办发〔2009〕23号

各省、自治区、直辖市林业厅(局)，内蒙古、吉林、龙江、大兴安岭森工(林业)集团公司，新疆生产建设兵团林业局，国家林业局各司局、各直属单位：

加快推进林业信息化，逐步建立起功能齐备、互通共享、高效便捷、稳定安全的林业信息化体系，对促进林业决策科学化、办公规范化、监督透明化和服务便捷化具有重要意义。为进一步提升我国林业信息化水平，为发展现代林业、建设生态文明、促进科学发展提供坚实保障，根据中央有关推进信息化建设的重要文件和全国林业厅局长会议精神，结合我国林业发展实际，在深入调查研究和充分科学论证的基础上，我局组织编制了《全国林业信息化建设纲要》和《全国林业信息化建设技术指南》(以下分别简称《纲要》、《指南》)，现印发给你们，并提出有关要求，请结合本地本单位实际，认真贯彻执行。

一、充分认识《纲要》和《指南》的重要意义

林业信息化是现代林业建设的重要组成部分，是促进林业科学发展的重要手段，是关系林业工作全局的战略举措和当务之急。《纲要》及《指南》是指导当前和今后一个时期我国林业信息化建设的纲领性文件，其颁布实施具有重要的历史意义和现实意义。各地各单位对此要高度重视，始终坚持以《纲要》及《指南》为指导，自觉遵循《纲要》及《指南》的各项要求，严格按照《纲要》及《指南》来部署工作。各地各单位要认真学习掌握《纲要》及《指南》的主要内容，提高认识，统一思想，精心组织，认真实施，确保林业信息化建设顺利

推进，力求在较短时间内实现较大突破，为促进现代林业又好又快发展做出更大贡献。

二、尽快建立健全林业信息化建设管理机构

林业信息化工作是一项复杂的系统工程，协调难度大，任务十分繁重。各级林业主管部门要着力解决当前存在的信息化机构不健全、人员配备不足、投入精力有限、业务知识缺乏等问题，成立专门的信息化管理机构，组织得力人员，集中力量，集中精力加以推进，协调处理好信息化建设进程中的实际困难，不断适应林业信息化建设所面临的新形势新要求，充分发挥其在林业信息化建设管理中的重要作用。各司局、各直属单位要切实加强林业信息化建设工作，要设立专门机构或配备专人负责信息化建设。

三、切实加强林业信息化建设的统一管理

为加强林业信息化建设管理，我局专门成立了国家林业局信息化管理办公室，负责全国林业信息化和电子政务建设的统一协调、综合指导、监督管理。各地各单位要在国家林业局信息化管理办公室的统一指导下，按照《纲要》及《指南》的要求，切实做好本地本单位的信息化工作。要结合实际，认真研究制定适合本地本单位的信息化发展规划或实施方案。要坚持统一规划，强化顶层设计，防止自成体系、重复建设和低水平应用等问题，为资源整合和协同作业打下基础。要以资源共享为核心，打破资源分散、封闭和垄断状况，确保信息共享、资源共用。要建立健全规章制度和行业标准，努力提高管理水平和技术水平。

四、努力加大林业信息化建设资金投入

各级林业主管部门要在年度林业建设资金安排中，根据林业信息化建设的实际需要安排信息化建设专项资金。要努力将林业信息化纳入国家和地方信息化建设总体规划，获得国家和地方政府的政策和资金支持。要采取有效措施，积极借助社会各界力量，引入信息化建设资金。要争取多方面、多渠道筹措资金，为林业信息化建设提供坚实保障。

五、扎实推进林业信息化人员培训工作

要加大信息化人才培养力度，建立有利于吸引人才、留住人才的激励机制和用人机制。要强化人员培训，每年都要安排一定比例的人员进行信息化培训，切实提高业务水平。要加强行业内部信息化工作定期交流和互动，以及与相关行业、国外相关部门的交

流。争取在较短时间内培训一支素质较高、能力较强的林业信息化工作队伍，为林业信息化的健康发展提供保障。

各地各单位要在林业信息化建设过程中，最大限度地调动各方面的积极性，抓住影响信息化水平的关键问题，既要重视硬件建设，更要重视软件建设，通过林业信息化的快速发展，为深入推进现代林业建设做出新的更大贡献。

各地各单位在贯彻落实《纲要》及《指南》过程中，如有意见和建议，请及时反馈国家林业局信息化管理办公室。

附件：1. 全国林业信息化建设纲要（略）

2. 全国林业信息化建设技术指南（略）

国家林业局办公室

二〇〇九年一月二十二日

国家林业局关于成立
国家林业局信息化管理办公室的通知

林办发〔2009〕21 号

各省、自治区、直辖市林业厅(局)，内蒙古、吉林、龙江、大兴安岭森工(林业)集团公司，新疆生产建设兵团林业局，国家林业局各司局、各直属单位：

为贯彻落实中央关于加强信息化建设的战略部署，推进林业信息化建设，经研究，决定成立国家林业局信息化管理办公室(以下简称“信息办”)，现就有关问题通知如下：

一、信息办主要职责

信息办在国家林业局党组、信息化与电子政务工作领导小组的统一领导下，负责综合协调、指导监督全国林业信息化和电子政务工作，具体职责是：组织拟订全国林业信息化与电子政务建设的规章制度、技术规定、行业标准、总体规划和年度计划，并监督执行；负责国家林业局机关和直属单位信息化与电子政务建设的组织协调、监督管理、指导实施、对外交流、技术培训等工作；管理林业系统国家级综合数据库和各类专业数据库、主要应用系统、业务主干网络和国家林业局综合办公内网、门户网站、视频会议系统、综合信息传输系统、网络视频等；承担国家林业局信息化与电子政务建设重大项目的组织实施等工作；组织信息采集分类、更新维护、分析整合，负责林业公共信息的网络发布，承担向国务院办公厅电子政务室、中央政府网站等提供林业信息。承担国家林业局信息化与电子政务领导小组的日常工作。

二、信息办组成人员与内设机构

信息办与国家林业局办公室合署办公。信息办主任由李世东同志担任，副主任由王庆杰同志担任。下设电子政务处等处室，负责相关工作，人员从国家林业局办公室和有关单位选调。

特此通知。

国家林业局

二〇〇九年一月二十三日

国家林业局办公室关于启用国家林业局信息化管理办公室公章的通知

办发字〔2009〕20号

各省、自治区、直辖市林业厅(局)，内蒙古、吉林、龙江、大兴安岭森工(林业)集团公司，新疆生产建设兵团林业局，国家林业局各司局、各直属单位：

2009年1月，我局下发了《国家林业局关于成立国家林业局信息化管理办公室的通知》(林办发〔2009〕21号)。根据工作需要，现启用国家林业局信息化管理办公室公章(公章印模见附件)。

特此通知。

附件：公章印模(略)

国家林业局办公室
二〇〇九年二月十九日

国家林业局办公室关于印发《国家林业局 2009 年信息化与电子政务工作要点》的通知

办信字〔2009〕23 号

国家林业局各司局、各直属单位：

经局领导批准，现将《国家林业局 2009 年信息化与电子政务工作要点》(见附件)印发给你们，请认真贯彻执行。

附件：国家林业局 2009 年信息化与电子政务工作要点

国家林业局办公室
二〇〇九年二月二十日

附件

国家林业局2009年信息化与电子政务工作要点

2009年，国家林业局信息化与电子政务工作的总体思路是：按照国家信息化建设的发展战略和总体部署，贯彻落实局党组关于全面推进现代林业建设的总体要求和全国林业厅局长会议精神，以林业电子政务建设为重点，以资源整合和信息共享为突破口，以完善体制机制为保障，统一规划、突出重点、分步实施，为尽快形成布局科学、高效便捷、先进实用、稳定安全的全国林业信息化格局，提高现代林业信息化水平做出新的贡献。重点做好20件大事。

一、认真贯彻落实《全国林业信息化建设纲要》及《全国林业信息化建设技术指南》，加强对全国林业信息化建设的指导，规范全国林业信息化建设。（责任单位：办公室、信息办）

二、筹备召开全国林业信息化工作会议，深化认识，交流经验，安排部署全国林业信息化工作。（责任单位：办公室、信息办、各司局、有关直属单位）

三、加强信息化管理机构建设，积极与中央编办、财政部等部门协调，成立国家林业局信息化管理办公室。（责任单位：人教司、办公室、信息办、计资司）

四、编制完成全国林业信息化建设方案，加速“金林工程”（暂定名称）立项。加强与国家发展改革委、财政部等有关部门沟通，争取尽早完成“金林工程”立项，多渠道增加林业信息化建设投资，为林业信息化建设提供资金保障。（责任单位：办公室、信息办、计资司）

五、完成国家林业局门户网站（外网）整合改造，建立统一的对外门户网站群。扩大信息服务，推进在线办事，加强互动交流，提升网站的社会服务和政务办理功能，确保国家林业局网站在国家各部委网站中居先进地位。（责任单位：信息办、各司局、有关直属单位）

六、实施局综合办公系统工程。按照内部办公网与外网和互联网物理隔离的要求，建设独立的内部办公平台和传输网络。梳理办公流程，规范公文管理，加快推进无纸化办公，提高我局办公效率。（责任单位：信息办、各司局、有关直属单位）

七、实施局计算机网络扩建工程。按照林业信息化建设实际需求，对现有机房及配套设施进行布局改造。（责任单位：信息办、有关直属单位）

八、实施电子公文传输系统扩建工程，完成与未接入本系统的在京直属单位的联网与操作终端建设工作。（责任单位：信息办、有关直属单位）

九、完成视频会议系统全国联网、政务公开平台建设等工作。完成视频会议系统与京外直属单位、计划单列市的联网工作。积极与有关部门协调，通过租用方式建立国际会议

视频系统。完成林业政务公开平台建设。（责任单位：信息办、有关单位）

十、加快网络电视台建设。确定在线访谈工作间并完成装修与基础建设，围绕局重点工作，制作播出一批有较高质量的网络电视片，加强林业网络多媒体宣传。（责任单位：信息办、有关直属单位）

十一、积极推进林业数据库建设。开展全国森林资源数据库建设，加快推进林业产业数据库、全国林业专业技术等高层次人才数据库建设，指导各地各单位加快建立相应的数据库，逐步将全国林地、沙地、湿地和生物多样性等基础性林业资源数据落实到山头地块，形成对三个系统和一个多样性的全面有效监管。（责任单位：信息办、有关司局、直属单位）

十二、完成林业应急平台建设。积极与国务院应急办沟通协调，做好相关服务工作，建立比较完善的林业应急平台。（责任单位：防火办、办公室、信息办等有关司局、直属单位）

十三、做好国办专网局网站的管理、运行维护与信息更新，适当调整栏目设置，提高网站建设水平。（责任单位：办公室、信息办）

十四、推进信息安全工作。加强入侵防御、漏洞扫描、病毒查杀等网络安全工作，强化保密意识，确保局网站安全运行。在对内外网划分安全域的基础上，完成安全等级保护定级工作。（责任单位：信息办、有关司局、直属单位）

十五、启动信息化标准体系建设。召开全国林业数据信息标准化技术委员会第一次全体会议，制定全国林业数据信息标准化技术委员会章程，建立林业信息化标准体系框架，推进林业信息化总体标准、基础设施标准、信息资源标准、应用系统标准和管理标准等起草工作，为互联互通、资源共享奠定基础。（责任单位：信息办、有关司局、直属单位）

十六、加强信息化宣传。积极组织开展林业信息化宣传，发布中国林业信息化年度报告，提高全行业对信息化建设重要性的认识。（责任单位：信息办、有关司局、直属单位）

十七、深入开展调查研究。有组织地到中央有关部委、地方林业部门进行调研学习，准确把握林业信息化建设规律与当前形势。（责任单位：信息办）

十八、加强教育培训。提高局机关干部职工和行业从业人员计算机应用水平，提高林业信息化工作从业人员业务水平，分期分步推进林业信息化工作人员从业资格标准培训，逐步实现持证上岗。（责任单位：信息办、人教司、林干院、人才中心）

十九、完善林业信息化建设制度。建立健全工作例会制度、信息化联络员、信息传输安全与保密制度、工程建设招投标制度、信息化工程建设申报与管理制度等。（责任单位：信息办）

二十、完善组织体系。充实完善国家林业局信息化与电子政务工作领导小组。筹建林业信息化专家咨询委员会。（责任单位：办公室、信息办、人教司、科技司等有关司局、直属单位）

国家林业局办公室关于召开全国林业信息化工作会议的预通知

办信字〔2009〕25号

各省、自治区、直辖市林业厅(局)，内蒙古、吉林、龙江、大兴安岭森工(林业)集团公司，新疆生产建设兵团林业局，各计划单列市林业局，国家林业局各司局、各直属单位：

为认真落实全国林业厅局长会议精神，认真总结林业信息化工作成绩，科学分析林业信息化发展形势，全面贯彻落实《全国林业信息化建设纲要》和《全国林业信息化建设技术指南》，安排部署2009年及今后一个时期林业信息化工作，努力提升林业信息化水平，为发展现代林业、建设生态文明、促进科学发展提供有力支撑与保障。经研究，我局决定召开全国林业信息化工作会议。现将有关事项通知如下：

一、会议时间地点

3月24~25日，会期2天，3月23日报到，地点在北京。

二、会议主要内容

(一)认真总结林业信息化工作成绩，科学分析形势，安排部署2009年及今后一个时期林业信息化工作；

(二)全面学习贯彻落实《全国林业信息化建设纲要》和《全国林业信息化建设技术指南》，研究讨论促进林业信息化建设的工作重点与技术思路等；

(三)交流林业信息化建设工作经验、表彰先进，评选全国林业十大优秀网站等。

三、参会人员

中央有关部门负责同志。贾治邦局长、祝列克副局长、卓榕生总工程师等局领导。

各省、自治区、直辖市林业厅(局)，内蒙古、吉林、龙江、大兴安岭森工(林业)集团公司，新疆生产建设兵团林业局负责人、办公室主任(信息中心负责人)；计划单列市林业局负责人；国家林业局各司局、各直属单位主要负责同志、办公室(综合处或信息处)负责人。

四、有关要求

(一)会议材料。为掌握各地各单位信息化建设情况和筛选典型发言单位，请各地各单位提交一份全面反映信息化工作情况的材料，主要内容包括：本地本单位信息化建设基本情况、主要成效、基本经验，当前存在的主要问题，下步工作的基本思路、目标任务、主要措施，字数控制在5000字以内(国家林业局各司局、各直属单位报送的材料字数不限)。所报送的材料将汇编成册作为会议材料发放，同时也将作为选择典型发言单位的重要参考。请各地各单位高度重视，认真研究起草，于3月1日前将材料文字版和电子版报我局信息化管理办公室(以下简称信息办)。

(二)展览材料。会议期间拟举办一次全面反映全国林业信息化建设成就的展览，将为各地各单位(国家林业局各司局、直属单位除外)各提供一块展板位置(90cm×150cm)。展览内容以门户网站建设为主，以基础设施、综合办公系统建设等内容为辅，图文并茂、突出特点，力争能够充分反映本地本单位信息化建设主要成果等。请各地各单位认真设计，于3月5日前将展板设计草样电子版报我局信息办，由信息办统一修订制作。

(三)先进推荐。在此次会议上，我办拟表彰10个“全国林业信息化工作先进单位”，表彰20名“全国林业信息化建设突出贡献者”、60名“全国林业信息化工作先进个人”。“全国林业信息化工作先进单位”由我局组织的评委会根据各地各单位上报材料和实际建设成效进行评选，“全国林业信息化建设突出贡献者”和“全国林业信息化工作先进个人”请各地各单位按照具体分配名额(略)推荐(推荐表略)，由我局组织的评委会进行评选。推荐表请于3月5日前报我局信息办。“全国林业信息化建设突出贡献者”重点表彰对象为各地各单位在林业信息化与电子政务建设方面做出突出贡献的领导同志或主要管理人员，“全国林业信息化工作先进个人”重点表彰对象为各地各单位在林业信息化与电子政务建设方面取得显著成绩的具体工作人员、科研人员、技术人员。同时，还将对各省级单位网站和国家林业局门户网站各司局、各直属单位维护的栏目进行评估，评选出首届“全国林业系统十大优秀网站”、“国家林业局政府网十大优秀栏目”。

（四）机构情况。根据实际人员变更情况和工作需要，我局将对国家林业局信息化与电子政务领导小组进行调整和补充，请国家林业局各司局、各直属单位按照“国家林业局信息化与电子政务领导小组成员、信息化工作联络员表”（略）要求认真填写。为掌握各地各单位信息化工作机构及人员情况，请各地各单位按照“全国林业系统信息化工作机构及人员情况表”（略）要求认真填写，于3月5日前一并报我局信息办。

联系人：温战强，成铁龙，张会华

电　话：010－84238637，84238625，84238649

邮　箱：bangongting123@ sina. com

特此通知。

国家林业局办公室
二〇〇九年二月二十四日

国家林业局办公室关于
“林业信息化”标识评审结果的通知

办信字〔2009〕42 号

各省、自治区、直辖市林业厅(局)，内蒙古、吉林、龙江、大兴安岭森工(林业)集团公司，新疆生产建设兵团林业局，各计划单列市林业局，国家林业局各司局、各直属单位：

为加快推进林业信息化，我局办公室、信息办于2009 年2 月下旬至3 月下旬，在国家林业局政府网组织开展了征集“林业信息化”标识活动。本次标识征集活动引起了社会广泛关注，吸引了全国20 多个省(区、市)的专业设计人员、林业工作者、高等院校师生、广大社会公众的积极参与。20 天征集时间共收到241 人递交的作品348 份，体现了设计者对现代林业和林业信息化的高度关注和深刻理解。按照《全国林业信息化建设纲要》精神，经过初选、复选、终选3 个阶段的评审，最终评选出“林业信息化”标识征集活动一、二、三等奖作品。

获奖名单如下：

一等奖：	50 号作品	作者：陈奎昇	河南金冠图文工作室
二等奖：	115 号作品	作者：陈红芝	山东省青岛市
	3 号作品	作者：章云途	浙江省乐清市
三等奖：	9 号作品	作者：陈一雄	福建省厦门市
	175 号作品	作者：王　猛	江苏省徐州市
	185 号作品	作者：范朝勇	浙江省海宁市

获奖作品样品详见附件。

特此通知。

附件：获奖作品

国家林业局办公室

二〇〇九年三月二十日

附件：获奖作品

一等奖

50号

二等奖

115号

3号

三等奖

9号

175号

185号

国家林业局关于成立全国林业信息化工作领导小组的通知

林信发〔2009〕68 号

各省、自治区、直辖市林业厅(局)，内蒙古、吉林、龙江、大兴安岭森工(林业)集团公司，新疆生产建设兵团林业局，各计划单列市林业局，国家林业局各司局、各直属单位：

为认真贯彻落实《全国林业信息化建设纲要》，切实加强全国林业信息化建设的组织领导，全面加快林业信息化建设，为发展现代林业、建设生态文明、促进科学发展提供强大支撑。经研究，我局决定成立全国林业信息化工作领导小组。现将有关事宜通知如下：

一、领导小组人员组成

组　长：贾治邦(国家林业局局长)

副组长：祝列克(国家林业局副局长)

卓榕生(国家林业局总工程师)

成　员：各省、自治区、直辖市林业厅(局)，内蒙古、吉林、龙江、大兴安岭森工(林业)集团公司，新疆生产建设兵团林业局，各计划单列市林业局，各司局、各直属单位主要负责同志。

全国林业信息化工作领导小组全面负责贯彻中央关于推进林业信息化工作的方针政策和各项部署，确定林业信息化工作的重大举措、发展战略，促进林业信息化与林业各项工作协调发展。审定全国林业信息化发展规划并指导实施。指导、协调全国林业系统信息化建设工作。指导、协调国家及林业重点信息化项目的推广和实施。审议在推进全国林业信息化建设中的重大政策建议。

二、领导小组下设办公室，办公室设在局办公室、信息办

主　　任：封加平（国家林业局办公室主任）

常务副主任：李世东（国家林业局办公室副主任、信息办主任）

副　主　任：王庆杰（国家林业局信息办副主任）

领导小组办公室在全国林业信息化工作领导小组的统一领导下，负责综合协调、指导监督全国林业信息化和电子政务工作。组织拟订全国林业信息化与电子政务建设的规章制度、技术规定、行业标准、总体规划和年度计划，并监督执行。负责全国林业信息化建设的组织协调、监督管理、指导实施、对外交流、技术培训等工作。指导林业系统国家级综合数据库和各类专业数据库、主要应用系统、业务主干网络和各级林业综合办公内网、门户网站、视频会议系统、综合信息传输系统、网络视频建设等。指导全国林业信息化建设重大项目的组织实施等工作。承担领导小组日常工作。

三、建立林业信息化工作联系员制度

各地各单位确定1～2名处级干部为林业信息化工作联络员，负责与领导小组办公室保持联系，落实日常具体工作。

附件：全国林业信息化工作领导小组成员及联络员名单（略）

国家林业局

二〇〇九年三月二十日

国家林业局关于表彰全国林业信息化工作“先进单位”、“突出贡献者”、“先进个人”的决定

林信发〔2009〕64 号

各省、自治区、直辖市林业厅(局)，内蒙古、吉林、龙江、大兴安岭森工(林业)集团公司，新疆生产建设兵团林业局，各计划单列市林业局，国家林业局各司局、各直属单位：

近几年来，各地各单位坚持以邓小平理论和“三个代表”重要思想为指导，全面落实科学发展观，紧紧围绕“发展现代林业、建设生态文明、促进科学发展”主题，积极推进林业信息化工作，取得了显著成绩，为各级林业部门科学决策、提高效率、转变职能、服务社会发挥了重要作用，涌现出了一批先进单位、突出贡献者和先进个人。

为树立典型，鼓励先进，根据近年来各地林业信息化建设取得的成效，经各单位推荐和评选，我局决定对北京市园林绿化局等 10 个先进单位、侯喜丰同志等 20 名突出贡献者、卜柏青同志等 60 名先进个人给予表彰(见附件 1、2、3)。

希望受表彰的单位和个人，发扬成绩，再接再厉，全面加快林业信息化工作步伐，提升林业信息化水平。各级林业主管部门和从事林业信息化工作的同志，要以先进典型为榜样，认真做好林业信息化工作，为发展现代林业、建设生态文明、促进科学发展做出新的更大贡献。

附件：1. 全国林业信息化工作先进单位名单
2. 全国林业信息化建设突出贡献者名单
3. 全国林业信息化工作先进个人名单

国家林业局

二〇〇九年三月二十四日

附件1

全国林业信息化工作先进单位名单

北京市园林绿化局
辽宁省林业厅
浙江省林业厅
福建省林业厅
江西省林业厅
河南省林业厅
湖南省林业厅
四川省林业厅
云南省林业厅
大兴安岭林业集团公司

附件2

全国林业信息化建设突出贡献者名单

姓　名	工作单位及职务
刘宝军	北京市园林绿化局党组副书记
王为民	山西省林业厅信息中心主任
李树平	内蒙古自治区林业厅纪检组长
侯喜丰	辽宁省林业厅党组副书记、副厅长
钱　杰	上海市林业局信息中心主任
蓝晓光	浙江省林业厅副巡视员
洪端芳	福建省林业厅信息中心主任
谌晓辉	江西省林业厅信息中心主任
吴庆刚	山东省林业局副巡视员
徐　忠	河南省林业厅办公室主任
伍育清	湖北省林业局办公室调研员
邓三龙	湖南省林业厅党组书记、厅长

罗增斌	四川省林业厅副厅长
王德祥	云南省林业厅副厅长
王金满	大兴安岭林业集团公司副总经理
李建群	青岛市林业局纪检组长
姚昌恬	国家林业局计资司司长
杨连清	国家林业局人教司副司长
金　旻	中国林业科学研究院副院长
王庆杰	国家林业局规划院副院长

附件3

全国林业信息化工作先进个人名单

姓　名	工作单位及职务职称
张　旸	北京市园林绿化局信息中心主任
李宏伟	北京市园林绿化局办公室副主任
赵　越	天津市林业局林业站副科长
焦卫东	河北省林业局信息中心科长
胡晋焘	山西省林业厅信息中心科长
吕生龙	内蒙古自治区林业厅信息办主任
何　谦	辽宁省林业厅信息中心主任
刘　明	吉林省林业厅办公室主任
朱晓岩	黑龙江省林业厅办公室网络主管
谈文琦	上海市林业局信息中心主任科员
王学东	江苏省林业局绿化管理科科长
翁卫松	浙江省林业厅森林资源监测中心高级工程师
王小明	安徽省林业厅办公室副主任
罗兴军	福建省南平市林业局数字林业中心副主任
蒋永飞	福建省三明市将乐县林业局工程师
肖　南	江西省林业厅信息中心工程师
叶　东	江西省九江市林业局办公室副主任

田文侠	山东省林业局林业监测规划院信息处主任
崔继东	河南省林业厅森林资源数据管理中心工程师
罗　勇	湖北省林业局宣传中心副调研员
卜柏青	湖南省林业厅信息中心调研员
王福生	湖南省林业厅规划院监测中心主任
陈锦标	广东省林业局林业信息与宣传中心科长
邓　辉	广西壮族自治区林业局网络信息中心技术主管
钟雄相	海南省林业局办公室主任科员
倪建伟	重庆市林业局办公室科长
张革成	四川省林业厅办公室科长
钟祥清	四川省林业厅林业宣传中心科长
罗　雳	贵州省林业厅办公室科长
刘二党	云南省林业厅办公室副主任
徐　斌	云南省林业厅信息中心负责人
赵元藩	云南省林业厅规划院院长
陈　平	西藏自治区林业局办公室科长
贺　铁	陕西省林业厅林业信息宣传中心助理工程师
刘兴贵	甘肃省林业厅办公室高级工程师
刘维栋	青海省林业局办公室工程师
刘方园	宁夏回族自治区林业局办公室副调研员
陈　旭	新疆维吾尔自治区林业厅宣传信息中心高级工程师
陈秀敏	中国吉林森林工业集团有限责任公司信息中心副主任
姜东涛	中国龙江森林工业(集团)总公司高级工程师
刘昌岭	大兴安岭林业集团公司办公室副主任科员
闫　峻	国家林业局森林病虫害防治总站办公室主任
肖　微	国家林业局中南林业调查规划设计院网络管理员
王义贵	国家林业局西北林业调查规划设计院高级工程师
张凤仙	国家林业局昆明勘察设计院副主任
李陆宙	大连市林业局办公室副主任
李飞峰	宁波市林业局办公室副主任

林志毅	厦门市林业局副主任科员
姜胜勇	青岛市林业局主任科员
吴土亮	深圳市农林渔业局办公室综合科科长
闫宏伟	国家林业局资源司调查处调研员
邱　林	国家林业局公安局林火监测信息中心处长
陈瑞国	国家林业局计资司建设处副处长
吴友苗	国家林业局人教司教育处处长
邓　侃	国家林业局湿地办综合处处长
唐小明	中国林业科学研究院资源信息研究所研究员
林泽攀	中国林业科学研究院办公室副主任
王忠明	中国林业科学研究院科技信息研究所副所长
徐泽鸿	国家林业局规划院处长
靳爱仙	国家林业局规划院处长
滕立春	国家林业局规划院处长

国家林业局关于表彰“全国林业系统十大优秀网站”、“国家林业局政府网十大优秀栏目”的通知

林信发〔2009〕65 号

各省、自治区、直辖市林业厅(局),内蒙古、吉林、龙江、大兴安岭森工(林业)集团公司,新疆生产建设兵团林业局,各计划单列市林业局,国家林业局各司局、各直属单位:

近几年来,各地各单位认真贯彻落实中共中央办公厅、国务院办公厅和国家林业局关于加强政府门户网站建设的有关要求,认真落实政府信息公开条例,紧紧围绕政府中心工作,不断增强服务功能,网站建设取得了可喜成绩,为树立林业良好形象、提高政府办事效率、推进服务型政府建设发挥了重要作用,涌现出了一批优秀网站和优秀栏目。

为树立典型,鼓励先进,根据近年来各省级林业主管部门政府网站和国家林业局政府网站各栏目的建设成效,经评选,我局决定对首都园林绿化政务网等 10 个优秀网站、国家林业局网站“行政许可”栏目等 10 个优秀栏目予以表彰(见附件 1、2)。

希望受表彰的单位,发扬成绩,再接再厉,进一步做好网站和栏目建设工作,努力为社会各界提供更优质的信息、办事和交流服务。各级林业主管部门要以先进单位为榜样,认真做好政府网站建设等信息化工作,为推进现代林业科学发展提供强大支撑。

附件:1. 全国林业系统十大优秀网站名单
　　　2. 国家林业局政府网十大优秀栏目名单

国家林业局
二〇〇九年三月二十日

附件 1

全国林业系统“十大优秀网站”名单

网站名称	承办单位
首都园林绿化政务网	北京市园林绿化局
山西林业网	山西省林业厅
辽宁省林业厅政务网	辽宁省林业厅
吉林省林业厅政务网	吉林省林业厅
安徽省林业信息网	安徽省林业厅
江西省林业厅政务网	江西省林业厅
河南省林业信息网	河南省林业厅
湖北省林业网	湖北省林业局
湖南省林业信息网	湖南省林业厅
四川省林业厅政务网	四川省林业厅

附件 2

国家林业局政府网站十大优秀栏目名单

栏目名称	承办单位
行政许可	政法司
政务公开	政务公开办公室
计划与资金	计资司
湿地保护	湿地办
公安防火	公安局
绿色摄影	信息中心
退耕还林	退耕办
应急管理	造林司、保护司、防火办、治沙办
竹藤花卉	竹藤中心、花卉协会
林木种苗	场圃总站

国家林业局办公室关于报送“自然资源和地理空间基础信息库”项目林业分中心建设和相关机构成员调整情况的函

办函信字〔2009〕191号

国家发展改革委办公厅：

为了加强“自然资源和地理空间基础信息库”项目林业分中心建设，2009年4月15日，我局召开了由相关司局和直属单位共17个单位参加的“自然资源和地理空间基础信息库(林业数据分中心)”建设工作会议，认真总结了前期项目情况，系统部署了今后的建设工作。会上，祝列克副局长作了重要讲话(见附件1)，要求“各司局一定要高度重视这项工作，要明确项目建设的主要内容和工作重点，建立起林业信息的共享机制，处理好保密与信息库建设的关系，确保系统持续运行”。信息办李世东主任作了项目建设任务安排(见附件2)。

根据祝副局长讲话精神，李世东主任又主持召开了林业分中心办公室工作会议，进一步明确了林业数据分中心建设各项任务的具体承担单位和完成时间，全面落实了各项建设任务。会后，林业分中心项目办邀请主中心技术专家对林业分中心建设技术人员进行了技术培训，目前正按计划进行各项建设工作。

为高效推进“自然资源和地理空间基础信息库(林业数据分中心)”项目建设，根据我局人员变动情况，经局领导同意，建议对涉及我局的“自然资源和地理空间基础信息库”项目(以下简称“信息库”项目)建设领导小组成员、项目办成员、联络员和国家地理空间信息协调委员会(以下简称“协调委”)领导成员、办公室成员、联络员进行调整，由祝列克副局长任“信息库”项目建设领导小组成员和“协调委”领导成员，李世东主任任“信息库”

项目办成员和“协调委”办公室成员，李应国同志任“信息库”项目联络员和“协调委”办公室联络员，林业数据分中心建设工作由国家林业局信息办统筹协调。

附件：1. 在林业资源和地理空间基础信息库建设会议上的讲话
2. 林业资源和地理空间基础信息库项目建设任务安排

国家林业局办公室
二○○九年六月二十六日

附件 1

在林业资源和地理空间基础信息库建设会议上的讲话

祝 列 克

（2009 年 4 月 15 日）

刚才，我们对项目建设进展情况进行了简要回顾，对具体任务分工进行了部署，大家又进行了认真讨论，讲得都很好，我都赞成。林业资源和地理空间基础信息库建设事关重大，目前又进入了十分关键的阶段，我们的责任很重，任务很艰巨。今天召开这次会议，目的就是按照全国林业信息化工作会议精神，认真研究部署项目建设事项，确保林业资源和地理空间信息库建设顺利完成。下面，我再强调三点意见。

一、进一步认识林业资源和地理空间信息库项目建设的重要意义

林业资源和地理空间基础信息库建设是国家发改委自然资源和地理空间基础信息库项目建设的重要组成部分，也是全国林业信息化建设的重要内容之一。实施好林业信息库建设，对发展现代林业、实现国家自然信息库建设目标，影响重大，意义深远。

（一）实施好林业信息库项目建设，是确保国家自然信息库项目建设顺利完成的重大责任。自然信息库是国家信息化建设四大数据库之一，也是我国启动的第一个国家信息库建设项目，是实现国家信息化发展战略的重要组成部分。这个项目由国家发改委牵头，11个部门参与，总投资达 4. 45 亿元，规格高，涉及面广、投资较多，政治和社会影响都很大。11 个部门按照不同分工，都在抓紧实施，横向之间也都在比较。林业信息库建设的进度和质量如何，不仅关系到林业部门的形象，更关系到整个国家信息库建设的全局，关系到国家信息化发展战略目标的顺利实现。完成好林业信息库建设，我们肩负的责任十分重大。我们要从讲政治、讲大局的高度，提高认识，认真对待。

（二）实施好林业信息库项目建设，是提升我国林业信息化建设水平的重要基础。我国

林业信息化发展相对滞后，已成为制约现代林业科学发展的重要瓶颈。前不久召开的全国林业信息化工作会议，对全面加快林业信息化、带动林业现代化做出了重要部署，提出了新的要求。林业信息库项目建设，覆盖了森林资源、土地荒漠化、湿地和野生动植物、林业生态工程、森林灾害防治等多个方面，涉及了林业的大部分业务，可形成一个基本覆盖我国林业领域的综合性林业信息资源库。实施好林业信息库项目建设，对认真落实全国林业信息化工作会议精神，促进林业信息资源整合改造，建立林业信息共享机制，深层次开发利用林业信息资源，提升林业信息化建设水平具有重要的推动作用。这也是一个以国家信息化项目带动林业信息化发展的难得机遇，我们必须牢牢把握住。

（三）实施好林业信息库项目建设，是促进林业与其他行业信息交流共享的重要举措。林业业务的开展涉及宏观经济、国土、水利、气象等多个部门，长期以来，各部门之间缺乏一个科学高效的信息交流平台。自然信息库项目建设，将形成包括国家11个部门的自然资源和地理空间信息资源，促进各部门的数据共享，形成有效的跨部门信息交流和工作机制。这将为林业和其他部门的宏观管理和决策工作提供重要的基础信息平台，也将使我局及时大量地共享到其他部门的信息资源，满足林业综合管理决策的需要，促进现代林业科学发展，提升林业在国家经济社会发展全局中的地位和作用。

总之，林业信息库项目的建设，意义十分重大。我们一定要高度重视，认真工作，扎实推进。

二、明确项目建设的主要内容和工作重点

林业信息库项目的建设，自2002年开始筹划，2007年正式批准实施，目前项目实施已经近半，计划今年年底完成，从目前情况看，时间十分紧迫，任务十分繁重。

下一阶段的主要任务是：在项目建设领导小组的领导下，以全国林业信息化工作会议精神和《全国林业信息化建设纲要》为指导，抓紧落实国家发改委自然信息库建设领导小组第三次工作会议精神和议定的事项，组织开展项目管理办法与标准规范制定、数据整合改造等工作，确保项目高质量按时完成。重点做好以下四项工作。

（一）建立健全标准规范和管理制度，推动林业信息标准化体系建设。标准规范和项目管理制度是项目建设的基础性工作，也是整个林业信息化建设中的基础性工作。林业资源涉及森林、湿地、荒漠和野生动植物保护，实现信息互联共享，必须加强项目标准规范和管理制度工作。这项工作要着眼整个林业信息化建设大局，高起点、高标准，与国际、国内相关标准衔接，力争形成科学的林业信息化标准体系。当前，新的一轮四大资源监测即将开始，要抓紧统一标准，特别是采集信息元要统一，确保数据采集时标准统一和客观准确，不能形成新的信息孤岛。这件事情，请办公厅和信息办牵头，资源司、保护司、治沙办和湿地办等部门参加，在参考国家和部门标准的基础上，针对几项调查监测规定中公共调查因子标准不同的问题，共同遴选和制定统一的调查因子分类和编码等暂行标准、空间

定位参考系和其他急需制定的地理空间信息标准，在几项调查监测中统一使用。同时，由办公厅和信息办牵头，造林司、资源司、保护司、防火办、治沙办和湿地办参加，建立林业调查监测数据标准协调管理机制，通报各项调查监测技术规定、规程、规范和其他相关技术要求的修订制订情况，解决林业各专项调查监测工作中公共信息标准一致性问题。

(二)加强数据整合改造工作，提高林业数据资源的综合开发和利用水平。项目的重点是林业信息资源的整合改造。要依托电子政务网络平台，按照统一的标准规范、统一的时间和空间框架、统一的组织体系，整合改造我局现有信息资源。要加强对数据的综合分析工作，发挥信息资源的效益和作用，为森林生态监测评价、森林灾害监测预报、林业可持续发展评价、林业发展战略研究、区域林业规划和重大项目跟踪及效益评估等提供综合信息服务。

(三)建立林业信息交换共享机制，提升林业信息化共享水平。加强林业信息共享机制研究，促进我局与其他部委之间，我局内部单位之间的数据共建共享，形成对分布于各单位的信息资源进行协调和共享的机制。逐步建立起开放的林业信息交换体系，形成新的跨部门信息流和政务流，推进林业信息化建设。

(四)统筹考虑项目建设工作，建成持续运行的林业信息服务体系。要站在为整个国家和行业提供持续稳定的信息服务的高度，统筹考虑项目建设和运行工作。一是统筹考虑项目建设与其他林业信息项目成果衔接工作，避免重复建设；二是处理好建设和运行的关系，充分考虑项目运行维护机制问题，确保建设内容、技术方案符合项目要求；三是处理好过去、现在和未来的关系，保持信息化工作的连续性和稳定性。四是处理好各建设单位的关系。加强协调，按照进度安排高质量地完成项目建设任务。建设中遇到问题要及时与有关部门协商，特别是涉及建设内容变化等重大问题要及时与有关部门沟通。

三、关于开展下一步工作的几点要求

总地来讲，项目建设要在领导小组的统一领导下推进。具体统筹协调工作由局信息办负责，具体项目建设由“林业数据分中心”负责。各有关司局、直属单位要按照分工，切实负起各自责任，抓好落实。

(一)要加强对项目建设的领导。我局需要整合改造的数据库共计 91 个，涉及大部分业务数据，并要求在 2009 年完成所有建设任务。这是一项十分复杂的系统工程，建设参加单位多、工作量大、技术难度高，必须加强领导。信息办要加强对项目建设工作的指导，及时协商解决项目建设中的重大问题。林业数据分中心要切实负起责任，做好项目具体实施工作。各司局、直属单位要高度重视，加强沟通，密切协作，指定一名人员专门负责，做到人员到位、支撑条件到位、管理到位、服务到位。

(二)要按照分工方案狠抓落实。这次会议后，各司局各单位要按照分工方案，把工作落实到人头，明确责任，抓好落实。各司局各单位要指派一名项目负责人，负责数据整合改造工作，对本单位数据整合改造质量把关，指定一名技术负责人参与林业分中心建设工作。

（三）要严格规范管理项目建设。一是按照国家有关法律法规以及信息库项目有关管理办法和制度，会同项目各建设单位，按程序尽快做好项目建设工作。二是根据项目建设单位较多、比较分散的特点，加强项目的资金管理，切实提高项目资金使用效益。三是重视项目管理办法制度和标准规范的建设工作，保证项目建设保质保量地完成。

（四）要加强林业分中心运行环境建设。运行环境是林业信息库建设和运行的基础设施。要尽快建成林业数据分中心运行环境，为林业数据分中心与国家发改委数据主中心和其他部门数据分中心互联互通提供保障。

（五）要加强对信息库建设的技术支撑。信息库建设涉及业务面广，技术难度高，要加强沟通，加强研究，相互支持，为信息库建设提供强有力的技术支撑。建成后，要积极开展培训，提高信息库使用水平。

同志们，这次会议的要求十分明确，任务分工十分清楚，大家要按照这次会议的精神和部署，抓紧时间，迅速行动，狠抓落实，确保项目建设按期高质量完成，为全面加快我国林业信息化建设做出新的贡献！

附件2

林业资源和地理空间基础信息库项目建设任务安排

李 世 东

（2009年4月15日）

国家“自然资源和地理空间基础信息库”将建成1个数据主中心和11个数据分中心，国家林业局负责林业数据分中心建设。根据初步设计，“林业信息库”建设是在信息安全体系的支撑下，搭建“林业信息库”的硬件、软件和网络等运行环境，编制统一的技术标准，对林业资源及地理空间数据进行整合改造，通过国家电子政务外网，建立基础信息交换系统，实现与国家发改委数据主中心以及其他分中心的互联互通，为电子政务用户提供数据共享和访问服务，满足国家宏观管理用户对林业资源信息的需求。

一、建设任务

（一）标准建设及管理制度建设。

标准建设。在国家发改委项目建立的标准体系框架下，制订林业数据分中心标准，包括林业资源信息库要素编目；林业资源信息库要素与属性分类代码数据字典；林业资源信息库要素实体代码规范；林业资源信息库信息——产品标准及产品质量测试规定。

管理制度。包括林业数据分中心日常事务管理办法；项目建设实施管理办法；信息共享服务管理办法；数据交换与更新管理办法；信息库运行管理办法；项目建设组织管理办法。

(二)林业信息库建设。根据国家发改委项目要求，林业信息库共建设27个专题信息库、28个专题信息产品库和36个综合信息库。建设内容涉及森林资源、荒漠化和沙化土地资源、沙尘暴、森林防火、营林、湿地、野生动植物、自然保护区、碳汇、林业有害生物和林业工程等方面，共91个数据库建设。

(三)交换系统建设。主要包括空间元数据共享服务系统、空间数据共享服务系统、空间信息应用服务系统、空间信息共享运行管理系统及其运行环境搭建。

(四)存储系统、安全系统、网络系统及环境建设。包括分中心存储系统、网络系统、机房改造、与主中心的网络联通建设及相应软件系统的建设等。还包括在数据主中心的组织下，林业数据分中心基础性建设工作。

二、任务分工

根据林业数据分中心建设任务和各参加单位情况，各项建设任务安排如下：

(一)林业数据分中心。

1. 标准编制及管理制度建设，其中的要素与属性分类代码和要素实体代码编制任务划入数据整合改造任务中，由各建设单位共同合作承担。

2. 交换系统建设。

3. 存储系统、安全系统、网络系统及环境建设。

4. 按发改委的要求进行数据整合改造中的数据检查验收、数据库集成、数据库测试、建立数据服务、试运行等任务。

5. 林业分中心基础性建设工作、与发改委的联络、按主中心的要求落实日常工作和有关技术性工作。

(二)造林司。承担全国林业碳汇潜力分布数据库等共14项数据库建设任务。

(三)资源司。承担全国森林资源图像数据库(1990~2005)等22项数据库建设任务。

(四)保护司。承担全国野生动物信息库等共8项数据库建设任务。

(五)防火办。承担全国森林异常热源点数据库等共9项数据库建设任务。

(六)计资司。承担全国林业营林生产统计数据库共4项数据库建设任务。

(七)治沙办。承担全国1：400万荒漠化和沙化土地类型数据库(2005)等共13项数据库建设任务。

(八)天保办。承担全国天然林保护工程建设数据库共3项数据库建设任务。

(九)退耕办。承担全国退耕还林工程建设数据库等共3项数据库建设任务。

(十)湿地中心。承担全国1：100万湿地分布数据库等共4项数据库建设任务。

（十一）经研中心。承担林业重点工程社会经济效益监测数据库等共3项数据库建设任务。

（十二）林科院。承担森林生态效益定位观测数据库等共5项数据库建设任务。

（十三）规划院。承担全国1：400万植被信息库（1999）等共3项数据库建设任务。

各建设单位负责其承担的数据整合改造任务中的详细设计、数据准备和改造加工任务，对数据质量负责。

三、时间安排

数据库整合改造的时间安排如下：

2009年4月底完成数据库详细设计；

2009年5月底完成数据准备；

2009年6月底完成标准编制及管理制度工作；

2009年8月底完成数据整合改造；

2009年9月底完成数据质量检查与验收；完成交换系统、存储系统、安全系统、网络系统及环境建设；

2009年11月底完成数据库建设和集成、数据库测试、建立数据服务和试运行工作；

2009年12月底完成项目总结及成果提交工作。

四、建设经费

项目建设的总投资2741.87万元，资金来源为国家预算内基本建设投资。根据国家发改委和主中心的统一安排，硬件设备和系统软件由主中心统一采购，其他项目建设经费以单一来源方式划拨林业数据分中心统一管理。

国家林业局办公室关于开展林业信息化示范省(区、市)建设工作的通知

办信字〔2009〕113 号

各省、自治区、直辖市林业厅(局),内蒙古、吉林、龙江、大兴安岭森工(林业)集团公司,新疆生产建设兵团林业局:

为充分发挥先进典型的示范引领作用,全面加快林业信息化建设步伐,大力提升现代林业科学发展管理水平,按照首届全国林业信息化工作会议有关要求,经研究,我局决定开展林业信息化示范省(区、市)建设工作,以此建立一批水平先进、成效显著、影响力大的示范点,辐射带动全国林业信息化工作。为确保此项工作的顺利进行,现将有关事项通知如下:

一、请各地对照《林业信息化示范省(区、市)主要指标》(以下简称《指标》,见附件1)进行分析,凡符合指标条件的,可填写《林业信息化示范省(区、市)申请表》(见附件2),并提交5000字左右的书面报告,于2009年8月31日前一并报国家林业局信息办。

二、我局将按照《指标》所列条件对申报材料进行认真审核,并在现场考察合格的基础上,确定林业信息化示范省(区、市)。对林业信息化示范省(区、市),我局将在林业信息化建设政策、技术和投资上给予适当倾斜。

三、为确保工作质量,在被确立为"林业信息化示范省(区、市)"3年后,我局将不定期组织有关专家进行现场复查,复查不合格者将提出警告,5年后复查仍不合格,将取消其为"林业信息化示范省(区、市)"。

附件:1. 林业信息化示范省(区、市)主要指标
2. 林业信息化示范省(区、市)申请表

国家林业局办公室

二〇〇九年七月十日

附件1

林业信息化示范省(区、市)主要指标

一、有比较健全的组织机构。林业信息化建设作为一把手工程，主要负责人亲自部署，亲自检查重点工作落实情况。成立由主要负责同志任组长、有关单位负责同志参加的林业信息化工作领导小组，统一领导本地区的林业信息化工作，切实加强对本地区林业信息化工作的领导。建立有独立的林业信息化建设管理机构，切实承担起林业信息化建设的具体职责，并配备有不少于5人的专职工作人员。

二、有比较科学的总体规划。依据《全国林业信息化建设纲要》和《全国林业信息化建设技术指南》，编制有适合本地区特点的林业信息化建设总体规划，明确林业信息化的指导思想、建设原则、总体目标、主要建设内容和保障措施，并具有较强的科学性和可操作性，符合“四横两纵”的框架要求。

三、有比较突出的建设业绩。外网具备信息发布、在线办事、互动交流三大功能，内网办公系统能够实现公文无纸化传递，提高工作效率，降低行政成本。有功能完善的独立机房，机房环境符合国家安全保密要求，实现内外网物理隔离，专网延伸到县。有运行效果良好的应用系统和数据库。林业信息化建设总体水平较高，并产生广泛的社会影响，曾荣获国家林业局或本省(区、市)政府有关信息化工作的表彰奖励。

四、有比较稳定的投资渠道。已将林业信息化建设纳入当地林业建设总体规划，其建设资金及运维资金有基本保障。同时，广开渠道，构建长效投入机制，保证资金投入。

五、有比较完善的科技支撑。组建有林业信息化科技咨询机构，邀请当地或全国信息化专家，定期或不定期对林业信息化建设的重大技术问题进行决策咨询，为林业信息化工作提供技术支持。有较完善的林业信息化标准体系。

六、有比较齐全的管理制度。建立有一套较完整齐全的林业信息化制度体系，包括项目建设管理制度、网络管理制度、应用推广制度、运维制度和激励制度等，各项工作运转规范有序。

附件 2

林业信息化示范省(区、市)申请表

申请单位:

<table>
<tr><td colspan="2">组织机构建立情况</td><td></td></tr>
<tr><td colspan="2">总体规划编制情况</td><td></td></tr>
<tr><td rowspan="7">建设业绩和获奖情况</td><td>外网</td><td></td></tr>
<tr><td>内网</td><td></td></tr>
<tr><td>专网</td><td></td></tr>
<tr><td>机房</td><td></td></tr>
<tr><td>应用系统</td><td></td></tr>
<tr><td>数据库</td><td></td></tr>
<tr><td>获奖情况</td><td></td></tr>
<tr><td colspan="2">近 3 年投资情况</td><td></td></tr>
<tr><td colspan="2">科技支撑情况</td><td></td></tr>
<tr><td colspan="2">管理制度建立情况</td><td></td></tr>
<tr><td colspan="2">其他需要说明的情况</td><td></td></tr>
<tr><td colspan="2">申请单位意见</td><td>(单位盖章)
年 月 日</td></tr>
<tr><td colspan="2">国家林业局信息办意见</td><td>(单位盖章)
年 月 日</td></tr>
<tr><td colspan="2">国家林业局意见</td><td>(单位盖章)
年 月 日</td></tr>
</table>

国家林业局关于做好国家林业局内外网整合改造工作的通知

林信发〔2009〕175号

国家林业局各司局、各直属单位：

为认真贯彻落实中央林业工作会议和首届全国林业信息化工作会议精神，按照《全国林业信息化建设纲要》、《全国林业信息化建设技术指南》和国家林业局信息化与电子政务工作领导小组的要求，根据已批复的林业信息化建设项目实施方案，2009年我局将对局所有公共性、基础性、关键性的建设内容进行统一规划、统一设计、统一建设，重点进行国家林业局内外网整合改造等工作，实现内外网物理隔离。为保障项目顺利实施，现将有关事宜通知如下：

一、项目实施的重要意义

（一）项目实施是现代林业建设的基本要求。现代林业要求用现代科学技术提升林业，用现代技术工具装备林业，用现代信息手段管理林业。中央林业工作会议明确要求，加快推进林业信息化建设，不断提高现代林业建设的物质装备水平和科学管理水平。党的十七大把生态建设提到前所未有的高度，对林业建设的要求越来越高。林业管理难度越来越大，迫切需要借助信息化手段提供精准、翔实的林业信息资源。

（二）项目实施是依法行政和强化管理的根本需要。运用现代化的管理手段来保证依法行政、规范管理、科学经营、合理保护。林业管理必须由传统方式、方法向现代科技手段转变，实现由粗放式管理向规范化、科学化管理转变，由手工管理向电子化、现代化管理转变。通过使用标准化的软件系统，控制管理的关键环节，实现内部机构的无纸化办公和跨部门的业务协同，降低行政成本，提高办事效率。

（三）项目实施是落实各项林业政策、服务公众的重要手段。随着林权制度改革工作的全面推开，林业要素市场交易事宜会迅速增多，林业行政主管部门行政许可和政务公开的事项也将急剧增加，许多配套改革政策也会陆续出台。社会各界更为迫切要求通过网站这一渠道来发布和解读林业政策及相关规定。整合现有内外网资源，建设功能齐全的网络体系，有利于统一落实林业各项政策，有利于实现信息共享、形成强大的信息优势，促进林业可持续发展。

二、项目实施的指导思想和建设目标

（一）指导思想。以中央林业工作会议和《中共中央 国务院关于加快林业发展的决定》精神为指导，以实际应用为基础，以提高管理部门监管效率为目标，以信息技术为保障，紧紧围绕林业管理的中心工作，积极运用现代管理理念，采用现代信息手段，利用现代技术装备，提高管理效率，降低行政成本，为推进林业又好又快发展做出更大贡献。

（二）建设目标。建设统一的林业信息化基础平台，利用计算机和网络技术实现林业信息的集中存储和数据深度挖掘。建设国家林业局外网门户网站群，整合资源，提高公众服务水平，实现统一的信息发布、高效的网上办事、便捷的互动交流。建设统一的内网办公平台，整合现有的各类业务系统，满足行政管理业务需求，规范内部办公流程，实现无纸化办公。

三、项目实施的主要内容

（一）建立并完善中国林业门户网。本项目实施主要是整合改造“国家林业局政府网（国家生态网）”门户网站和各司局、各直属单位网站，形成以门户网站为主站，各司局、各直属单位网站为子站，以服务社会为目标，技术先进、标准一致、统一信息发布、统一便捷管理、提供网上办事服务的外网门户网站群。给社会公众一个完整的“中国林业”整体形象，满足林业系统为社会服务的要求。

外网网站建设实现以下主要功能。一是栏目管理。实现栏目的新增、删除、编辑、转移等功能，支持栏目无限级管理功能，系统支持自定义数据库的建设，信息便于排版和编辑使用，提供数据字典、数据关联、自定义查询等功能。二是模板管理。采用动态网页模板与信息分离的技术，通过调整网页模板的设置或更改模板来完成网站的风格改版和更新，网站中的信息自动保留，与新网页模板智能地组合在一起，快速创建一个全新的网站。三是流程管理。提供流程的新增、删除、编辑、启用、停止等功能，基于流程的节点任务管理功能，基于流程节点任务的部门权限管理功能。四是发布管理。提供信息审核功能，支持自动和手动两种信息审核方式，已发布信息管理功能、未发布信息管理功能，信息的移动、复制功能。五是系统管理。提供用户管理功能，角色管理功能，权限管理功能，账号管理功能，部门管理功能。六是增加英文版和繁体版。为加强对外交流，拓宽服务渠道，建设符合外国人阅读习惯的英文门户网站。利用“繁简通”系统建设繁体版门户网站。

外网门户站群管理系统实现以下主要功能。一是多站点管理。网站群使用统一的数据管理平台。以统一的方式完全控制网站整体的形象，将所属网站群统一在一个视觉体系中，实现资源互通共享。二是数据共享管理。网站群中任意两个站点间都可以实现数据的共享、推送、引用，自动交换数据，提供共享资源目录树，集中显示整个网站群中的共享资源。三是分级站点管理模块。设定管理站点域名，支持子站之间数据共享、站点间频道栏目样式风格管理功能，提供站点批量复制功能。四是二次开发管理模块。在多级跨域站群系统，提供丰富的二次开发集成接口。五是统计分析管理模块。提供子站信息统计，实现指定站点内容访问量的统计。六是全文检索功能。通过扫描网站内容，对关键词汇建立索引。七是网页防篡改功能。运用实时阻断技术，阻断对受保护网页的非法操作，有效地甄别合法进程和非法进程，阻断非法进程对网页的篡改，将非法进程直接阻挡。八是子站点信息维护。各司局、各直属单位已建的 53 个网站作为国家林业局外网门户网站群中的子站点，将 53 个网站数据信息全部迁入至网站群系统，并授权各司局、各直属单位负责子站点信息维护。

外网数据的整合与迁移实现以下主要功能。一是数据整合。将各个相关的网站及外网应用系统有机地结合在一起。通过门户网站管理系统建立一套统一的平台系统，对所有用户进行安全管理及个性化服务，并支持后续协同其他相关的业务网站和应用系统，实现资源整合，减少重复投资，提供相关的增值服务。二是数据迁移。对原网站的历史数据进行迁移，将原网站中的数据整合到新网站各子站中。迁移工作将结合各司局、各直属单位业务与应用需要，以及国家林业局网站群系统整体运行保障要求，制定特定化的迁移与实施计划。

网上通用数据采集系统实现以下主要功能。一是快速实现外网的数据采集。通过服务器端引擎发布、解释、合并、接收、处理和验证表单数据，驱动表单工作流程，完成电子表单在组织内外运行的全过程管理和表单信息的入库管理。二是允许表单设计者以简单的拖拽方式，方便地重建与纸面表单外观保持高度一致的电子表单。紧密集成表单流程引擎，允许用户自定义表单业务逻辑，易于快速开发和部署基于表单的各种应用信息系统。三是内置数据映射引擎，支持表单数据与数据库结构的映射。实现表单数据的一次性入库管理和后期基于数据库系统的其他应用。四是内置数据校验机制，支持数据之间的关联计算。表单内置多种数据校验机制，在表单上可实现数据域之间的动态依赖计算，实现表单数据的统计功能，设计工具提供设置动态依赖计算的功能。五是支持服务器端业务逻辑。

控件的事件机制可以调用服务器端提供的业务逻辑代码，支持客户端与服务器端动态的业务数据交互。六是支持表单数据与数据库结构的自动映射。七是支持表单的数字签名和加密。支持条形码，提供表单离线填写功能。用户可以下载表单模板，通过离线填写工具填写表单，并提交数据。

并联审批系统建设实现以下主要功能。一是网上审批平台。根据实际需要，通过网上审批平台，构建各种模式的各司局、各直属单位审批系统，集成网上受理、大厅管理、司局(直属单位)审批业务等功能，把审批业务的前后台有机地联系起来，提高审批业务的上网率，达到真正联网审批的目的。二是行政审批业务系统。提供在线办事的网上申请，依照在线办事栏目提供场景式服务、快速通道、绿色通道等服务，实现授权审批、网上签批、结果反馈、电子邮件、短信息提醒等功能。三是流程管理功能。系统各办事流程的灵活定制，流程的控制。企业相关的基本信息，实现一处填写，灵活共享，同时为各部分间提供数据交换，对临近时限未做审批的部门会进行系统的催办警告，可以对办件进行按时、超时等查询。四是催办监控功能。为了及时有效地办件，专门设有催办、监控统计等模块，提供不同职责的工作人员使用。同时可以实现组织办事机构信息的发布。提供各类服务事项的增加、编辑、删除、查询服务，基于各类服务事项的流程管理。

(二)建设统一的林业内网办公平台。对国家林业局现有的内部办公系统升级，整合现有各类应用系统、数据库，实现林业空间信息展示。构建新的综合办公业务系统，建立个人办公、通讯和信息发布平台，实现机关内部网上办公，为各司局、各直属单位方便快捷地采集、传递、统计分析和处理各类信息提供网络支持，实现信息公开、公众服务、互动交流，为国家林业局领导和工作人员提供个性化服务，提高工作效率。

内网门户建设实现以下主要功能。一是统一的内网办公平台。根据国家有关电子政务内网建设的要求，以与电子政务外网和互联网物理隔离的计算机内网为基础，全面实现林业信息内部网上互动和无纸化办公，规范内部办公流程。二是内容管理、信息发布功能。实现门户内部的内容创建、内容编辑、内容发布、工作流管理和模板管理等。三是信息检索管理。提供全文检索、关键字检索、日期检索、标题列表及分类检索等多种检索和服务。向注册用户提供人性化个人服务。四是信息公开。集中介绍国家林业局信息、通知公告、政策法规、各类文件、专题报道、会议讲话、综合信息等内容，采取文字直播、图片、视频等多种方式表现。五是信息服务与学习交流平台。购买新华社专供信息、电子期刊等电子读物，购买各种数字图书与视频文件，同时整合内网信息资源，为工作人员提供学习交流平台。六是邮件服务。提供电子邮件服务，使大家都可享受免费邮件功能，加速国家林业局的信息传递，为所有内网门户使用人员提供统一的通信服务电子处理系统。七是信息报送。提供一个方便、安全的内部信息报送平台，信息报送可设置严格的审核权限，以确保政府信息的权威性。八是统计分析。所有页面的浏览情况都将有详细的数据记录，并能够对用户和行为进行跟踪和分析，提供站内基于部门、栏目等多种条件的统计功能。九是采用大门户建设部署方式，各个司局可以在内网门户网站内设置相应的专栏。通过权限控制栏目发布。十是领导信息服务系统。为有关领导提供专供的林业统计信息、公文收发信息、值班信息、部门信息、新华社专供高层领导信息及各部门专送领导信息等，满足不同级别、不同职位领导对个性化信息的需求。十一是林业专家信息系统。建立林业专家信息查询系统，在内外网同时部署。十二是树木百科多媒体查询系统。在内外网同时部署树木百科多媒体查询系统，提供中国树木的文字、图片等资料，普及树木方面的基本知识。

综合办公业务系统扩建实现的主要功能。一是林业政务信息报送子系统。提供统一的信息共享平台，不同用户登录系统后，根据权限的不同，可浏览阅读授权的信息，并可根据权限，把能在外网进行公布的政务信息从政务内网导出。二是值班管理子系统。对各司局、各直属单位上报的值班要情，以及各地报送的值班要情进行签收、审批和统计分析。定期生成国家林业局大事记，报相关领导审阅。三是督查督办管理子系统。对需要督办的事情进行集中管理，实现督办反馈管理和督查统计分析。四是固定资产管理系统。实现各单位固定资产实物的登记、查询统计的管理。五是领导批示系统。对主要领导的批示集中分类管理，查询某一文件、事件等的批示意见与原件，转入督查督办系统进行处理。六是二维条码管理系统。二维条码与公文管理紧密结合，直接生成和识别二维条码，提高工作效率。七是财务报销系统。利用综合办公业务系统提供的工作流引擎，实现网上财务报销审批、财务报销统计等功能。八是信访管理子系统。包括来信来访登记、来信来访查询、信访收发文管理、信访统计、行业统计五部分内容，实现信访工作的网上办理、统计。九是即时通信和桌面视频系统。桌面办公助手可实现单点登录，不通过浏览器即可获得各类内网待办事宜的提醒。通过安装的视频设备，利用视频会议系统实现桌面视频会议的直播。十是办公系统维护功能。系统维护提供菜单栏目的维护工具、用户管理工具、公文模板管理工具、级别管理工具、岗位人员管理工具。

空间数据展示系统实现的主要功能。一是以遥感地理信息系统和计算机网络通讯技术为基础，建设空间信息展示系统。整合森林资源监测、造林规划、荒漠化监测等业务系统的基础空间数据，实现空间信息的综合管理、分布式共享、自动化传递和可视化分析。二是空间数据的获取、处理系统。通过获取不同类型的影像数据，对影像数据进行标准化的处理和整理，形成满足林业应用要求的影像，提供图像分类、可视化图形的空间模型制作工具和雷达图像处理模块，为后续的服务打好基础。三是空间数据管理和发布服务系统。采用标准的大型海量空间数据管理软件，通过本地(机构内部)分发和管理空间数据，解决安全分发影像数据的问题，为各种网络和大量的客户端应用程序提供目录表和空间数据服务。四是分布式网络三维共享分析平台。各地的空间数据包括卫星影像、矢量数据、地形数据、地物模型以及各种林业专题空间数据等可在一个安全的以数字地球为导航的三维可视环境里进行交互式的空间数据查询，为多部门共享和发布数据创建一个易于交流的三维共享协作的虚拟空间平台。

（三）建设林业信息化基础平台。为林业监管体系提供网络汇接、数据存储、应用支撑、安全支撑、综合管理、数字证书认证等支撑服务。根据应用需要初步建立林业信息资源目录体系和交换体系，为政务公开目录、资源整合及应用集成提供支撑，并预留与国家、省级已建和待建系统的整合接口。

（四）制定林业信息化建设急需的标准。在遵循已颁布施行的电子政务建设标准基础上，根据林业行业的特点建设林业信息化标准体系框架、林业信息标准化指南、林业信息术语标准、林业资源信息分类与编码、林业资源信息处理技术规程、林业资源信息数据库建设标准、林业资源信息目录体系和交换体系框架等急需标准。

四、项目实施的保障措施

通过建立健全各项制度并严格执行，加强监督管理，确保工程建设进度，确保项目建设质量，确保资金使用安全。

（一）实行项目建设招投标制。按照《中华人民共和国招投标法》和《中华人民共和国政府采购法》的有关规定，遵循《国家电子政务工程建设项目管理暂行办法》（发展改革委令〔2007〕55 号）、《林业固定资产投资建设项目管理办法》（林计发〔2006〕61 号）和《中央单位变更政府采购方式审批管理暂行办法》（财库〔2009〕48 号）的相关要求，结合林业信息化建设项目实际情况，建设项目通过公开招标确定承建单位。

（二）实行建设项目监理制。根据有关规定，实行项目监理制。在选择多家有资质的监理公司的基础上，通过对监理公司技术管理和监理报价的综合评分，择优确定监理公司，对工程建设项目实施进行监督管理。主要负责控制工程建设进度、工程建设质量和工程建设投资；管理工程建设合同和监理信息，协调建设单位、施工单位、材料、设备供应方等有关单位的工作关系。

（三）实行建设项目合同管理制。按照国务院办公厅《关于加强基础设施工程质量管理的通知》（国办发〔1999〕16 号）要求，建设工程的勘察设计、施工、设备材料采购和工程监理都要依法订立合同。各类合同都要有明确的质量要求、履约担保和违约处罚条款。违约方要承担相应的法律责任。同时，加强政府监督、审计监督和社会监督。

（四）建立项目责任人制度。每个项目要明确责任人，按照"谁主管、谁负责"的原则，严格执行国家招标投标、政府采购、工程监理和合同管理等制度，对项目实施进度、施工建设质量负责。

（五）建立项目建设阶段采购物品验收制度。凡是建设项目采购的硬件、软件物品，都要有专人验收，履行财产入库、出库手续，办理财产登记，备份相关材料。对不符合合同要求的物品，提出退换要求。

（六）建立项目实施阶段或关键步骤的会商制度。在项目实施每一阶段或关键步骤，由各项目小组负责人召集相关人员会商决定，确保工程建设进度和质量。

（七）建立项目实施工作日志制度。为更好地推进项目建设，需要做好工作日志，发挥其自我提醒、及时督促、业绩证明和责任落实等功能，细化工程进度，记载工作进展情况，逐月报送建设项目质量报告。

（八）建立项目竣工验收制度。按照工作方案进度要求，每个项目建设后期，要做好项目验收的准备工作。提交完整的验收材料，包括项目建设工作总结，项目批准文件和工作成果，设计变更文件、施工图纸、设备技术说明书、施工原始记录，阶段性和隐蔽工程验收记录，项目竣工图，项目竣工财务决算报告，财务审计报告，统计报表，监理报告等。

（九）建立项目后评价制度。根据项目验收后的运行情况，国家林业局信息办组织专家或委托相关机构对建设项目的系统运行效率、使用效果等情况进行后评价。后评价认为未实现批复的建设目标或未达到预期效果的，要提出整改要求，项目建设单位限期整改。

五、做好内外网整合改造工作的几点要求

（一）提高认识，精心组织。各司局、各直属单位要进一步提高认识，把思想统一到局党组"加快林业信息化，带动林业现代化"的部署上来，精心组织，认真梳理各项业务流程，详细提出业务工作信息化需求，做好网站、应用系统和数据库整合改造的各项准备工作。

（二）专人负责，积极配合。每个司局、直属单位要指定一名熟悉业务并能协调本单位各处室工作的具体负责人，业务较多的司局直属单位要成立项目实施小组，配合做好调研设计和项目实施。负责人名单及联系电话报局办电子政务处（主楼611室）。

（三）技术支持，做好交接。各司局、各直属单位要协调原信息化技术支持单位与承担整合内外网的中标公司做好技术交接工作，整理并提供原有网站资源及数据访问接口，现有的应用系统（网络版和单机版）名称、集成工作、功能描述及系统用户情况。

（四）数据迁移，做好准备。各司局、各直属单位要提供现有的各类业务数据库名称、类型及结构情况，以便迁移各子站点的信息数据和功能数据，对原有数据库及时进行标准化改造，导入新建数据库，保障各项业务工作的正常运转。

各司局、各直属单位要以落实中央林业工作会议精神为契机，以高度的政治责任感和使命感，按照首届全国林业信息化工作会议要求，统筹做好国家林业局内外网整合改造的各项工作，为"加快林业信息化，带动林业现代化"做出积极贡献。

特此通知。

国家林业局
二〇〇九年七月二十二日

国家林业局办公室关于
编制林业信息化建设规划的通知

办信字〔2009〕116 号

各省、自治区、直辖市林业厅(局)，内蒙古、吉林、龙江、大兴安岭森工(林业)集团公司，新疆生产建设兵团林业局：

为认真落实全国林业信息化工作会议精神，按照《全国林业信息化建设纲要 2008～2020 年》(以下简称《纲要》)和《全国林业信息化建设技术指南 2008～2020 年》(以下简称《指南》)有关要求，统筹规划、协调推进全国林业信息化建设工作，我局拟组织开展林业信息化建设规划编制工作，现将有关事项通知如下。

一、编制原则

(一)统一规划。各地林业信息化建设规划编制，要按照《纲要》和《指南》要求，明确总体建设目标和工作思路，形成全国一盘棋思想，实现统一规划、统一标准，做到高起点、高标准、高水平，为建立布局科学、高效快捷、先进实用、稳定安全的全国林业信息化体系奠定基础。

(二)注重实效。结合当地实际，认真梳理分析林业工作对信息化建设的各项功能需求，准确把握信息化建设过程中存在的差距和问题，提出适合当地发展特点的、有针对性的林业信息化发展思路、建设目标、总体框架、建设内容、保障措施等，实事求是地测算投资规模和投资估算，合理安排，有序推进。

(三)突出重点。立足于当地经济发展条件，在兼顾一般的前提下，区分轻重缓急，重点落实好林业资源监管系统、营造林管理系统、林业灾害监控与应急系统、林业综合办公系统、林业产业与林业经济运行系统建设，确保有限的资金发挥最大的效益。

二、编制内容

按照《纲要》、《指南》有关要求，明确近期和中长期发展目标，具体包括发展现状、重要性和必要性、总体思路与目标、主要任务、重点项目、建设布局与实施阶段、投资估算与资金筹措、政策措施八个方面(详见附件1)，篇幅控制在150页至200页(每页550字左右)。

三、工作要求

规划编制工作是落实全国林业信息化工作会议的重要举措，是确保林业信息化事业又好又快发展的基本前提。各地要高度重视，加强领导，落实队伍，制订计划，明确分工，以《纲要》和《指南》为依据，认真做好规划编制工作。已经完成的，要按要求进行重新修订；正在编制的，要尽快进行调整和完善；尚未开展编制工作的，要抓紧启动，确保林业信息化工作有序推进。

请各地于2009年12月31日前将《规划》文本一式十份报国家林业局信息化管理办公室备案，电子版同时发送JLGC2008@sina.com邮箱。

联系人：国家林业局信息办 张会华，徐泽鸿

联系电话：010－84238625，010－84238012

附件：1. ××省(区、市)林业信息化建设规划(提纲)

2. ××省(区、市)林业信息化建设规划编辑格式

国家林业局办公室

二〇〇九年七月二十二日

附件 1

××省(区、市)林业信息化建设规划

(提纲)

第一章　发展现状

一、形势分析

二、建设现状

(一)组织机构人才

(二)标准及制度建设

(三)基础设施建设

(四)信息资源建设

(五)应用系统建设

(六)推广应用

(七)网站建设

三、存在问题

第二章　重要性和必要性

一、重要意义

二、需求分析

第三章　总体思路与目标

一、编制依据

二、指导思想

三、建设原则

四、建设目标

(一)总目标

(二)分阶段目标

五、总体框架

第四章　主要任务

一、基础性工作

二、基础设施建设

三、信息资源建设

四、应用系统建设

五、网站建设

六、保障体系建设

第五章　重点项目

一、

二、

……

第六章　建设布局与实施阶段

一、建设布局

二、实施阶段

第七章　投资估算与资金筹措

一、投资估算依据

二、投资估算

三、资金来源

第八章　政策措施

一、组织体系

二、制度建设

三、资金保障

四、科学技术

五、人才培养

六、合作交流

附件2

××省（区、市）林业信息化建设规划编辑格式

排版后每页字数：22行×28个字。具体要求：

一、页面设置

上：3.7厘米；下：3.5厘米；左2.7厘米；右：2.7厘米

二、行间距

固定值28磅

三、标题

（一）“章”标题字体：华文中宋2号加粗或方正小标宋2号

（二）一级标题：黑体3号

（三）二级标题：楷体3号

（四）三级标题：仿宋小3号加粗

四、文件内容

仿宋小 3 号字

五、页码位置

正面为右下角，反面为左下角

六、序号编排

(一)一级标题序号用中文大写数字，即“一”、“二”……

(二)二级标题序号用中文大写数字加括号，即“(一)”、“(二)”……

(三)三级标题序号用阿拉伯数字，即“1”、“2”……

(四)四级标题序号用阿拉伯数字加括号“(1)”、“(2)”、“(3)”……

国家林业局关于开展全国林业视频会议等系统扩建工作的通知

林信发〔2009〕179号

各省、自治区、直辖市林业厅(局),内蒙古、吉林、龙江、大兴安岭森工(林业)集团公司,新疆生产建设兵团林业局,各计划单列市林业局,国家林业局各司局、各直属单位:

为贯彻落实中央林业工作会议和首届全国林业信息化工作会议精神,进一步加快全国林业信息化建设步伐,充分利用全国林业视频会议等系统资源,提高各级林业主管部门的工作效率和管理水平,经研究我局决定于近期开展全国林业视频会议等系统扩建工作。现将有关事项通知如下。

一、充分认识扩建工作的重要意义

信息化是时代发展的潮流,是我国现代林业建设的必然选择。随着现代信息技术的迅猛发展,特别是互联网技术的广泛应用,信息化建设已经成为提升一个国家、一个地区、一个行业综合竞争力的重要驱动力。全国林业视频会议等系统建设是我国林业信息化建设的基础工程,牵涉面广、技术复杂、时间紧、任务重。在局信息化领导小组的领导下,我国林业视频会议等系统从无到有,已初具规模,为信息传输、协同办公等提供了较好的基础平台。但是,随着信息技术的快速发展,现有的系统难以满足现代林业科学发展的需要,加之局直属单位、一些新设机构及各计划单列市尚未建设相关系统,从而影响了林业信息化整体效益的发挥。系统扩建工作迫在眉睫。扩建工作完成后,全国林业系统将基本形成一个集文字、语音、视频互联互通的综合系统。

二、明确扩建工作的建设内容及范围

（一）全国林业视频会议系统扩建。范围涉及局机关大院外的京内外直属单位（以下简称各直属单位分节点，见附件1）和各计划单列市林业局。具体建设内容包括专用电信网络接入、网络设备集成安装、视频会议系统安装调试及现场培训四部分（见附件2）。

各省、自治区、直辖市林业厅（局），内蒙古、吉林、龙江、大兴安岭森工（林业）集团公司，新疆生产建设兵团林业局（以下简称各省厅局）更换支持H.264视频协议的视频终端（见附件2）。

（二）林业综合办公电子传输系统扩建。范围涉及局机关各司局、京内外各直属单位（见附件1）和各计划单列市林业局。具体建设内容包括设备安装、系统调试及现场培训三部分（见附件2）。

各省厅局升级林业综合办公电子传输系统。

（三）网络IP电话系统建设。范围涉及我局及各省厅局。具体建设内容包括布线施工、设备安装调试、现场培训及系统整体测试四部分（见附件3）。

三、保证扩建工作的建设进度

（一）全国林业视频会议系统扩建。8月10日前，各直属单位分节点和各计划单列市林业局确定项目负责人员、网络管理人员、维护管理人员和通信机房，做好通讯线路的安装准备并将结果反馈至国家林业局信息中心（反馈表见附件4）。

8月30日前，各直属单位分节点和各计划单列市林业局视频分节点完成视频会议室装修及配套网络建设。

9月中旬至10月中旬，进行设备验收、安装和人员现场培训，各省厅局更新的视频会议终端更新到位。

10月中旬，进行系统调试。

11月初，进行系统试运行。

（二）林业综合办公电子传输系统扩建。林业综合办公电子传输系统（以下简称电子公文传输系统）扩建分为两部分：我局机关大院外京内外直属单位建设和各计划单列市林业局、各省厅局系统升级进度与视频会议系统建设进度相同；我局机关大院内各司局及直属单位的建设进度随国家林业局网络改造进度而定。

请各地各单位于8月10日前将电子公文传输系统建设实施调查反馈表反馈至国家林业局信息中心（见附件4）。

（三）网络IP电话系统建设。8月10日前，各省厅局要认真填写《国家林业局IP电话项目电话信息调查表》（见附件5），并将结果反馈至国家林业局信息中心。

8月10日前，我局机关大院内各司局及直属单位根据实际需求调整和增补电话号码，并将反馈表反馈至国家林业局信息中心(见附件6)。

11月底前，完成设备安装。

12月底前，完成整体互联互通。

四、认真落实扩建工作的建设经费

(一)全国林业视频会议系统扩建和电子公文传输系统扩建。国家林业局各司局和京内外直属单位以及计划单列市林业局分节点建设资金由中央投资安排解决；各省厅局分节点视频终端购置资金由地方自筹解决。

(二)全国林业网络IP电话系统建设。国家林业局各司局和局大院内直属单位建设资金由中央投资安排解决；各省厅局、计划单列市林业局建设资金由地方自筹解决。

五、扩建工作的保障措施

(一)切实加强组织领导。为加强对扩建工作的组织领导，我局成立了由办公室、计资司、信息办组成的项目实施指导组及信息办、信息中心组成的网络基础建设与基础平台组，专门负责对项目建设的具体组织协调。各司局、各直属单位、各计划单列市林业局及各省厅局也要切实加强组织领导，专门成立项目组，指定专门的管理人员和技术人员负责项目建设，确保工程建设顺利进行。

(二)确保工程建设进度和质量。各地各单位要牢固树立质量第一的理念，严把质量关，力争建精品工程、样板工程。各相关单位要按时完成通信机房、视频会议室的建设和装修等工作，确保项目按时运行。要加强沟通，上下配合，确保项目建设如期完成。

联系人：信息办　杨新民　　电话：010-84238633
信息中心　滕立春　　电话：010-84238208

附件：

1. 全国林业视频会议系统、电子公文传输系统扩建、IP电话系统建设项目安排表
2. 全国林业视频会议系统及电子公文传输系统扩建要求
3. 网络IP电话系统建设相关要求
4. 全国林业视频会议系统及电子公文传输系统扩建项目实施调查反馈表(略)
5. 国家林业局IP电话项目电话信息调查表(略)
6. 国家林业局电话调整和增补电话号码反馈表(略)

国家林业局

二〇〇九年七月二十九日

附件 1

全国林业视频会议系统、电子公文传输系统扩建、IP 电话系统建设项目安排表

序号	单位名称	建设项目		
		视频会议	公文传输	IP 电话
1	造林绿化管理司		√	
2	全国绿化委员会办公室		√	
3	森林资源管理司		√	
4	野生动植物保护与自然保护区管理司		√	
5	农村林业改革发展司		√	
6	森林公安局		√	
7	政策法规司		√	
8	发展规划与资金管理司		√	
9	科学技术司		√	
10	国际合作司		√	
11	人事司		√	
12	直属机关党委		√	
13	中央纪委、监察部驻国家林业局纪检组、监察局		√	
14	离退休干部局		√	
15	机关服务局		√	
16	信息化管理办公室		√	
17	国有林场和林木种苗工作总站		√	
18	林业工作站管理总站		√	
19	林业基金管理总站		√	
20	宣传办公室		√	
21	濒危物种进出口管理办公室		√	
22	天然林保护工程管理办公室		√	
23	退耕还林工程管理办公室		√	
24	防沙治沙办公室		√	
25	速生丰产用材林基地建设工程管理办公室		√	
26	全国木材行业管理办公室		√	
27	经济发展研究中心		√	
28	人才开发交流中心		√	
29	湿地保护管理中心		√	
30	森林防火预警监测信息中心		√	
31	中国林业科学研究院	√	√	

（续）

序号	单位名称	建设项目		
		视频会议	公文传输	IP电话
32	调查规划设计院		√	
33	林产工业规划设计院	√	√	
34	管理干部学院	√	√	
35	中国绿色时报社		√	
36	中国林业出版社	√	√	
37	国际竹藤网络中心	√	√	
38	中国林学会		√	
39	中国野生动物保护协会		√	
40	中国花卉协会		√	
41	中国绿化基金会		√	
42	中国林业产业协会		√	
43	西北华北东北防护林建设局	√	√	
44	驻内蒙古自治区森林资源监督专员办事处	√	√	
45	驻长春森林资源监督专员办事处	√	√	
46	驻黑龙江省森林资源监督专员办事处	√	√	
47	驻大兴安岭林业集团公司森林资源监督专员办事处	√	√	
48	驻福州森林资源监督专员办事处	√	√	
49	驻成都森林资源监督专员办事处	√	√	
50	驻云南省森林资源监督专员办事处	√	√	
51	驻兰州森林资源监督专员办事处	√	√	
52	驻西安森林资源监督专员办事处	√	√	
53	驻武汉森林资源监督专员办事处	√	√	
54	驻贵阳森林资源监督专员办事处	√	√	
55	驻海口森林资源监督专员办事处	√	√	
56	驻合肥森林资源监督专员办事处	√	√	
57	驻乌鲁木齐森林资源监督专员办事处	√	√	
58	森林病虫害防治总站	√	√	
59	东北航空护林中心	√	√	
60	西南航空护林总站	√	√	
61	南京森林公安高等专科学校	√	√	
62	华东林业调查规划设计院	√	√	
63	中南林业调查规划设计院	√	√	
64	西北林业调查规划设计院	√	√	
65	昆明林业勘察设计院	√	√	

（续）

序号	单位名称	建设项目		
		视频会议	公文传输	IP 电话
66	北京市园林绿化局			√
67	天津市林业局			√
68	河北省林业局			√
69	山西省林业厅			√
70	内蒙古自治区林业厅			√
71	辽宁省林业厅			√
72	吉林省林业厅			√
73	黑龙江省林业厅			√
74	上海市林业局			√
75	江苏省林业局			√
76	浙江省林业厅			√
77	安徽省林业厅			√
78	福建省林业厅			√
79	江西省林业厅			√
80	山东省林业厅			√
81	河南省林业厅			√
82	湖北省林业厅			√
83	湖南省林业厅			√
84	广东省林业局			√
85	广西壮族自治区林业局			√
86	海南省林业局			√
87	重庆市林业局			√
88	四川省林业厅			√
89	贵州省林业厅			√
90	云南省林业厅			√
91	西藏自治区林业局			√
92	陕西省林业厅			√
93	甘肃省林业厅			√
94	青海省林业局			√
95	宁夏回族自治区林业局			√
96	新疆维吾尔自治区林业局			√
97	内蒙古森林工业集团有限责任公司			√
98	吉林森林工业（集团）总公司			√
99	龙江森林工业（集团）总公司			√

（续）

序号	单位名称	建设项目		
		视频会议	公文传输	IP 电话
100	大兴安岭林业集团公司			√
101	新疆生产建设兵团林业局			√
102	大连市林业局	√	√	
103	宁波市林业局	√	√	
104	厦门市林业局	√	√	
105	青岛市林业局	√	√	
106	深圳市农林渔业局	√	√	

附件 2

全国林业视频会议系统及电子公文传输系统扩建要求

一、网络施工

由中国联通负责提供线路及施工。

二、设备间

设备间为放置网络设备（光端机、网路由器及交换机设备）专用房间。房间要求环境清洁、无尘，防止任何腐蚀性气体、废气的侵入，无水、气管道通过，空气调节设备应能满足设备正常运行的温度与湿度要求（温度：15～30 ℃，最佳 22℃；湿 度：40%～60%，最佳 55%）；房间附近无线电杂波干扰应低于 0.5V/M（f = 14kHz～1GHz）。如各单位有网络设备专用机房，也可使用，但不得与互联网设备使用同一机柜。

三、视频会议室

视频会议室一般为中等会议室大小，面积约在 30～60m^2 之间。各单位根据会议室大小配备大屏幕离子（液晶）电视机等。会议室灯光以三基色灯光照明为宜。会议室内要有摆放视频终端的家具或支架等。有条件的单位可在会议室配备功放、调音台、定向麦克风及音箱等音频设备，条件不足的单位可使用电视机的音响系统作为视频会议的音频输出设备。

四、综合布线

参加视频会议建设的各单位要于设备安装前，完成由设备间至视频会议室、电子公文传输系统所使用办公室的网络线路(网络机房与会议室、电子公文传输系统所使用的办公室之间的距离不得超过100m，如超过100m需要增加交换机设备)。其中有条件的专员办还可完成设备间至各办公桌的网络线路(不超过22个节点)，为今后使用国家林业局办公自动化系统做好准备。上述所有线路要与国际互联网物理隔离。国家林业局机关大院内的综合布线由国家林业局信息中心负责建设。

五、各类系统配备的设备

序号	设备名称	数量(台/套)	备注
一、网络设备			
1	路由器	1	林学会没有配备
2	交换机	1	
二、视频会议系统			
1	视频终端	1	
三、电子公文传输系统			
1	书生电子公文传输系统软件	1	
2	PC机	1	
3	商密卡	1	
4	公文传用彩色激光打印机	1	

六、各省厅局视频会议终端更换

各省厅局现有视频会议终端为Vtel的视频会议终端，该协议已经因设备陈旧，不支持新用设备使用的H.264协议，且已没有升级的价值，故随这次视频会议扩建的时机，要求各省厅局更换支持H.264协议的视频终端。

鉴于全国林业视频会议系统中部分省厅局已经更换的视频会议终端大部分为POLYCOM设备、扩建的设备也为POLYCOM设备，为了保证全国林业视频会议系统的稳定性、管理及技术支持的一致性，建议各省厅局在更换视频终端设备时首选设备为POLYCOM VSX 6000以上，如采用其他品牌设备，要满足下列指标：

支持的视频标准：H.261，H.263，H.264；CIF，4CIF，VGA，XGA。

支持的音频标准：G.711，G.722，G.722.1，G.728，Siren7，Siren14。

支持的功能和管理方式：H.239双流、自动唇音同步、快速回声消除、活动语音检测、噪音抑制、舒适噪音生成、自动增益、AES加密、固定数据端口号、NAT穿越、QOS机制(ip优先级、区分服务、RSVP)、能够调整MTU值、画中画(画面位置可调)、本机音频环回测试、本机扬声器及麦克风测试、本机视频环回测试、本机网络环回测试、可灵活更改视频输出端口的输出内容、可更改用户界面、远端控制。

附件3

网络IP电话系统建设相关要求

一、建设原则

网络IP电话系统的建设一定要遵循国家信息传输与电子政务的相关规定进行。统一标准，统一管理，实现资源共享，形成既统一构成又相互独立的系统。

二、建设内容

研究确定系统施工方为北京通创华科技发展有限公司及其在各有关省区市的服务网点(联系人甘勇，联系电话010－60214690)、设备提供商为北京希望无限科技发展有限公司。确定型号为“IPOA－er8032L”，该计算机专网电话系统为完全分布式结构。每台IPOA子系统设备均为独立运行的业务子系统。

三、建设经费与规模

网络IP电话子系统的基本计算单位(单台设备)为16条线(端口)，单台设备费用为16000元，增加功能和系统安装调试费用根据各省厅局的实际需求和线路情况而定。各省厅局可根据各自的实际情况选择16、32条线(端口)的规模进行建设。

四、基本建设情况

为有效运行网络IP电话系统，国家林业局已建成能够充分管理运行网络IP电话系统的一级管理系统；该管理系统分为网络管理、业务管理、计费管理和数据管理四个部分。该管理系统是面向网络IP电话系统的运行维护而建设，保障实现网络IP电话系统的长期有效运行维护及在林业专网内相互通话全部免费。该系统为完全分布式系统结构，便于总部和各省厅局(二级单位)以及三、四级等单位的逐步建设实施。

五、建设进度要求

各省厅局作为分节点建设单位分别与网络IP电话系统施工方北京通创华科技发展有限公司签订合同。并协助集成公司做好工程建设以及按照合同确保相应项目经费到位。网络IP电话系统计划2009年8月完成首批省厅局(二级单位)的部分互通和初步总结，2009年10月进行全面设备安装，2009年12月完成整体互联互通。具体建设批次和每次参加的省厅局(二级单位)建设单位由国家林业局信息办和信息中心统一协调部署。

六、具体实施

各级单位在进行网络 IP 电话系统的分级建设时，需要统一厂商的品牌和设备型号。如果设备型号不同时，需要厂商提供保证，能够与国家林业局或各级单位已建网络 IP 电话系统有效互联互通，同时能够接受一级管理系统的有效管理。各级单位可根据实际情况选择建设容量和实施进度。

为尽快落实执行并实现网络 IP 电话系统的初期互联互通建设目标，各省厅局也可采取“先安装，后付款”的建设方式。具体执行办法和实施方案由国家林业局信息办和信息中心负责统一部署和确定。

各省厅局(二级单位)以及三、四级等单位的网络 IP 电话系统的规划、建设、实施以及验收均需在国家林业局信息中心的统一部署和指导下执行；在各级单位的网络 IP 电话系统割接和并网使用前，由国家林业局信息中心核准方能操作执行。

国家林业局办公室关于开展国家林业局中心机房及网络系统改造工作的通知

办信字〔2009〕131 号

国家林业局各司局、各直属单位：

为认真贯彻落实中央林业工作会议和首届全国林业信息化工作会议精神，按照《全国林业信息化建设纲要》和《全国林业信息化建设技术指南》等有关要求，经研究，决定 2009 年 8 月开始对局中心机房及网络系统进行全面改造，提高支撑保障水平，实现国家林业局内外网物理隔离。现将有关事项通知如下：

一、改造工程是林业信息化建设的重要基础工程

近年来，局中心机房和网络系统规模从小到大，为信息传输、协同办公，提高工作效率、降低行政成本等发挥了积极作用。随着信息化建设的快速发展，现有机房和网络基础设施在供电、系统维护、网络应用等方面难以满足需要，影响了林业信息化整体效益的发挥。加快工程改造，已经刻不容缓。该工程时间紧、任务重，建设效果如何将直接影响到林业信息化整体工程能否顺利实施。各司局、各有关直属单位一定要高度重视，进一步深化对中心机房及网络系统改造工程重要性和紧迫性的认识，采取有效措施，积极配合做好相关工作，确保工程施工顺利进行。

二、工程建设内容包括中心机房和网络系统改造等

在工程实施过程中，除需对办公主楼、三号楼、四号楼、物业楼及大礼堂进行综合布线外，还要对中心机房进行设备迁移。工程实施将按照国家A类机房标准，对机房电气系统、接地、防雷、机房布局和承重、门禁系统、机房装饰装修等7个部分进行改造。为了不影响各司局、各有关直属单位日常工作的正常开展，工程施工期间将尽可能保证计算机网络系统正常运行，施工布线尽可能在非上班高峰进行。既要保证工程进度，又要尽可能降低对机关日常工作的影响，难度很大。请各司局、各有关直属单位予以大力支持，为工程的顺利实施提供便利。

三、工程建设的组织领导和工作要求

为加强对改造工程的组织领导，我局成立了由办公室、政法司、计资司、科技司、机关服务局、信息办等组成的项目实施指导组及网络基础建设平台组，专门负责对项目建设的具体组织协调。并严格实行项目建设招投标制、项目监理制、项目合同管理制、项目负责人制、项目日志等制度，进一步加大监督管理力度，确保工程建设进度，确保项目建设质量，确保资金使用安全。各司局、各有关直属单位也要指定专门人员，明确职责，积极配合项目建设，确保工程建设顺利进行，有关人员名单及联系方式，请于8月15日前电话报信息办(办公主楼625室)。

联 系 人：杨新民

联系电话：010－84238633

国家林业局办公室

二○○九年八月十一日

国家林业局办公室关于举办全国林业信息化建设管理培训班的通知

办信字〔2009〕134 号

各省、自治区、直辖市林业厅(局)，内蒙古、吉林、龙江、大兴安岭森工(林业)集团公司，新疆生产建设兵团林业局，各计划单列市林业局，国家林业局各司局、各直属单位：

为深入贯彻落实首届全国林业信息化工作会议精神，大力加强林业信息化教育培训工作，不断提高信息化建设和应用水平，全面加快林业信息化建设步伐，按照《国家林业局办公室关于印发 2009 年度面向地方林业部门业务培训班计划的通知》(办人字〔2009〕35 号)的安排，经研究，我局定于 9 月 18 ~ 20 日举办全国林业信息化建设管理培训班，现将有关事宜通知如下：

一、培训内容

(一)全国林业信息化建设的形势、任务及发展方向解析。
(二)《全国林业信息化建设纲要》和《全国林业信息化建设技术指南》解读。
(三)电子政务和政府网站建设的理念、策略与实践讲座。
(四)信息化实用技术和前沿技术介绍。
(五)先进部委信息化建设的理念与经验介绍。
(六)先进省份林业信息化建设经验交流等。

二、参加培训人员

(一)各省、自治区、直辖市林业厅(局)，内蒙古、吉林、龙江、大兴安岭森工(林业)集团公司，新疆生产建设兵团林业局，各计划单列市林业局信息化主管处室(中心)负责同志 1 人。

(二)国家林业局各司局、各直属单位信息化主管处室负责同志 1 人。

三、培训时间及地点

(一)时间。9 月 18～20 日，9 月 17 日全天报到。

(二)地点。山西省太原市亲贤北街东口 22 号，太航大酒店东楼。

四、其他事项

(一)学员往返交通费及住宿费由派出单位自理，培训班不收取培训费。

(二)请各单位认真填写培训班报名回执，并于 9 月 5 日之前以电子邮件或传真报国家林业局信息化管理办公室。

(三)学员自备《全国林业信息化建设纲要》和《全国林业信息化建设技术指南》书面材料，报到时请携带身份证。

(四)需要接站的学员请于 9 月 15 日之前将飞机航班号或火车车次及到达太原的时间告知国家林业局信息化管理办公室，以便会务安排接站。自行前往的乘车路线为：火车站乘坐 812 路公交车到三营宿舍下车，即到太航大酒店；或乘出租车约 12 元左右即到。机场乘出租车 25 元左右即到。

(五)联系方式

国家林业局信息化管理办公室：温战强

电话：010－84238637，84238625(传真)

E-mail：zqw2003@163.com

国家林业局人才开发交流中心：范俊峰

电话：010－84239340

太原市太航大酒店：0351－7589228(总机)

附件：全国林业信息化建设管理培训班回执(略)

国家林业局办公室

二〇〇九年八月二十日

国家林业局办公室关于征集“新中国林业 60 年”专题信息的通知

办信字〔2009〕142 号

各省、自治区、直辖市林业厅(局)，内蒙古、吉林、龙江、大兴安岭森工(林业)集团公司，新疆生产建设兵团林业局，各计划单列市林业局，其他各有关单位：

为全面回顾新中国成立 60 年林业光辉历程，充分展示林业建设巨大成就，唤起人们关注林业、热爱林业、支持林业的热情，经研究，决定从 9 月中旬起，在国家林业局政府网开通“新中国林业 60 年”专题，作为向新中国成立 60 周年的献礼。为确保此项工作的顺利进行，拟在全国范围内征集相关专题信息，现将有关事项通知如下：

一、征集内容

国家林业局政府网“新中国林业 60 年”专题，共设“最新动态”、“新中国 60 年林业成就”、“新中国 60 年林业建设综述”、“新中国 60 年林业重要政策法规”、“新中国 60 年重要领导批示”、“新中国 60 年林业第一”、“新中国 60 年林业之最”、“新中国 60 年林业大事记”、“新中国 60 年林业亲历 · 记忆”、“新中国 60 年绿色风采”等栏目。其中，“林业第一”，所指如“第一张林权证”，“第一个林业院士”，“第一个国家级森林公园”，“第一个国家级自然保护区”等；“林业之最”，所指如“林业产值最大的省份”，“森林覆盖率最高的省份”，“物种最丰富的自然保护区”，“面积最大的湿地公园”等。

二、报送要求

(一)请各地各单位围绕“最新动态”、“新中国 60 年林业成就”、“新中国 60 年林业亲历·记忆”和“新中国60年绿色风采”栏目组织相关信息，题材、风格不限，每条信息配以1000字左右的文字说明(可附图片、照片等)，于9月15日前报国家林业局办公室。

(二)请各地各单位整理出本地或本单位产生的全国“林业第一”或“林业之最”，认真填写《“林业第一”、“林业之最”选送材料申报表》(见附件)，并配以1000字左右的文字材料(可附图片、照片等)，经单位主要领导审核签字并加盖单位印章后，同期报送国家林业局办公室。

(三)征集工作事关林业建设整体形象。请各地各单位高度重视，明确专人，集中精力，认真做好相关工作，确保此项工作的顺利进行。

三、发布办法

我局将对各地各单位报送的相关信息进行认真筛选，确定最终选用结果。凡确定选用的专题信息，我局将从9月中旬起在国家林业局政府网专题栏目上刊载播出，并按照国家林业局政务信息报送统计办法有关规定，给予报送单位适当加分。

联系人：国家林业局信息办李海波，郑曼

联系电话：010－84238560，84238064

电子邮件：xxgl2005@sina.com

特此通知。

附件：“林业第一”、“林业之最”选送材料申报表

国家林业局办公室
二〇〇九年八月三十一日

附件

“林业第一”、“林业之最”选送材料申报表

选送单位：

<table>
<tr><td>类　别</td><td colspan="3"></td></tr>
<tr><td>名　称</td><td colspan="3"></td></tr>
<tr><td>批准单位</td><td></td><td>批准时间</td><td></td></tr>
<tr><td>其他需要说明的情况</td><td colspan="3"></td></tr>
<tr><td>选送单位意见</td><td colspan="3">（单位盖章）
年　月　日</td></tr>
<tr><td>国家林业局信息办意见</td><td colspan="3">（单位盖章）
年　月　日</td></tr>
<tr><td>国家林业局意见</td><td colspan="3">（单位盖章）
年　月　日</td></tr>
</table>

说明：类别填写“林业第一”或“林业之最”。

国家林业局关于印发《林业资源调查监测公共因子分类补充规定》的通知

林信发〔2009〕204号

各省、自治区、直辖市林业厅(局)，内蒙古、吉林、龙江、大兴安岭森工(林业)集团公司，新疆生产建设兵团林业局，国家林业局各司局、各直属单位：

为统一林业资源调查中公共因子，促进信息资源共享，规范国家森林资源连续清查、湿地资源调查、荒漠化和沙化监测等林业资源调查中林地、湿地、地貌、流域、土壤等的类型划分，经认真研究，我局制定了《林业资源调查监测公共因子分类补充规定》(见附件)，作为对林业资源调查技术规定的补充。现印发给你们，请遵照执行。

附件：林业资源调查监测公共因子分类补充规定

国家林业局

二〇〇九年九月一日

附件：

林业资源调查监测公共因子分类补充规定

全国森林资源连续清查、全国湿地资源调查、全国荒漠化和沙化监测等成果，对于分析我国林业资源状况和动态变化意义重大。为便于充分利用和共享这些林业公共信息资源成果，需要将《国家森林资源连续清查技术规定》、《全国湿地资源调查技术规程》和《全国荒漠化和沙化监测技术规定》中林地、湿地、地貌、流域、土壤类型这些公共性和基础性的调查监测因子统一分类。

一、林地、湿地类型的划分

林地、湿地类型的划分执行国家林业局最新公布的《国家森林资源连续清查技术规定》和《全国湿地资源调查技术规程》。

二、地貌类型的划分

地貌类型的划分见《地貌类型划分表》。

地貌类型划分表

地貌类型	
极高山	海拔≥5000m 的山地
高　山	海拔≥3500m 且＜5000m 的山地
中　山	海拔≥1000m 且＜3500m 的山地
低　山	海拔≥500m 且＜1000m 的山地
丘　陵	海拔＜500m，相对高差＜100m
平　原	海拔＜500m，相对高差 50m

三、流域划分

流域类型的划分采用最新的《水利工程基础信息代码编制规定》(SL213－1998)中有关一级和二级流域(水系)的分类，详见《流域划分表》。

流域划分表

一级流域	二级流域
内流区	呼伦贝尔内流区
	乌裕尔河内流区
	准噶尔内流区
	内蒙古内流区
	白城内流区
	霍林河内流区
	扶余内流区
	塔里木内流区
	河西走廊—阿拉善河内流区
	鄂尔多斯内流区
	柴达木内流区
	西藏内流区
广西、云南、西藏、新疆诸国际河流	额尔齐斯河水系
	伊犁河、额敏河水系
	澜沧江—湄公河水系
	狮泉河—印度河水系
	怒江—伊洛瓦底江水系
	雅鲁藏布江—布拉马普特拉河水系
	元江—红河水系
黑龙江流域	黑龙江水系
	额尔古纳河水系
	松花江水系
	乌苏里江水系
	绥芬河水系
	图们江水系
辽河流域	辽河干流水系
	大凌河及辽东沿海诸河水系
	鸭绿江水系
	辽东半岛诸河水系
淮河流域	沂沭泗水系
	淮河干流水系
	里下河水系

（续）

一级流域	二级流域
黄河流域	黄河干流水系
	汾河水系
	山东半岛及沿海诸河水系
	渭河水系
浙、闽、台诸河	浙东、闽东及台湾沿海诸河水系
	瓯江水系
	闽江水系
	钱塘江水系
珠江流域	西江水系
	韩江水系
	北江水系
	东江水系
	珠江三角洲水系
	粤、桂、琼沿海诸河水系
长江流域	雅砻江水系
	嘉陵江水系
	汉江水系
	岷江水系
	长江干流水系
	太湖水系
	洞庭湖水系
	乌江水系
	鄱阳湖水系
海河流域	滦河水系
	子牙河水系
	黑龙港及运东地区诸河水系
	徒骇、马颊河水系
	漳卫南运河水系
	潮白、北运、蓟运河水系
	永定河水系
	大清河水系

四、土壤分类

土壤类型划分采用《中国土壤分类与代码》（GB/T 17296－2009），详见《土壤类型表》。

土壤类型表

土　　纲	土　　类
铁铝土	砖红壤
	赤红壤
	红　壤
	黄　壤
淋溶土	黄棕壤
	黄褐土
	棕　壤
	暗棕壤
	白浆土
	棕色针叶林土
	灰化土
半淋溶土	燥红土
	褐　土
	灰褐土
	黑　土
	灰色森林土
半水成土	草甸土
	潮　土
	砂姜黑土
	林灌草甸土
	山地草甸土
高山土	草毡土
	黑毡土
	寒钙土
	冷钙土
	冷棕钙土
	寒漠土
	冷漠土
	寒冻土
干旱土	棕钙土
	灰钙土
钙层土	黑钙土
	栗钙土
	栗褐土
	黑垆土

（续）

土　纲	土　类
漠土	灰漠土
	灰棕漠土
	棕漠土
初育土	黄绵土
	红黏土
	新积土
	龟裂土
	风沙土
	石灰(岩)土
	火山灰土
	紫色土
	磷质石灰土
	粗骨土
	石质土
盐碱土	草甸盐土
	滨海盐土
	酸性硫酸盐土
	漠境盐土
	寒原盐土
	碱　土
水成土	沼泽土
	泥炭土
人为土	水稻土
	灌淤土
	灌漠土

国家林业局办公室关于组织编写《中国林业信息化发展报告2009》的通知

办信字〔2009〕176号

各省、自治区、直辖市林业厅(局)，内蒙古、吉林、龙江、大兴安岭森工(林业)集团公司，新疆生产建设兵团林业局：

为认真贯彻落实首届全国林业信息化工作会议和国家林业局党组扩大会议暨全国林业厅局长电视电话会议精神，系统总结林业信息化发展历程，全面展示林业信息化建设成就，充分借鉴国际国内信息化发展经验，促进林业信息化建设健康发展，经研究，决定从今年起，组织编写《中国林业信息化发展报告》。请各地区、各单位按照《提纲》(见附件)第一篇结构序列要求，组织撰写本地区、本单位林业信息化工作情况报告(0.3万~0.5万字)，作为第二篇内容的组成部分，经本单位主要领导审核后以书面形式于12月20日前报国家林业局信息办，同时发送电子版。

联 系 人：邹亚萍

电　　话：010-84238649

电子邮箱：yaping_ ly@ sina. com

附件：中国林业信息化发展报告2009(提纲)

国家林业局办公室

二○○九年十月二十九日

附件

中国林业信息化发展报告2009

（提纲）

第一篇　总论篇

（约10万字）

第一章　综　述

第一节　历史回顾

重点总结20世纪80年代至2008年的林业信息化情况，包括成效、经验、教训、展望等。

第二节　发展现状

重点总结2009年的林业信息化工作。

第三节　工作展望

第二章　总体思路

第一节　全国林业信息化建设纲要(2008～2020年)

第二节　全国林业信息化建设技术指南(2008～2020年)

第三节　全国林业信息化“十二五”发展规划

第三章　发展政策

第一节　首届全国林业信息化会议精神

第二节　林业信息化管理办法、规定及规范性文件

第三节　林业信息化示范省建设情况

第四章　项目建设

第一节　基础设施建设

第二节　数据库和应用系统建设

第三节　外网建设

第四节　内网建设

第五章　标准体系

第一节　标准体系框架、标准体系表、标准编制指南等

第二节　具体标准。

第三节　成立标委会有关情况。

第六章　机构队伍

第一节　机构建设

第二节　培训工作

第三节　合作交流

第二篇　地方篇

（约15万字，每单位0.3万~0.5万字）

第一章　北京市林业信息化

第二章　天津市林业信息化

第三章　河北省林业信息化

第四章　山西省林业信息化

第五章　内蒙古自治区林业信息化

第六章　辽宁省林业信息化

第七章　吉林省林业信息化

第八章　黑龙江林业信息化

第九章　上海市林业信息化

第十章　江苏省林业信息化

第十一章　浙江省林业信息化

第十二章　安徽省林业信息化

第十三章　福建省林业信息化

第十四章　江西省林业信息化

第十五章　山东省林业信息化

第十六章　河南省林业信息化

第十七章　湖北省林业信息化

第十八章　湖南省林业信息化

第十九章　广东省林业信息化

第二十章　广西壮族自治区林业信息化

第二十一章　海南省林业信息化

第二十二章　重庆市林业信息化

第二十三章　四川省林业信息化

第二十四章　贵州省林业信息化

第二十五章　云南省林业信息化

第二十六章　西藏自治区林业信息化

第二十七章　陕西省林业信息化

第二十八章　甘肃省林业信息化

第二十九章　青海省林业信息化

第三十章　宁夏回族自治区林业信息化
第三十一章　新疆维吾尔自治区林业信息化
第三十二章　内蒙古森工林业信息化
第三十三章　吉林森工林业信息化
第三十四章　龙江森工林业信息化
第三十五章　大兴安岭林业信息化
第三十六章　新疆生产建设兵团林业信息化
各计划单列市分别列入所在省(区、市)相关内容。

第三篇　资料篇

（约10万字）

第一章　国际发展动态

重点介绍国际信息化方面的权威案例、解决方案、表格、论述、趋势及现状，如联合国、发达国家有关资料。

第二章　国家发展动态

重点介绍我国关于信息化方面的权威案例、解决方案及法规、标准、办法、表格、统计等，如国务院、发改委、财政部、工信部有关资料。

第三章　部委省区动态

重点介绍有关部委、有关省区的典型做法、经验、文件。

第四章　专家视点

重点介绍有关公司、专家对信息化的重要观点、论文等。

第五章　大事记

中国信息化大事记、中国林业信息化大事记。

国家林业局办公室关于建立移动电话网的通知

国家林业局各司局、各有关直属单位：

为充分应用现代信息技术服务于广大干部职工，经局领导同意，我局决定建立移动电话网。各司局、各单位凡持有移动电话(全球通、神州行标准卡、神州行畅听卡、神州行家园卡、动感地带)的干部职工。均可申请加入该网。届时，凡入网的移动电话，在北京地区相互间通话可享受免费服务(其中，全球通、动感地带之间通话可全免费用，神州行与网内成员通话每分钟仅为0.12元)。通话仅限于本地通话，长途、漫游资费按个品牌标准资费执行。请各司局、各单位按照干部职工自愿的原则，认真填写《国家林业局移动电话网入网申请表》，经本司局、本单位负责人签字并加盖单位印章后，于12月10日前报国家林业局信息办。

联系人：张会华

联系电话：010－84238625

附件：国家林业局移动电话网入网申请表

国家林业局办公室

二〇〇九年十一月十八日

附件：

国家林业局移动电话网入网申请表

司局(单位)：

序号	姓名	手机号码	备注

注：如已加入其他虚拟网，需用本机发送“QXVPMN”至10086，取消原虚拟网后方可办理入网手续。办理成功后，手机会收到提示信息。

国家林业局办公室关于认真贯彻落实贾治邦局长重要批示精神的通知

办发字〔2009〕204 号

各省、自治区、直辖市林业厅(局)，内蒙古、吉林、龙江、大兴安岭森工(林业)集团公司，新疆生产建设兵团林业局，国家林业局各司局、各直属单位：

2009 年 12 月 15 日，国家林业局党组书记、局长贾治邦同志对林业信息化工作做出重要批示，明确指出：信息办全年做了大量工作，取得了明显成效。望各部门、各单位继续大力支持这项工作。这是我们最重要的基础工作，又是我们最重要的技术手段。把这项工作搞好了，林业改革发展、现代林业建设、同国际林业水平接轨就有了条件和基础。望继续努力，取得更大成绩。这充分体现了国家林业局党组对林业信息化工作的高度重视，也是对广大林业信息化工作人员的巨大鼓舞和激励。这是继首届全国林业信息化工作会议之后，国家林业局党组对林业信息化工作进行的一次再号召、再动员、再部署。为认真做好贾局长重要批示精神的贯彻落实工作，进一步推动林业信息化工作快速发展，现将有关事项通知如下：

一、认真学习领会，切实增强做好林业信息化工作的责任感和紧迫感

以首届全国林业信息化工作会议的召开为标志，我国林业信息化建设进入了全面加快发展的新阶段。贾局长的重要批示，适逢其时，内涵丰富，意义重大。各地各单位要充分认识到，在新的历史起点上，林业信息化既面临着重大发展机遇，也面临着严峻形势挑战。从国家层面来看，加快信息化已成为现代经济社会发展的重要动力和鲜明特征；从林

业层面来看，信息化已成为现代林业大厦的重要支柱；从技术层面来看，日新月异的信息技术正迅速改变着人们的生产生活方式。信息技术是当代高新科学技术，信息化已经成为我国推动现代化进程的重要战略举措，更是我们建设现代林业的重要抓手和必然选择。没有信息化就没有林业的现代化，没有信息化就没有林业持久的活力和科学发展。要充分发挥林业信息化的支撑保障作用，确保实现2020年奋斗目标，就必须加快推进林业信息化建设，全面提升林业信息化应用水平。各地各单位一定要高度重视，认真学习，深刻领会，吃透弄懂，把思想认识统一到贾局长重要批示精神上来，把各方力量凝聚到全面推进林业信息化工作上来，切实增强做好林业信息化工作的责任感和紧迫感，采取措施，加大力度，全面推进全国林业信息化建设快速发展。

二、加大信息资源整合力度，提升信息资源共建共享水平

目前国家信息化发展正处于整合改造阶段。信息资源整合是林业信息化建设的当务之急，必须下大力气抓紧抓好。一是加强组织制度安排和管理运作协调，对现有信息资源优化配置，建成共建共享的信息资源库，为协同工作提供保障。二是按照互联互通的要求，对在建应用系统进行调整，整合不同来源、不同层次、不同结构的软硬件资源，打破条块分割、重复建设局面，实现人才、资金、网络、设备、数据资源共享。三是整合现有信息资源，与新项目做好衔接，逐步拓展电子政务的业务范围，促进信息共享和信息公开。四是完善项目申报程序，凡各地各单位向我局申报的信息化建设项目，都须经我局信息办初审，其他建设项目中如包含林业信息化建设内容，要由我局信息办会同有关单位提出审核意见。五是要完善信息安全环境。

三、科学编制总体规划，认真谋划“十二五”举措

林业信息化建设涉及面广、专业性强、技术要求高、建设难度大，必须实行统一规划、统筹安排。一是组织编制省级林业信息化建设规划。按照《全国林业信息化建设纲要》（以下简称《纲要》）和《全国林业信息化建设技术指南》（以下简称《指南》）的有关要求，组织各地各单位认真梳理分析林业工作对信息化建设的各项需求，提出适合当地发展特点的、有针对性的林业信息化发展思路等，组织编制省级林业信息化建设规划。二是组织编制全国林业信息化“十二五”规划。在各地规划的基础上，根据《纲要》精神，组织编制全国林业信息化“十二五”规划，并作为全国林业建设“十二五”规划的重要内容。同时，我局将加大与工业和信息化部、国家发展改革委等有关部门的沟通协调力度，力争将林业信息化建设列入国家信息化建设“十二五”规划、国家信息基础设施建设“十二五”规划中，最大限度地争取国家支持。

四、加快新工程立项，持续拓展应用领域

信息化建设投资需求量大，要多渠道筹措建设资金。一是做好骨干工程立项工作。各地各单位要紧紧抓住当前正在研究“十二五”规划的有利时机，加大沟通协调力度，努力将信息化建设作为骨干工程，列入国家和地方信息化总体规划，争取国家和地方在政策和资金上的支持。二是做好“金林工程”立项工作。加快推进“金林工程”需求分析报告、项目建议书等编制工作，明确国家林业信息化工程建设基本原则、总体目标、主要内容等，积极与国家发展改革委等部门沟通，争取“金林工程”早日立项。三是抓紧审批并启动国家级林业资源综合监管服务体系建设项目、全国林业资源基础数据库建设项目和国家卫星林业遥感数据应用平台建设。

五、加强标准规范建设，确保互联互通

规范标准和应用先进科技对林业信息化工作尤为重要。一是改进和完善标准规范管理机制，规范标准立项申报、研究制定、审查发布等程序，充分发挥各方优势，强化协作与配合，建立健全标准规范动态维护机制。二是严格贯彻国家信息化标准体系，加大信息化标准贯彻实施力度，优先选用国家标准、行业标准。三是加强林业专家与信息专家的合作，加大先进成熟信息技术在林业系统的应用，设计开发帮助林业工作者解决大量实际问题的应用系统。

六、扩大交流与合作，增强发展活力

在科学技术和经济活动日益全球化的今天，加强合作与交流，对于具有明显后发优势的信息化建设尤为重要。一是建立和完善林业信息化交流与合作机制。密切关注国际、国内信息化发展动向，积极参与国际合作，大力促进与国内其他行业、部门间的交流与合作。二是积极拓展林业信息化交流与合作领域。充分利用高等学校、研究院所和 IT 企业的技术力量，切实加强林业信息技术、林业信息资源和人才培养等领域的交流与合作。三是积极培育和扶持林业信息产业。优先选择具有研发基础的林业企业，加快林业信息产品的开发和推广应用，带动林业信息产业和电子商务的发展，促进现代林业健康发展。四是做好林业系统内部交流与合作。逐步建立以林区职工群众和林业企业为对象，以多种技术手段为支撑，方便快捷的林业电子政务公共服务体系，最大限度地激活、用活林业资源，增强林业发展活力。

七、积极开展战略研究等工作，大力推进示范省建设

加强战略研究，推进示范省建设等，是林业信息化工作的重要方法。一是组织开展林业信息化发展战略研究。组织相关专家学者及知名 IT 企业技术人员开展中国林业信息化发展战略研究，共商林业信息化发展战略，提出林业信息化发展战略研究成果。二是组织开展《年度报告》撰写工作。组织开展首部《中国林业信息化年度发展报告 2009》撰写工作，系统总结林业信息化发展历程，全面展示林业信息化建设成就，充分借鉴国际、国内信息化发展经验，促进林业信息化建设健康发展。三是深入开展林业信息化示范省建设。按照点面结合、各具特色、分期分批、可上可下等原则，在开展第一批示范省建设工作的基础上，按照《林业信息化示范省(区、市)主要指标》，分 1 ~2 批继续开展林业信息化示范省评定工作，每批 3 ~5 个单位。每个示范省确定一个示范主题，按照示范主题进行重点攻关，力争尽快推出国际先进、国内领先的示范成果，以推动全国林业信息化建设又好又快发展。四是积极推进电子商务建设。打造林业电子商务平台。积极推进信息化新技术、新产品应用工作。

八、强化机构队伍建设，提供坚强组织保障

加强组织机构和人才队伍建设是做好林业信息化工作的有力保障。一是进一步加强组织领导。促进完善各级林业信息化领导小组和专家咨询机构，努力把林业信息化作为“一把手”工程，摆在更加突出的位置，统筹规划，精心组织，认真实施。二是建立权威高效的信息化管理机构，理顺林业信息化规划、建设、管理和运行机制，形成各部门共同推进信息化的良好氛围。三是发挥市场机制在人才资源配置中的基础性作用。高度重视“走出去，引进来”工作，吸引其他行业和有关企业优秀人才参与林业信息化建设，努力为林业信息化建设提供智力支撑。四是加大对林业干部职工的信息化培训力度。采取多种方式，强化政府工作人员的信息化意识、信息化知识和信息化应用技能培训，努力提高信息化从业人员的信息化业务水平和全体林业工作者的信息化应用水平。

九、召开专门会议，研究落实各项工作

在适当时机，我局将召开专门会议，深入贯彻落实中央一系列文件和中央林业工作会议精神，以及全国林业厅局长会议、首届全国林业信息化工作会议和贾局长重要批示精神，深刻分析林业信息化建设面临的新形势新要求，总结 2009 年林业信息化工作成绩，

研究部署2010年林业信息化具体工作，提出全国林业信息化“十二五”发展思路，加快推进“金林工程”立项步伐，为现代林业建设提供强大支撑。

特此通知。

国家林业局办公室
二〇〇九年十二月二十二日

国家林业局关于组织开展首批全国林业信息化示范省建设工作的通知

林信发〔2009〕284号

各省、自治区、直辖市林业厅(局)，内蒙古、吉林、龙江、大兴安岭森工(林业)集团公司，新疆生产建设兵团林业局，国家林业局各司局、各直属单位：

2009年7月，《国家林业局办公室关于开展林业信息化示范省(区、市)建设工作的通知》(办信字〔2009〕113号)下发后，各地按照通知要求，对照《林业信息化示范省(区、市)主要指标》，积极进行了林业信息化示范省(区、市)的申报工作。在认真审核研究的基础上，我局确定了首批林业信息化示范省(以下简称为示范省)。现将有关事项通知如下：

一、示范省及实施单位

按照办信字〔2009〕113号文件要求，经各地申报、我局初审、现场复审和最终综合评定等环节，按照点面结合、各具特色、分期分批、可上可下等原则，我局确定首批林业信息化示范省为：

(一)辽宁省：实施单位为辽宁省林业厅。

(二)福建省：实施单位为福建省林业厅。

(三)湖南省：实施单位为湖南省林业厅。

(四)吉林省：实施单位为吉林森工集团。

二、示范省重点建设内容

根据现有工作基础和工作特点，每个示范省各确定一个示范主题。各示范省要在全面推进林业信息化建设的基础上，按照示范主题进行重点攻关，尽快推出国际先进、国内领先的示范成果，以推动全国林业信息化建设又好又快发展。

（一）辽宁省林业厅示范主题：外网建设，基础平台建设。

（二）福建省林业厅示范主题：在线行政审批，省市县乡四级联网协同办公。

（三）湖南省林业厅示范主题：资源整合，内网建设。

（四）吉林森工集团示范主题："三网融合"，电子商务。

三、示范省建设要求

各示范省要努力保持荣誉，并采取有效措施，创经验、出成果，真正起到示范带头作用，为全面推进林业信息化建设做出更大贡献。

（一）编制实施方案。各示范省要认真组织编制林业信息化示范省建设实施方案，提出林业信息化示范省建设工作思路，明确示范主题、示范范围、示范内容和保障措施。12月31日前将实施方案报我局。

（二）切实加强组织领导。各示范省要成立由实施单位主要负责同志任组长、有关部门负责同志参加的林业信息化示范省建设工作领导小组，统一领导本地区本单位的林业信息化示范省建设工作，为示范工作提供组织保障。

（三）加大支持保障力度。各示范省要在资金、政策、技术、人才等方面加大对林业信息化的扶持力度，确保示范省建设顺利进行。

（四）及时总结示范经验。各示范省要及时将工作中积累的好经验、好做法认真整理，每半年一次报送我局，以推向全国，真正起到示范作用。

各地要以示范省为榜样，强化危机意识，积极行动起来，主动向示范省学习，学习他们的好经验、好做法，不断改进工作，争取本省（区、市）林业信息化工作早日跨入示范省行列。

联系人：国家林业局办公室　邹亚萍

联系电话：010－84238649

特此通知。

国家林业局

二○○九年十二月十六日

国家林业局关于推荐使用林业信息化相关标准规范的通知

林信发〔2009〕311 号

各省、自治区、直辖市林业厅(局)，内蒙古、吉林、龙江、大兴安岭森工(林业)集团公司，新疆生产建设兵团林业局，国家林业局各司局、各直属单位：

为贯彻落实全国林业信息化工作会议精神和《全国林业信息化建设纲要》要求，进一步加快林业信息化建设步伐，提升林业信息化标准编制水平，确保林业信息化标准建设效率，我局组织有关单位和人员，通过向全国林业系统发调查函、网络查阅以及到相关标准组织机构查询等形式，开展了全国林业信息化标准建设摸底调查工作，对与林业信息化相关的标准规范进行了研究分析。经汇总，林业信息化相关标准规范 297 个，其中：国际标准 38 个、国家标准 160 个、行业标准 55 个、地方标准 27 个、相关法律法规 17 个。

经认真研究，并广泛征求各方面意见，在上述标准规范中，推荐使用 152 个(其中：国家标准 133 个，行业标准 19 个)，参考使用 113 个(其中：国际标准 38 个，国家标准 12 个，行业标准 36 个，地方标准 27 个)，要遵循的标准编写规则和标准化法律法规 32 个(其中：标准编写规则 15 个，标准化法律法规及规章 17 个)。现印发给你们，请结合工作实际，认真予以执行。

附件：1. 推荐使用的林业信息化相关标准目录

2. 参考使用的林业信息化相关标准目录

3. 林业信息化要遵循的标准编写规则和标准化法律法规目录

国家林业局

二○○九年十二月三十一日

附件 1

推荐使用的林业信息化相关标准目录

序号	标准类型	标准名称	编号	备注
1	国家标准	电子政务数据元 第 1 部分：设计和管理规范	GB/T 19488.1－2004	代替 GB/T15660－1995
2		电子政务数据元 第 2 部分：公共数据元目录	GB/T 19488.2－2008	
3		电子政务系统总体设计要求	GB/T 21064－2007	
4		电子政务业务流程设计方法通用规范	GB/T 19487－2004	
5		电子政务主题词表编制规则	GB/T 19486－2004	
6		国家电子政务网络技术和运行管理规范	GB/T 21061－2007	
7		XML 在电子政务中的应用指南	GB/Z 19669－2005	
8		信息技术 词汇 第 1 部分：基本术语	GB/T 5271.1－2000	
9		信息技术 词汇 第 3 部分：设备技术	GB/T 5271.3－2008	
10		信息技术 词汇 第 4 部分：数据的组织	GB/T 5271.4－2000	
11		信息技术 词汇 第 6 部分：数据的准备与处理	GB/T 5271.6－2000	
12		信息技术 词汇 第 7 部分：计算机编程	GB/T 5271.7－2008	
13		信息技术 词汇 第 8 部分：安全	GB/T 5271.8－2001	
14		信息技术 词汇 第 12 部分：外围设备	GB/T 5271.12－2000	
15		信息技术 词汇 第 13 部分：计算机图形	GB/T 5271.13－2008	
16		信息技术 词汇 第 14 部分：可靠性、可维护性与可用性	GB/T 5271.14－2008	
17		信息技术 词汇 第 16 部分：信息论	GB/T 5271.16－2008	
18		信息技术 词汇 第 20 部分：系统开发	GB/T 5271.20－94	
19		信息技术 词汇 第 25 部分：局域网	GB/T 5271.25－2000	
20		信息技术 词汇 第 27 部分：办公自动化	GB/T 5271.27－2001	
21		信息技术 代码值交换的通用结构 第 1 部分：编码方案的标识	GB/T 18139.1－2000	
22		信息技术 代码值交换的通用结构 第 2 部分：编码方案的登记	GB/T 18139.2－2000	
23		信息技术 开放系统互连 公共管理信息协议 第 1 部分：规范	GB/T 16645.1－2008	
24		信息技术 开放系统互连 公共管理信息协议 第 2 部分：协议实现一致性声明形式表	GB/T 16645.2－2000	
25		信息技术 开放系统互连 基本参考模型 第 3 部分：命名与编址	GB/T 9387.3－2008	
26		信息技术 开放系统互连 开放系统安全框架 第 1 部分：概述	GB/T 18794.1－2002	
27		信息技术 开放系统互连 开放系统安全框架 第 4 分：抗抵赖框架	GB/T 18794.4－2003	

（续）

序号	标准类型	标准名称	编号	备注
28	国家标准	信息技术 开放系统互连 开放系统安全框架 第 5 部分：机密性框架	GB/T 18794. 5 – 2003	
29		信息技术 开放系统互连 开放系统安全框架 第 6 部分：完整性框架	GB/T 18794. 6 – 2003	
30		信息技术 开放系统互连 开放系统安全框架 第 7 部分：安全审计和报警框架	GB/T 18794. 7 – 2003	
31		信息技术 开放系统互连 联系控制服务元素的无连接协议 第 1 部分：协议规范	GB/T 17545. 1 – 1998	
32		信息技术 开放系统互连 联系控制服务元素的无连接协议 第 2 部分：协议实现一致性声明形式表	GB/T 17545. 2 – 2000	
33		信息技术 开放系统互连 目录 第 1 部分：概念、模型和服务的概述	GB/T 16264. 1 – 2008	
34		信息技术 开放系统互连 目录 第 2 部分：模型	GB/T 16264. 2 – 2008	
35		信息技术 开放系统互连 目录 第 8 部分：公钥和属性证书框架	GB/T 16264. 8 – 2005	
36		信息技术 开放系统互连 局域网媒体访问控制（MAC）服务定义	GB/T 16646 – 1996	
37		信息技术 开放系统互连 命名与编址指导	GB/T 17976 – 2000	
38		信息技术 开放系统互连 网络层安全协议	GB/T 17963 – 2000	
39		信息技术 开放系统互连 一致性测试方法和框架 第 1 部分：基本概念	GB/T 17178. 1 – 1997	
40		信息技术 开放系统互连 应用层结构	GB/T 17176 – 1997	
41		信息技术 开放系统互连 远程数据库访问 第 1 部分：类属模型、服务与协议	GB/T 17533. 1 – 1998	
42		信息技术 开放系统互连 远程数据库访问 第 2 部分：SQL 专门化	GB/T 17533. 2 – 1998	
43		信息技术 开放系统中文界面规范	GB/T 16681 – 2003	
44		信息技术 软件包 质量要求和测试	GB/T 17544 – 1998	
45		信息技术 软件测量 功能规模测量 第 1 部分：概念定义	GB/T 18491. 1 – 2001	
46		信息技术 软件工程 CASE 工具的采用指南	GB/Z 18914 – 2002	
47		信息技术 软件工程术语	GB/T 11457 – 2006	
48		信息技术 软件生存周期过程	GB/T 8566 – 2007	
49		信息技术 软件生存周期过程 风险管理	GB/T 20918 – 2007	
50		信息技术 软件生存周期过程 配置管理	GB/T 20158 – 2006	
51		信息技术 软件生存周期过程指南	GB/Z 18493 – 2001	
52		信息技术 软件维护	GB/T 20157 – 2006	
53		信息技术 实现元数据注册系统（MDR）内容一致性的规程 第 1 部分：数据元	GB/T 23824. 1 – 2009	

（续）

序号	标准类型	标准名称	编号	备注
54	国家标准	信息技术 实现元数据注册系统（MDR）内容一致性的规程 第3部分：值域	GB/T 23824.3－2009	
55		信息技术 数据库语言 SQL 第1部分：框架	GB/T 12991.1－2008	
56		信息技术 数据元的规范与标准化 第1部分：数据元的规范与标准化框架	GB/T 18391.1－2001	
57		信息技术 数据元的规范与标准化 第2部分：数据元的分类	GB/T 18391.2－2003	
58		信息技术 数据元的规范与标准化 第3部分：数据元的基本属性	GB/T 18391.3－2001	
59		信息技术 数据元的规范与标准化 第4部分：数据定义的编写规则与指南	GB/T 18391.4－2001	
60		信息技术 数据元的规范与标准化 第5部分：数据元的命名和标识原则	GB/T 18391.5－2001	
61		信息技术 数据元的规范与标准化 第6部分：数据元的注册	GB/T 18391.6－2001	
62		信息技术 信息技术安全管理指南 第1部分：信息技术安全概念和模型	GB/T 19715.1－2005	
63		信息技术 信息技术安全管理指南 第2部分：管理和规划信息技术安全	GB/T 19715.2－2005	
64		信息技术 安全技术 信息安全管理实用规则	GB/T 22081－2008	
65		信息技术 安全技术 信息安全管理体系 要求	GB/T 22080－2008	
66		信息技术 安全技术 信息安全事件管理指南	GB/Z 20985－2007	
67		信息技术 安全技术 信息技术安全性评估准则 第1部分：简介和一般模型	GB/T 18336.1－2008	
68		信息技术 安全技术 信息技术安全性评估准则 第2部分：安全功能要求	GB/T 18336.2－2008	
69		信息技术 安全技术 信息技术安全性评估准则 第3部分：安全保证要求	GB/T 18336.3－2008	
70		信息安全技术 服务器安全技术要求	GB/T 21028－2007	
71		信息安全技术 数据库管理系统安全技术要求	GB/T 20273－2006	
72		信息安全技术 数据库管理系统安全评估准则	GB/T 20009－2005	
73		信息安全技术 信息系统安全等级保护定级指南	GB/T 22240－2008	
74		信息安全技术 信息系统安全等级保护基本要求	GB/T 22239－2008	
75		信息安全技术 信息系统物理安全技术要求	GB/T 21052－2007	
76		信息安全技术 包过滤防火墙评估准则	GB/T 20010－2005	
77		信息安全技术 路由器安全评估准则	GB/T 20011－2005	
78		信息化工程监理规范 第1部分：总则	GB/T 19668.1－2005	
79		信息化工程监理规范 第3部分：电子设备机房系统工程监理规范	GB/T 19668.3－2007	

（续）

序号	标准类型	标准名称	编号	备注
80	国家标准	信息化工程监理规范 第4部分：计算机网络系统工程监理规范	GB/T 19668.4－2007	
81		信息化工程监理规范 第5部分：软件工程监理规范	GB/T 19668.5－2007	
82		信息化工程监理规范 第6部分：信息化工程安全监理规范	GB/T 19668.6－2007	
83		信息技术 服务质量：框架	GB/T 18903－2002	
84		信息技术 可扩展置标语言(XML)1.0	GB/T 18793－2002	
85		信息技术 可移植操作系统界面 第1部分：系统应用程序界面(POSIX.1)	GB/T 14246.1－1993	
86		信息技术 数据管理参考模型	GB/Z 18219－2008	
87		信息技术 数据元素值格式记法	GB 18142－2000	
88		信息技术 文本与办公系统 文件归档和检索(DFR) 第2部分：协议规范	GB/T 16973.2－1997	
89		信息技术 文件描述和处理语言 超文本置标语(HTML)	GB/T 18792－2002	
90		1:25000、1:50000、1:100000地形图航空摄影测量内业规范	GB/T 12340－2008	代替GB 12340－90
91		1:25000、1:50000、1:100000地形图航空摄影测量外业规范	GB/T 12341－2008	代替GB 12341－90
92		1:25000、1:50000、1:100000地形图航空摄影测量数字化测图规范	GB/T 17157－1997	
93		1:500、1:1000、1:2000地形图航空摄影测量数字化测图规范	GB/T 15967－2008	代替GB 15967－95
94		1:500、1:1000、1:2000外业数字测图技术规程	GB/T 14912－2005	代替GB 14912－1994
95		1:500、1:1000、1:2000地形图数字化规范	GB/T 17160－2008	
96		1:5000、1:10000地形图航空摄影测量内业规范	GB/T 13990－92	
97		1:5000、1:10000地形图航空摄影测量外业规范	GB/T 13977－92	
98		国家基本比例尺地图图式 第1部分：1:500、1:1000、1:2000地形图图式	GB/T 20257.1－2007	代替GB/T 7929－95
99		国家基本比例尺地图图式 第2部分：1:5000、1:10000地形图图式	GB/T 20257.2－2006	代替GB/T 5791－93
100		国家基本比例尺地图图式 第3部分：1:25000、1:50000、1:100000地形图图式	GB/T 20257.3－2006	代替GB 12342－1990
101		国家基本比例尺地形图分幅和编号	GB/T 13989－92	
102		全球定位系统(GPS)测量规范	GB/T 18314－2009	代替GB/T 18314－2001

（续）

序号	标准类型	标准名称	编号	备注
103	国家标准	测绘基本术语	GB/T 14911－2008	代替 GB/T 14911－94
104		遥感影像平面图制作规范	GB/T 15968－2008	代替 GB 15968－95
105		专题地图信息分类与代码	GB/T 18317－2009	代替 GB/T 18317－2001
106		地理点位置的纬度、经度和高程的标准表示法	GB/T 16831－1997	
107		地理格网	GB 12409－90	
108		地理空间数据交换格式	GB/T 17798－2007	代替 GB/T 17798－1999
109		地理信息 核心空间模式	GB/T 23706－2009	
110		地理信息 空间模式	GB/T 23707－2009	
111		地理信息 时间模式	GB/T 22022－2008	
112		地理信息 一致性与测试	GB/T19333.5－2003	
113		地理信息 元数据	GB/T 19710－2005	
114		地理信息 术语	GB/T 17694－2009	
115		地图学术语	GB/T 16820－1997	
116		基础地理信息标准数据基本规定	GB 21139－2007	
117		基础地理信息城市数据库建设规范	GB/T 21740－2008	
118		基础地理信息要素分类与代码	GB/T 13923－2006	代替 GB/T15660－1995
119		基础地理信息要素数据字典 第1部分：1:500、1:1000、1:2000 基础地理信息要素数据字典	GB/T 20258.1－2007	
120		基础地理信息要素数据字典 第2部分：1:5000、1:10000 基础地理信息要素数据字典	GB/T 20258.2－2006	
121		基础地理信息要素数据字典 第3部分：1:25000、1:50000、1:100000 基础地理信息要素数据字典	GB/T 20258.3－2006	
122		基础地理信息要素数据字典 第4部分：1:250 000、1:500 000、1:1 000 000 基础地理信息要素数据字典	GB/T 20258.4－2007	
123		城市地理信息系统设计规范	GB/T 18578－2001	
124		城市地理要素——城市道路、道路交叉口、街坊、市政工程管线编码结构规则	GB/T 14395－1993	
125		地形数据库与地名数据库接口技术规程	GB/T 17797－1999	
126		中国植物分类与代码	GB/T 14467－93	
127		县级以下行政区划代码编制规则	GB/T 10114－2003	
128		中华人民共和国行政区划代码	GB/T2260－2007	代替 GB/T 2260－2002

（续）

序号	标准类型	标准名称	编号	备注
129	国家标准	世界各国和地区名称代码	GB/T 2659 – 94	
130		中国土壤分类与代码	GB/T 17296 – 2009	代替 GB/T 17296 – 2000
131		企业标准体系 技术标准体系	GB/T 15497 – 2003	
132		出版物上数字用法的规定	GB/T 15835 – 1995	
133		标点符号用法	GB/T 15834 – 1995	
134	行业标准	1:5000、1:10000 地形图航空摄影测量数字化测图规范	CH/T 1006 – 2000	
135		测绘产品检查验收规定	CH 1002 – 1995	
136		测绘产品质量评定标准	CH 1003 – 1995	
137		测绘作业人员安全规范	CH 1016 – 2008	
138		地图符号库建立的基本规定	CH/T 4015 – 2001	
139		基础地理信息数据档案管理与保护规范	CH/T 1014 – 2006	
140		基础地理信息数字产品 数据文件命名规则	CH/T 1005 – 2000	
141		基础地理信息数字产品 数字影像地形图	CH/T 1013 – 2005	
142		基础地理信息数字产品 土地覆盖图	CH/T 1012 – 2005	
143		基础地理信息数字产品 1:10000、1:50000 生产技术规程 第 1 部分：数字线划图(DLG)	CH/T1015. 1 – 2007	
144		基础地理信息数字产品 1:10000、1:50000 生产技术规程 第 2 部分：数字高程模型(DEM)	CH/T1015. 2 – 2007	
145		基础地理信息数字产品 1:10000、1:50000 生产技术规程 第 3 部分：数字正射影像图(DOM)	CH/T1015. 3 – 2007	
146		基础地理信息数字产品 1:10000、1:50000 生产技术规程 第 4 部分：数字栅格底图(DRG)	CH/T1015. 4 – 2007	
147		基础地理信息数字产品 1:10000、1:50000 数字线划图	CH/T 1011 – 2005	
148		基础地理信息数字产品 1:10000、1:50000 数字高程模型	CH/T 1008 – 2001	
149		基础地理信息数字产品 1:10000、1:50000 数字栅格地图	CH/T 1010 – 2001	
150		基础地理信息数字产品 1:10000、1:50000 数字正射影像图	CH/T 1009 – 2001	
151		基础地理信息数字产品元数据	CH/T 1007 – 2001	
152		坐标格网尺	CH 8003 – 91	

附件 2

参考使用的林业信息化相关标准目录

序号	标准类型	标准名称	编号	备注
1	国际标准	信息技术 词汇. 第 1 部分: 基本术语	ISO/IEC 2382 - 1 - 1993	
2		信息技术 词汇. 第 4 部分: 数据的组织	ISO/IEC 2382 - 4 - 1999	
3		信息技术 词汇. 第 5 部分: 数据的表示法	ISO/IEC 2382 - 5 - 1999	
4		信息技术 词汇. 第 7 部分: 计算机程序	ISO/IEC 2382 - 7 - 1989	
5		信息技术 词汇. 第 8 部分: 安全性	ISO/IEC 2382 - 8 - 1998	
6		信息技术 词汇. 第 9 部分: 数据通信	ISO/IEC 2382 - 9 - 1995	
7		信息技术 词汇. 第 14 部分: 可靠性、可维护性和可使用性	ISO/IEC 2382 - 14 - 1997	
8		信息技术 词汇. 第 15 部分: 程序设计语言	ISO/IEC 2382 - 15 - 1999	
9		信息技术 词汇. 第 17 部分: 数据库	ISO/IEC 2382 - 17 - 1999	
10		信息技术 词汇. 第 20 部分: 系统开发	ISO/IEC 2382 - 20 - 1990	
11		信息技术 词汇. 第 23 部分: 文本处理	ISO/IEC 2382 - 23 - 1994	
12		信息技术 词汇. 第 24 部分: 计算机集成制造	ISO/IEC 2382 - 24 - 1995	
13		信息技术 词汇. 第 25 部分: 局域网	ISO/IEC 2382 - 25 - 1992	
14		信息技术 词汇. 第 26 部分: 开放系统互连	ISO/IEC 2382 - 26 - 1993	
15		信息技术 词汇. 第 27 部分: 办公室自动化	ISO/IEC 2382 - 27 - 1994	
16		信息技术 词汇. 第 31 部分: 人工智能. 机器学习	ISO/IEC 2382 - 31 - 1997	
17		信息技术 词汇. 第 32 部分: 电子邮件	ISO/IEC 2382 - 32 - 1999	
18		信息技术 词汇. 第 34 部分: 人工智能. 神经网络	ISO/IEC 2382 - 34 - 1999	
19		信息技术 数据元记录器 第 1 部分: 框架	ISO/IEC 11179 - 1 - 2004	
20		信息技术 数据元记录 第 4 部分: 数据定义表述	ISO/IEC 11179 - 4 - 2004	
21		信息技术 数据元记录器 第 6 部分: 注册	ISO/IEC 11179 - 6 - 2005	
22		信息技术 实现元数据注册(MDR)内容一致性的规程. 第 1 部分: 数据元素	ISO/IEC TR 20943 - 1 - 2003	
23		信息技术 实现元数据注册(MDR)内容一致性的规程. 第 3 部分: 值域	ISO/IEC TR 20943 - 3 - 2004	
24		信息技术 数据元的规范和标准化. 第 1 部分: 数据元规范和标准化的框架	ISO/IEC 11179 - 1 - 2004	
25		信息技术 数据元的规范和标准化. 第 2 部分: 数据元的分类法	ISO/IEC 11179 - 2 - 2005	
26		信息技术 数据元的规范和标准化. 第 3 部分: 数据元的基本属性	ISO/IEC 11179 - 3 - 2003	
27		信息技术 数据元的规范和标准化. 第 5 部分: 数据元的命名和识别原理	ISO/IEC 11179 - 5 - 2005	
28		信息技术 文本和办公系统. 文件归档和检索. 第 1 部分: 抽象服务定义和规程	ISO/IEC 10166 - 1 - 1991	
29		信息技术 文本和办公系统. 文件归档和检索. 第 2 部分: 协议规范	ISO/IEC 10166 - 2 - 1991	

（续）

序号	标准类型	标准名称	编号	备注
30	国际标准	信息技术 文本和办公系统．文献打印应用(DPA)．第 3 部分：管理抽象服务定义和程序	ISO/IEC 10175－3－2000	
31		信息技术 安全技术 信息安全管理实用规则	ISO/IEC 27002－2005	
32		信息技术 安全技术 信息安全管理体系要求	ISO/IEC 27001－2005	
33		信息技术 数据管理参考模型	ISO/IEC TR 10032－2003	
34		信息技术 数据交换用数据元的组织和表示导则．编码方法和原则	ISO/IEC TR 9789－1994	
35		信息技术 数据元素值格式记法	ISO/IEC 14957－1996	
36		地理信息 数据质量测量	ISO/TS 19138－2006	
37		地理信息 专用标准	ISO 19106－2004	
38		地理信息 坐标空间基准	ISO 19111－2007	
39	国家标准	政务信息资源交换体系 第 1 部分：总体框架	GB/T 21062. 1－2007	
40		政务信息资源交换体系 第 2 部分：技术要求	GB/T 21062. 2－2007	
41		政务信息资源交换体系 第 3 部分：数据接口规范	GB/T 21062. 3－2007	
42		政务信息资源交换体系 第 4 部分：技术管理要求	GB/T 21062. 4－2007	
43		政务信息资源目录体系 第 1 部分：总体框架	GB/T 21063. 1－2007	
44		政务信息资源目录体系 第 2 部分：技术要求	GB/T 21063. 2－2007	
45		政务信息资源目录体系 第 3 部分：核心元数据	GB/T 21063. 3－2007	
46		政务信息资源目录体系 第 4 部分：政务信息资源分类	GB/T 21063. 4－2007	
47		政务信息资源目录体系 第 6 部分：技术管理要求	GB/T 21063. 6－2007	
48		基于文件的电子信息的长期保存	GB/Z 23283－2009	
49		自然保护区总体规划技术规程	GB/T 20399－2006	
50		企业标准体系表编制指南	GB/T 13017－2008	
51	行业标准	古树名木代码与条码	LY/T 1664－2006	
52		林地分类	LY/T 1812－2009	
53		森林采伐作业规程	LY/T 1646－2005	
54		森林火灾成因和森林资源损失调查方法	LY/T 1846－2009	
55		森林生态系统定位观测指标体系	LY/T 1606－2003	
56		森林生态系统定位研究站建设技术要求	LY/T 1626－2005	
57		数字林业标准与规范 第 1 部分：森林资源非空间数据标准	LY/T1662. 1－2008	
58		数字林业标准与规范 第 2 部分：林业数字矢量基础地理数据标准	LY/T1662. 2－2008	
59		数字林业标准与规范 第 3 部分：卫星遥感影像数据标准	LY/T1662. 3－2008	

（续）

序号	标准类型	标准名称	编号	备注
60	行业标准	数字林业标准与规范 第 4 部分：林业社会经济数据标准	LY/T1662. 4 - 2008	
61		数字林业标准与规范 第 5 部分：林业政策法规数据标准	LY/T1662. 5 - 2008	
62		数字林业标准与规范 第 6 部分：林业文献资料数据标准	LY/T1662. 6 - 2008	
63		数字林业标准与规范 第 7 部分：数据库建库标准	LY/T1662. 7 - 2008	
64		数字林业标准与规范 第 8 部分：数据库软件规范	LY/T1662. 8 - 2008	
65		数字林业标准与规范 第 9 部分：数据库管理规范	LY/T1662. 9 - 2008	
66		数字林业标准与规范 第 10 部分：元数据标准	LY/T1662. 10 - 2008	
67		数字林业标准与规范 第 11 部分：退耕还林工程数据标准	LY/T1662. 11 - 2008	
68		退耕还林工程信息管理规程	LY/T1762 - 2008	
69		中国森林火灾编码	LY/T1627 - 2005	
70		用于森林资源调查的 SPOT - 5 卫星影像处理与应用技术规程	LY/T1835 - 2009	
71		卫星遥感图像产品质量控制规范	DZ/T0143 - 94	
72		浅覆盖区区域地质调查细则(1：50000)	DZ/T0158 - 95	
73		地学数字地理底图数据交换格式	DZ/T0188 - 1997	
74		互联网公共上网服务场所 信息安全管理系统 数据交换格式	GA 659. 1 ~ 659. 9 - 2006	
75		城市警用地理信息数据采集与更新规范	GA/T 627 - 2006	
76		公安信息化标准管理信息分类与代码	GA/T760. 1 ~ 760. 12 - 2008	
77		信息安全技术 应用软件系统安全等级保护通用测试指南	GA/T 712 - 2007	
78		信息安全技术 防火墙安全技术要求	GA/T 683 - 2007	
79		信息安全技术 交换机安全技术要求	GA/T 684 - 2007	
80		信息安全技术 网关安全技术要求	GA/T 681 - 2007	
81		信息安全技术 虚拟专用网安全技术要求	GA/T 686 - 2007	
82		公路数据库编目编码规则	JT/T 132 - 2000	
83		交通统计信息交换格式	JT/T 486 - 2002	
84		气象数据集核心元数据	QX/T39 - 2005	
85		水利工程基础信息代码编制规定	SL213 - 98	
86		国土资源信息核心元数据标准	TD/T 1016 - 2003	

（续）

序号	标准类型	标准名称	编号	备注
87	地方标准	数字林业 森林资源数据代码	DB35/T683－2006	福建省林业厅
88		数字林业 森林经营区划代码与用户命名规则	DB35/T686－2006	
89		数字林业 森林资源矢量数据采集技术规范	DB35/T685－2006	
90		数字林业 森林资源数据库基本规则	DB35/T682－2006	
91		数字林业 森林资源基本图图式	DB35/T684－2006	
92		数字林业 森林资源分类编码 森林资源调查信息分类	DB21/T1579－2008	辽宁省林业厅
93		数字林业 森林资源分类编码 空间数据代码	DB21/T1580－2008	
94		数字林业 森林资源分类编码 属性代码	DB21/T1581－2008	
95		数字林业 森林区划标准	DB21/T1576－2008	
96		数字林业 制图 森林资源制图专用线型和符号	DB21/T1585－2008	
97		数字林业 森林资源规划设计调查数据采集	DB21/T1592－2008	
98		数字林业 数据库 分类技术规范	DB21/T1586－2008	
99		数字林业 数据库 省级系统图层	DB21/T1587－2008	
100		数字林业 数据库 省级图像库建设技术规范	DB21/T1588－2008	
101		数字林业 数据库 省级矢量图库建设技术规范	DB21/T1589－2008	
102		数字林业 数据库 森林资源调查数据库结构	DB21/T1590－2008	
103		数字林业 数据库 森林资源调查数据表结构	DB21/T1591－2008	
104		数字林业 元数据标准	DB21/T1593－2008	
105		数字林业 视频监控技术规范	DB21/T1594－2008	
106		数字林业 制图 分布图	DB21/T1582－2008	
107		数字林业 制图 分类图	DB21/T1583－2008	
108		数字林业 制图 基本图	DB21/T1584－2008	
109		数字林业 建设与管理标准	DB21/T1574－2008	
110		数字林业 应用系统开发集成规范	DB21/T1575－2008	
111		数字林业 数据共享与交换	DB21/T1577－2008	
112		数字林业 信息安全与单点登录标准	DB21/T1578－2008	
113		县级森林资源管理信息系统建设规范	DB33/T641－2007	浙江省林业厅

附件 3

林业信息化要遵循的标准编写规则和标准化法律法规目录

序号	标准类型	标准名称	编号	备注
1	标准编写规则	标准编写规则 第 1 部分：术语	GB/T 20001. 1 – 2001	
2		标准编写规则 第 2 部分：符号	GB/T 20001. 2 – 2001	
3		标准编写规则 第 3 部分：信息分类编码	GB/T 20001. 3 – 2001	代替 GB/T 7026 – 1986
4		标准化工作导则 第 1 部分：标准的结构和编写	GB/T 1. 1 – 2009	代替 GB/T 1. 1 – 2000、GB/T 1. 2 – 2002
5		标准化工作指南 第 1 部分：标准化和相关活动的通用词汇	GB/T 20000. 1 – 2001	
6		标准化工作指南 第 2 部分：采用国际标准	GB/T 20000. 2 – 2009	代替 GB/T 20000. 2 – 2001
7		标准化工作指南 第 3 部分：引用文件	GB/T 20000. 3 – 2003	
8		标准化工作指南 第 4 部分：标准中涉及安全的内容	GB/T 20000. 4 – 2003	
9		标准体系表编制原则和要求	GB/T 13016 – 2009	代替 GB/T 13016 – 1991
10		分类与编码通用术语	GB/T 10113 – 2003	
11		信息分类和编码的基本原则与方法	GB/T 7027 – 2002	代替 GB/T 7027 – 1986
12		国家标准制定程序的阶段划分及代码	GB/T 16733 – 1997	
13		术语学基本词汇	GB/T 15237 – 94	
14		文件格式分类与代码编制方法	GB/T 13959 – 92	
15		校对符号及其用法	GB/T 14706 – 93	
16	标准化法律法规及规章	中华人民共和国标准化法	中华人民共和国主席令第十一号	
17		中华人民共和国标准化法实施条例	中华人民共和国国务院令第 53 号	
18		国家标准管理办法	国家技术监督局令第 10 号	
19		行业标准管理办法	国家技术监督局令第 11 号	
20		地方标准管理办法	国家技术监督局令第 15 号	
21		林业标准化管理办法	国家林业局令 第 9 号	
22		全国专业标准化技术委员会章程	国家技术监督局令第 7 号	
23		标准档案管理办法	国家技术监督局令第 25 号	

（续）

序号	标准类型	标准名称	编号	备注
24	标准化法律法规及规章	采用国际标准管理办法	国家质量监督检验检疫总局令第10号	
25		标准出版发行管理办法	国家技术监督局令第26号	
26		国家标准化指导性技术文件管理规定	质技监局标发（1998）181号	
27		国家标准英文版翻译出版工作管理暂行办法	质技监局标发（1998）18号	
28		关于加强强制性标准管理的若干规定	国标委计划【2002】15号	
29		关于推进采用国际标准的若干意见	国质检标联【2002】209号	
30		关于国家标准制修订计划项目管理的实施意见	国标委计划【2004】28号	
31		采用快速程序制修订应急国家标准的规定	国标委计划联【2004】35号	
32		关于进一步加强标准版权保护 规范标准出版发行工作的意见	国质检标联【2004】361号	

THREE
YEARS
2009-
2012

2010 NIAN

2010年

林业信息化
Forestry Informatization

国家林业局信息办关于评选
2009 年全国林业信息化十件大事的通知

办信字〔2010〕15 号

各省、自治区、直辖市林业厅(局)，内蒙古、吉林、龙江、大兴安岭森工(林业)集团公司，新疆生产建设兵团林业局，各计划单列市林业局，国家林业局各司局、各直属单位，各有关单位：

2009 年，是我国林业信息化发展史上具有重大意义的一年。这一年，大事多、要事多、喜事多，林业信息化建设已步入了全面加快发展的快车道。为进一步推进林业信息化建设，经研究，决定组织开展“2009 年全国林业信息化十件大事”评选活动。为确保此项活动的顺利进行，国家林业局政府网将在“公告公示”、“电子政务”、“在线调查”、“林业信息化专题”等栏目列出 2009 年全国林业信息化备选重要事项(详见附件，各单位也可另行自荐重要事项)。请各单位组织大家于 2010 年 1 月 11 ~ 20 日在线投票。届时，我局将根据得票多少，选出 2009 年全国林业信息化十件大事，并于 2010 年 2 月 1 日在国家林业局政府网(中国林业网)上公布评选结果。

投票网址：http：//www. forestry. gov. cn。

附件：2009 年全国林业信息化备选重要事项

国家林业局信息化管理办公室
二〇一〇年一月十一日

附件

2009 年全国林业信息化备选重要事项

1. 成立全国林业信息化工作领导小组和信息办。为加强对林业系统信息化工作的统一领导，2009 年 3 月，国家林业局成立全国林业信息化工作领导小组，首次将林业信息化工作领导小组延伸至全国林业系统。成立国家林业局信息化管理办公室，负责综合协调、指导监督、组织实施全国林业信息化和电子政务工作。各地也纷纷成立专门的信息化机构。

2. 组建全国林业信息数据标准化技术委员会。根据国家标准化管理委员会《关于批准筹建全国辛香料标准化技术委员会等 135 个全国专业标准化技术委员会的通知》要求，国家林业局于 2009 年 4 月 14 日，成立全国林业信息数据标准化技术委员会。

3. 印发《全国林业信息化建设纲要》和《全国林业信息化建设技术指南》。2009 年 2 月，国家林业局印发了《全国林业信息化建设纲要》及其《指南》，这是指导全国林业信息化建设的纲领性文件，对促进全国林业信息化建设具有重大而深远的意义。

4. 召开首届全国林业信息化工作会议。2009 年 3 月 24 ~ 25 日，召开首次全国林业信息化工作会议，贾治邦局长作了重要讲话。会议全程网络、视频发布，开创了林业会议先河。这次会议的规格之高、规模之大、形式之多样、内容之丰富、影响之深远，前所未有。会议的召开，标志着林业信息化建设开始步入全面加快发展的新阶段。

5. 确立全国林业信息化工作思路。2009 年 3 月，确立了当前和今后一个时期全国林业信息化工作的总体思路，概括为一句话，就是“加快林业信息化，带动林业现代化”。这个总体思路的核心是抓住六个关键、做好六项工作、强化六项保障。

6. 公布首批全国林业信息化建设示范省。示范省建设是全面推进林业信息化建设、提高林业信息化建设水平的重要举措。经初审、现场复审和最终综合评定等环节，按照点面结合、各具特色、分期分批、可上可下等原则，2009 年 12 月确定辽宁省林业厅、福建省林业厅、湖南省林业厅和吉林森工集团为首批全国林业信息化示范省。

7. 编制首部《中国林业信息化发展报告》。为系统总结林业信息化发展历程，全面展示林业信息化建设成就，充分借鉴国际国内信息化发展经验，促进林业信息化建设健康发展，国家林业局组织编写了首部《中国林业信息化发展报告》，堪称林业信息化建设与发展的白皮书。

8. 启动中国林业信息化发展战略研究。2009 年 11 月 13 ~ 14 日，国家林业局信息办在北京组织召开了中国林业信息化发展战略座谈会，启动中国林业信息化发展战略研究。这是落实国家林业局党组一系列指示精神的重要举措，是统揽全局、发挥后发优势、实现林业信息化快速发展的必然选择。

9. 实施国家林业局中心机房和网络改造工程。国家林业局今年启动并完成了国家林业局主楼中心机房及网络改造工程，对机房空调、电路容量、服务器、运行环境等进行了全面更新，实施内外网物理隔离和增容升级，建设了大屏幕监控及会商系统。通过工程的实施，建成了设备先进、功能齐全、安全稳定的一流机房。

10. 积极推进中国林业网站群建设。通过实施该工程，将国家林业局政府网与现有50多个司局和直属单位网站进行了统一整合，实行统一域名管理下的网站群管理模式，形成了国家林业局信息发布、在线办事和互动交流的统一平台。增建繁体版和英文版，加强了信息发布能力，拓展了服务功能，打造了"中国林业网"整体形象。

11. 国家林业局政府网改版成功。2009年3月份，对国家林业局政府网进行了第4次改版升级。新版网站在2009年度政府网站绩效评估中被评为"品牌栏目"奖第1名，综合排名在74个部委中位居第14名。网站改版后，先后开展了"解读中央林业工作会议精神"等一系列活动，制作了"中央林业工作会议"、"新中国林业60年"等专题。其中，7月15日由中国政府网、新华网和国家林业局政府网联合组织的贾治邦局长、张建龙副局长在线访谈，得到了社会各界的广泛关注。

12. 打造全新的国家林业局办公网。按照"小外网、大内网"的思路建立起强大的内网门户，扩大信息服务范围，增强内网服务功能，升级改造综合办公系统。内网门户由工作平台、信息平台、学习平台、生活平台和交流平台等五大区域组成，综合办公系统由公文办理、会议办理、事务办理、领导专区和综合管理等五大功能模块组成，国家林业局全体职工及36个省级林业部门都可按权限登录内网系统进行工作、学习和交流。

13. 建成国家林业局移动电话虚拟网。为充分应用现代信息技术服务于广大干部职工，国家林业局建立了移动电话虚拟网。国家林业局各司局、各有关直属单位凡持有移动电话(全球通、神州行、动感地带)的干部职工，均可申请加入该网，并在北京地区相互间通话可享受相关免费服务。这一行动，得到了全局上下的高度评价和积极响应。

14. 征集并启用"林业信息化标识"。2009年2月至3月下旬，国家林业局在全国范围内组织开展了征集"林业信息化"标识活动。经过初选、复选、终选三个阶段的评审，评选出"林业信息化"标识一、二、三等奖作品。其中，被选中的一等奖作品名称为《飞翔的林业》，其构思巧妙，设计新颖，寓意深远，昭示着中国林业信息化建设走向更加美好的明天。

15. "全国林火卫星监测系统"获十佳效能应用奖。11月30日，在杭州举办的"向建国60周年献礼——中国电子政务发展优秀应用成果推选大会"上，国家林业局"全国卫星林火监测系统"获部委级十佳电子政务效能应用奖。该系统在森林防火预警预报和扑火指挥工作中发挥了不可替代的重要作用，被誉为森林防火工作的"千里眼"。

16. 扩建全国林业专网系统。扩建后，林业专网的节点由原来的37个增至72个，将国家林业局与各省级林业部门和各计划单列市林业局连接成一个集文字、视频、语音为一体的全国林业专网。

17. 加强全国林业信息化标准建设。2009 年，国家林业局专门安排资金编制了林业信息化标准指南、林业信息化标准体系等 8 个急需的基础性标准。同时，梳理了 300 多个现行信息化标准，印发了《国家林业局关于推荐使用林业信息化相关标准规范的通知》。

18. 举办首届全国林业信息化高峰论坛。2009 年 3 月 25 日，配合首届全国林业信息化工作会议的召开，在北京举办了首届全国林业信息化高峰论坛，使参会人员开阔了眼界，增长了知识，达到了提高认识、鼓舞士气、推动工作的目的。

19. 举办首届全国林业信息化成就展。2009 年 3 月 24 日至 4 月 3 日，举办首届全国林业信息化成就展。本次展览共制作 63 块展板，系统展示了全国林业信息化建设成就与经验，并对《全国林业信息化建设纲要》提出的八大行动计划作了全面解读。

20. 积极申报"金林工程"。积极推进"金林工程"需求分析报告、项目建议书、可行性研究报告等编制工作，明确国家林业信息化工程建设基本原则、总体目标、主要内容等，积极与有关部门沟通，争取"金林工程"早日立项。

21. 组织编制林业信息化规划。2009 年下半年，国家林业局组织编制了《"十二五"全国林业信息化规划》，提出了当前和今后一个时期内林业信息化建设的发展思路、建设目标、建设任务等。

22. 创办《林业信息化》。2009 年 2 月，国家林业局信息办组织创办了《林业信息化》内部刊物，重点刊载信息化建设的重大政策、工作动态和有关论述等，为广泛宣传林业信息化建设发挥了重要作用。

23. 积极拓展综合办公系统内容。2009 年 12 月，相继建成在线中国树木博览园、中国野生动物博物馆和中国林业专家信息库、中国林业科技成果信息库、中国林业标准信息库。

24. 一批地方信息化项目快速推进。北京等省市申报了机房设施及网络设备升级改造项目。江西、湖南等省区完善了省、市、县、乡四级联网的林业政务内网体系。内蒙古等省区对原有的网络线路进行了带宽扩充和向下延伸。福建等省区对现有网络加装了入侵检测系统、漏洞扫描系统和网管监测软件等安全防范软件。云南省投入 700 多万元建设了新机房等等。这些项目都有力促进了林业信息化的全面快速发展。

25. 加快实施林业自然资源和地理空间信息库项目。由国家林业局承担的自然资源和地理空间基础信息库林业项目，目前已完成机房、计算机网络等环境建设及项目标准、系统、子系统设计工作，数据库改造和数据整合工作已全面展开。

26. 建成国家林业局电子图书馆等学习生活平台。2009 年 12 月，相继建成国家林业局电子图书馆、电子阅览室、电子大讲堂和数字电影院、数字电视剧场、数字音乐厅，为林业系统干部职工学习交流和查询浏览提供了信息支撑。

国家林业局办公室关于开通运行中国林业网和国家林业局办公网有关事宜的通知

办信字〔2010〕15 号

各省、自治区、直辖市林业厅(局)，内蒙古、吉林、龙江、大兴安岭森工(林业)集团公司，新疆生产建设兵团林业局，各计划单列市林业局，国家林业局各司局、各直属单位：

根据《全国林业信息化建设纲要》和首届全国林业信息化工作会议精神，按照林业信息化建设总体部署和有关通知要求，经过近 1 年的紧张工作，中国林业网和国家林业局办公网即将开通运行。为确保此项工作的顺利进行，现将有关事项通知如下：

一、中国林业网和国家林业局办公网建设的主要成效和功能

2009 年，在局党组的高度重视和直接领导下，启动实施了一批重点林业信息化建设项目，取得了一系列建设成果，尤其是内外网整合改造取得了明显成效。

(一)构建了“中国林业网”门户网站。中国林业网与国家林业局政府网、国家生态网是一网三名，也就是我们的外网，这是林业系统对外沟通交流的重要门户和形象平台，在林业系统与社会各界之间架起了一条随时随地沟通交流的现代化高速公路。中国林业网构建了信息发布、在线服务、互动交流、林业展示四大板块，把各司局、各直属单位原有的网站整合为主题子站，新建了场景式服务系统和行政审批系统，增加了繁体版、英文版。

(二)建成了国家林业局办公网。也就是国家林业局内网，这是内部办公和沟通交流的平台，包括办公平台、信息平台、学习平台、生活平台和交流平台。在办公平台上，整合了综合办公、行政审批等应用系统。综合办公系统构建了领导专区、公文办理、会议办理、事务办理、综合管理五大模块。内网基本实现了我局所属各单位间的信息资源共享，大大提高了林业信息资源的利用率和办公效率。

（三）扩建了全国林业信息专网。新建了国家林业局京内外各直属单位、计划单列市林业局等单位的专网，真正把全国各省级林业单位、计划单列市林业局、国家林业局各司局、各直属单位连成了一个网。我局主楼外的所有单位均有20个终端可通过专网访问国家林业局内网，参加全国和区域性视频会议，传输交换电子公文、信息和简报，实现文字、语音、图像三位一体的信息传输。

（四）内外网实现了物理隔离。按照国家有关规定，我局大院内办公主楼与各建筑物之间通过光纤连接，主楼、3 号楼、4 号楼、物业楼、礼堂、食堂、卫生所、车队的所有办公室都实施了内网、外网分别布线，物理隔离，保障内部网络中的数据信息安全。

（五）局中心机房得到了整体提升。根据国家 A 类机房设计标准，经过优化结构和布局，合理划分了主机房、会商室、监控室、绘图室和办公室等区域。主机房分为内网区、外网区、电子政务外网区。配备了小型机、存储阵列、PC 服务器、防火墙、安全审计、安全认证网关等硬件设备，购置并开发了应用系统和数据库后台系统软件，包括网络安全认证系统、协同办公系统、电子印章系统、个人办公助理和网站智能分析系统等，为网络的正常运行提供了安全、稳定的运行环境。改造后的机房在国家部委处于先进水平。

二、中国林业网和国家林业局办公网开通运行阶段安排

中国林业网和国家林业局办公网将于1月21日在全国林业厅局长会议上开通试运行。开通后按照三个阶段安排：

（一）安装调试和全员培训阶段：1 月下旬至 3 月。一是进行安装调试。按照统一部署，局领导、各司局、机关大院内有关直属单位每一位同志办公桌上1台台式计算机联接内网，用于日常办公；每个处室、每一位副司局级以上干部选定1台计算机联接外网，用于查询有关资料。1月下旬开始，技术人员将到各司局、各直属单位各个办公室进行统一安装调试。内外网计算机之间不得自行进行互换和串接使用，也不得通过普通优盘进行数据转换。二是进行全员培训。1月下旬开始，我局将分批次开展全员培训工作，对国家林业局各司局、机关大院内有关直属单位全体人员，其他直属单位和各地林业部门有关人员进行全面培训，确保大家都能熟练掌握相关系统的使用方法。

（二）电子文件与纸质文件双轨运行阶段：4～5 月。为使大家能够逐渐适应网上办公这一新型办公手段，将利用2个月的时间实施电子文件和纸质文件双轨运行。此阶段，各地各单位在运转传统纸质文件的同时，必须运转电子文件，以确保大家尽快熟练使用电子系统。

（三）全面运转电子文件阶段：6 月 1 日起。我局将全面实行网上办公，取消纸质文件，进入无纸化办公阶段。届时，各地各单位除涉密文件外，所有文件、信息都将进行网上流转，实现公文在线起草、办理、运转、签批及印发，并按照《国家林业局机关文书档案保管期限表》等要求，通过国家林业局电子档案管理系统进行电子文件归档。外来文件的接收，由各司局、各直属单位指定专人通过快速扫描仪进行扫描处理后进行在线流转。

三、中国林业网和国家林业局办公网开通运行的具体工作要求

（一）进一步深化对中国林业网和国家林业局办公网开通运行的认识。信息技术是现代三大高新技术之一，信息化已成为我国现代化进程的重要战略举措，更是建设现代林业的重要抓手和必然选择。中国林业网和国家林业局办公网的开通，是我局应用现代信息技术，提高办事效率，降低行政成本，推进现代林业向纵深发展的重要举措。可以说，没有林业信息化就没有真正意义上的林业现代化。各地各单位一定要立足于战略高度和全局角度，充分认识开通中国林业网和国家林业局办公网的重要性和紧迫性，增强做好中国林业网和国家林业局办公网应用工作的责任感和使命感，振奋精神，抢抓机遇，乘势而上，尽快熟练应用，实施网上办公，为全面推动现代林业发展做出应有贡献。

（二）全力配合做好系统安装调试工作。近期，需进行设备安装、系统调试等大量前期准备工作。请各地各单位要在确保日常工作正常开展的前提下，服从大局，克服困难，积极配合做好相关工作，为双网的启动运行奠定坚实基础。

（三）积极参加应用培训工作。双网系统庞大，流程详细具体、内容涉及面广。如不接受系统培训，将无法进行网上办公。综合办公是个完整的业务流程，任何一个环节出现问题，都将影响双网的正常运行，给工作带来很大难度。培训的时间、地点、内容统一安排，一旦错过，将无法弥补。请各地各单位一定要严格按照培训计划，统筹兼顾，合理安排，确保所有在岗干部职工，均接受应用培训。

（四）做好相关运维工作。双网开通运行后，工作重点将由系统建设转向系统维护和信息维护上来。对此，我局将实行分工负责制。系统维护和综合性栏目信息维护工作由信息办统一组织协调，专业性栏目和子站信息的维护工作由各地各单位分别承担。

（五）加强保密安全工作。我局内外网为非涉密网。各地各单位要严格执行《保密法》、《保密法实施办法》及有关保密规章制度，凡涉及国家秘密的文件信息不得上网，均继续实行纸质文件运转方法，切实做到上网信息不涉密，涉密信息不上网，确保国家秘密的安全。

（六）提高快速反应能力。任何系统的研发都有一个不断完善、不断改进的过程，中国林业网和国家林业局办公网也是如此。双网上线后，可能会出现一些临时性问题。对此，各地各单位一定要有足够的思想准备。一旦发现问题，请于第一时间与局双网呼叫中心联系，确保有关问题得到及时有效处理。

呼叫中心电话为010－84239626或010－84239676。

特此通知。

国家林业局办公室

二〇一〇年一月十八日

国家林业局办公室关于公布“绿色风采 60 年——庆祝新中国成立 60 周年网络电视展播”活动评选结果的通知

办信字〔2010〕23 号

各省、自治区、直辖市林业厅(局)，内蒙古、吉林、龙江、大兴安岭森工(林业)集团公司，新疆生产建设兵团林业局，各计划单列市林业局：

《国家林业局办公室关于组织开展“绿色风采 60 年——庆祝新中国成立 60 周年网络电视展播”活动的通知》(办信字〔2009〕43 号)下发后，各地积极踊跃地参与了“绿色风采 60 年——庆祝新中国成立 60 周年网络电视展播”活动，推出了大量各具特色的优秀作品。截至征集期结束，我局共收到来自近 20 个参展单位的 74 部(组)报送作品。根据收到作品的实际情况，经展播活动组委会和专家评审组研究，改原定分组评选为综合评选，共评选出获奖作品 23 部，现公布如下：

一等奖(3 部)

(一)渴望绿色　守望未来(云南省林业厅选送)

(二)林改　唤醒了辽宁沉睡的山林(辽宁省林业厅选送)

(三)河北省木兰林管局良种基地(系列)(河北省林业局选送)

二等奖(8 部)

(一)电视散文《走进猫儿山》(广西壮族自治区林业厅选送)

(二)潮涌松林——记中国吉林森林工业集团松江河林业局改革发展三部曲(中国吉林森林工业集团有限责任公司选送)

(三)山间起广厦——吉林林业棚户区改造工程纪实(吉林省林业厅选送)

(四)电视散文诗《喇叭河纪实》(四川省林业厅选送)

(五)生命倒计时——5·12 抗震救灾优秀共产党员王刚(四川省林业厅选送)

(六)青山遮不住(江西省林业厅选送)

(七)追寻太阳的务林人(山东省林业局选送)

(八)红松无性系果林丰产栽培技术(辽宁省林业厅选送)

三等奖(12 部)

(一)中国珍稀野生动物系列片——蜥中之鳄(广东省林业局选送)

(二)野生动物识别(北京市园林绿化局选送)

(三)众志成城铸丰碑——吉林省森林防火工作纪实(吉林省林业厅选送)

(四)科技时光——羊柴的治沙功能(内蒙古自治区林业厅选送)

(五)芙蓉国里油茶香(湖南省林业厅选送)

(六)河北世行贷款贫困地区林业发展纪实(河北省林业局选送)

(七)绿染三秦佑民生(陕西省林业厅选送)

(八)青岛市绿化成就纪实(青岛市林业局选送)

(九)重生的凤凰——凤凰山森林公园 2007 年建设纪实(河南省林业厅选送)

(十)绿色神韵　生态新乡(河南省林业厅选送)

(十一)满城绿色满城春——绿色无锡(江苏省林业局选送)

(十二)发展中的宁波林业(宁波市林业局选送)

国家林业局办公室

二〇一〇年二月九日

国家林业局办公室关于印发《国家林业局 2010 年信息化与电子政务工作要点》的通知

办信字〔2010〕31 号

国家林业局各司局、各直属单位：

经局领导批准，现将《国家林业局 2010 年信息化与电子政务工作要点》印发给你们，请结合工作实际，认真贯彻执行。

附件：国家林业局 2010 年信息化与电子政务工作要点

国家林业局办公室
二〇一〇年三月四日

附件

国家林业局2010年信息化与电子政务工作要点

2010年，国家林业局信息化与电子政务工作的总体思路是：深入贯彻落实中央林业工作会议、全国林业厅局长会议、全国林业信息化工作会议精神，紧紧围绕“发展现代林业、建设生态文明、推动科学发展”这个中心，按照“加快林业信息化，带动林业现代化”的总体思路，抓建设，抓应用，抓管理，大力拓展林业信息化应用领域，全面提升林业信息化应用水平，充分发挥林业信息化的支撑保障作用，为实现2020年奋斗目标奠定坚实基础。重点做好四个方面28件大事。

一、综合工作方面

（一）认真贯彻落实贾治邦局长2009年12月15日重要批示和2010年全国林业厅局长会议精神，提升信息化认识，树立信息化理念，完善信息化思路，做好信息化工作，为林业改革发展、现代林业建设、同国际林业水平接轨提供坚实基础。（责任单位：各司局、各直属单位）

（二）召开全国林业信息化工作座谈会，统一思想，交流经验，总结2009年林业信息化工作，安排部署2010年全国林业信息化重点工作。（责任单位：各司局、各直属单位）

（三）编制完成全国林业信息化“十二五”建设规划，提出当前和今后一个时期林业信息化建设的发展思路、建设目标、建设任务等。（责任单位：办公室、规资司、信息办、有关直属单位）

（四）完成中国林业信息化发展战略研究。组织相关大专院校、科研院所及知名IT企业专家开展中国林业信息化发展战略研究，共商林业信息化发展大计，发布《中国林业信息化发展战略研究报告》。（责任单位：办公室、信息办、有关直属单位）

（五）发布首部《中国林业信息化发展报告》。系统总结林业信息化发展历程，全面展示林业信息化建设成就，借鉴国际国内信息化发展经验，促进林业信息化健康发展。（责任单位：办公室、信息办、有关司局、各直属单位）

二、项目建设方面

（六）认真做好国家林业局内外网整合改造、自然资源与地理空间信息库建设等2009年信息化建设项目的完善及验收工作，确保正常上线运行。（责任单位：办公室、信息办、规划院、有关直属单位）

（七）启动实施国家级林业资源综合监管服务体系建设项目、全国林业资源基础数据库建设项目和国家卫星林业遥感数据应用平台建设项目建设，逐步将全国林地、沙地、湿地和生物多样性等基础性林业资源数据落实到山头地块，形成对三个系统和一个多样性的全面有效监管。（责任单位：办公室、信息办、有关司局、有关直属单位）

（八）积极推进“金林工程”需求分析报告、项目建议书、可行性研究报告等编制工作，加大与国家发展改革委、财政部等有关部门沟通协调力度，争取“金林工程”早日立项。（责任单位：办公室、规资司、信息办）

（九）积极争取国家发展改革委、财政部、科技部、工业和信息化部等部委有关信息化项目。（责任单位：办公室、信息办、有关直属单位）。

（十）加快网络电视台建设。组织好项目实施。围绕局重点工作，制作播出一批有较高质量的网络电视片。（责任单位：办公室、信息办、规划院、有关直属单位）

（十一）完成林业应急平台建设。积极与国务院应急办沟通协调，做好相关服务工作，建立比较完善的林业应急平台。（责任单位：防火办、办公室、信息办等有关司局、直属单位）

（十二）实施好司局单位林业信息化工程，包括升级完善森林防火指挥系统、林业行政执法人员管理系统，启动实施资金与财务监管系统、林业干部教育培训网络基础工程，境外森林资源合作信息库建设等。（责任单位：防火办、政法司、规资司、人事司、林干院、信息办）。

（十三）积极推进电子商务建设，打造林业电子商务平台，加快推进信息化新技术、新产品应用。（责任单位：办公室、信息办、人才中心、有关直属单位）。

三、拓展应用方面

（十四）继续加大林业信息资源整合力度，确保尚未完成整合工作的子站、应用系统、数据库全部整合到位，全面提升信息资源共建共享水平。（责任单位：办公室、信息办、有关司局、有关直属单位）。

（十五）加强信息化应用培训。举办5期内外网应用技术培训班、信息化新技术新知识专题培训班，提高林业干部职工应用水平和林业信息化从业人员业务水平。（责任单位：办公室、信息办、人事司、林干院、人才中心）

（十六）完善内外网栏目设置，加强外网信息发布、在线办事、互动交流等板块和内网五大平台的内容维护工作。（责任单位：办公室、信息办、规划院、各司局、有关直属单位）

（十七）积极开展林业信息化战略合作。与有关部门、高等院校、研究机构、国际组织、电信运营商和知名IT企业等开展战略合作，扩大林业信息化应用领域。（责任单位：办公室、信息办、有关司局、有关直属单位）

（十八）完成国家林业局“政府电子政务内网需求分析”工作。按照国务院办公厅有关

要求，做好我局电子政务内网业务梳理和表单填报工作。（责任单位：办公室、信息办、有关司局、有关直属单位）

（十九）指导各地林业部门开展信息化工作，努力完成2010年工作目标。（责任单位：办公室、信息办）

四、加强管理方面

（二十）加强林业信息化组织机构和队伍建设，明确职能编制，完善工作机制，充实人员队伍。（责任单位：人事司、办公室、信息办、有关司局、有关直属单位）

（二十一）制定实施《中国林业网管理办法》等系列制度，明确职责，规范管理，提高效率。（责任单位：办公室、信息办）

（二十二）做好中央办公厅、国务院办公厅和有关部委专网在我局节点的管理和运行维护工作，确保网络良好运行。（责任单位：办公室、信息办、公安局、规资司、驻局监察局、规划院）

（二十三）加强信息安全工作。加强入侵防御、漏洞扫描、病毒查杀等网络安全工作，强化保密意识，确保局内外网运行安全与信息安全。在对内外网划分安全域的基础上，完成安全等级保护相关工作。（责任单位：办公室、信息办、规划院、有关司局、有关直属单位）

（二十四）大力推进林业信息化标准建设。充分发挥林业信息数据标准委员会的作用，制定一批急需的林业信息化标准，为互联互通、资源共享奠定基础。（责任单位：办公室、信息办、规划院、有关司局、有关直属单位）

（二十五）继续推进林业信息化示范省建设，在总结第一批林业信息化示范省建设的基础上，积极稳妥地推进第二批林业信息化示范省建设，带动全国林业信息化又好又快发展。（责任单位：办公室、信息办、有关直属单位）

（二十六）成立林业信息化专家咨询机构，充分发挥林业计算机应用分会等方面专家、学者的作用，为林业信息化健康发展提供技术支持。（责任单位：办公室、信息办、林科院、林学会、有关直属单位）

（二十七）启动实施林业信息网络定额标准建设。制定科学、合理、符合我局信息化实际的公用经费定额标准。（责任单位：办公室、信息办、规资司）

（二十八）深入开展调查研究。有组织地到中央有关部委、地方林业部门、知名IT企业及信息化先进国家进行调研学习，准确把握信息化建设规律与形势，借鉴先进经验和技术，提高林业信息化发展水平。（责任单位：办公室、信息办、有关直属单位）

国家林业局办公室关于吉林森工集团推进林业信息化示范省建设内容的批复

办发字〔2010〕47号

中国吉林森林工业集团有限责任公司：

《吉林森工集团关于推进林业信息化示范省建设内容的请示》(中吉森办字〔2010〕80号)收悉。经研究，现批复如下。

按照《国家林业局关于组织开展首批全国林业信息化示范省建设工作的通知》(林信发〔2009〕284号)有关要求，你单位被确定为首批林业信息化示范省，示范主题为“三网融合”和电子商务。你单位对此高度重视，切实加强组织领导，精心编制实施方案，采取了一系列有力措施，组织开展了大量卓有成效的工作，提出了“三网融合”和电子商务建设的工作思路。“三网融合”拟通过项目建设，力求在实现你单位数据、视频、音频“三网融合”的基础上，积极探索建立符合林业行业特点的“三网融合”模式，应用该系统，可及时、准确地反映企业运营情况，并基于一个统一平台，对各类数据进行综合分析、提炼，为林业决策提供准确的科学依据。电子商务是你单位林业信息化建设的重点项目，通过系统建设，力求在总结你单位所属金桥地板集团试点工作经验的基础上，建成一个集产品宣传、信息发布、即时通讯、在线交易、建设管理、产品服务等功能于一体的电子商务平台，以此为雏形，积极探索适合中国林业电子商务的发展途径。

你单位提出的工作思路，既有近期目标，又有长远规划，主题明确，措施得力，符合林业信息化发展实际，具有可操作性，同意尽快组织实施，待相关项目经国家有关部门批复后我局将给予补贴。希望你单位按照上述思路，加大工作力度，集中力量进行攻关，力争尽快推出国际先进、国内领先的示范成果，真正发挥示范带头作用，为全面加快林业信息化建设做出新贡献。

国家林业局办公室
二○一○年四月九日

国家林业局办公室关于福建省林业厅推进林业信息化示范省建设内容的批复

办发字〔2010〕57号

福建省林业厅：

《福建省林业厅关于报送福建省林业信息化示范省建设实施方案的函》(闽林函〔2010〕16号)收悉。经研究，现批复如下：

按照《国家林业局关于组织开展首批全国林业信息化示范省建设工作的通知》(林信发〔2009〕284号)有关要求，你省被确定为首批林业信息化示范省，示范主题为在线行政审批和省、市、县、乡四级联网协同办公。你省对此高度重视，切实加强组织领导，精心编制实施方案，采取了一系列有力措施，组织开展了大量卓有成效的工作，提出了在线行政审批和省、市、县、乡四级联网协同办公的工作思路。在线行政审批拟利用电子政务资源和技术，通过对你省现有行政审批系统实施组织改造和数据交换，规范新开发审批系统，努力构建"一站受理、分发相关、协同审批、限时办结、公开透明、全程监督"的在线审批运作机制，建立全省统一的林业网上行政审批系统，实现在线咨询、申报、审批、资源共享、反馈、监管等功能的林业网上审批一体化服务。省市县乡四级联网协同办公拟基于你省政务网，通过建立应用支撑与集成环境、共享与交换体系和安全保障体系，构建由省、市、县、乡四级组成的全省林业虚拟专网，打造全省统一的林业电子政务协同办公平台和林业公共信息数据库，确保全省林业行政管理和公共服务水平得到较大幅度的提升。

你省提出的工作思路，主题明确，措施得力，符合林业信息化发展实际，同意尽快组织实施。希望你省围绕上述思路，按照首届全国林业信息化工作会议和《全国林业信息化建设纲要》及《全国林业信息化建设技术指南》有关要求，加大工作力度，集中力量进行攻关，力争尽快推出国际先进、国内领先的示范成果，真正发挥示范作用，为全面加快林业信息化建设做出新贡献。

国家林业局办公室
二〇一〇年四月三十日

国家林业局办公室关于辽宁省林业厅推进林业信息化示范省建设内容的批复

办发字〔2010〕58 号

辽宁省林业厅：

你厅《关于报送辽宁省建设全国林业信息化示范省实施方案的函》（辽林函字〔2010〕24 号）收悉。经研究，现批复如下：

按照《国家林业局关于组织开展首批全国林业信息化示范省建设工作的通知》（林信发〔2009〕284 号）有关要求，你省被确定为首批林业信息化示范省，示范主题为外网建设和基础平台建设。你省对此高度重视，切实加强组织领导，精心编制实施方案，采取了一系列有力措施，组织开展了大量卓有成效的工作，提出了外网建设和基础平台建设的工作思路。外网建设拟在总结你省试点工作经验的基础上，通过组织项目实施，将有关网站进行系统整合，实行统一域名管理下的网站群管理模式，形成辽宁林业信息发布、在线办事和互动交流的统一平台，打造“辽宁林业”整体形象，有效维护林业主管部门信息发布和对外服务的一致性和权威性。基础平台建设是你省林业信息化建设的重点项目。拟通过综合应用计算机网络技术、门户技术、中间件技术和交换技术等，建设林业门户管理系统、单点登录系统、业务协同系统、数据共享与交换系统、林业信息即时通信系统和 GIS 地图服务系统等，逐步建立起统一的支持数据服务、数据加工、数据交换、业务应用和数据存储的高效稳定运行平台，避免重复建设及设备低效率使用，为有效消除信息孤岛、实现林业信息资源共享奠定坚实基础。

你省提出的工作思路，主题明确，措施得力，符合林业信息化发展实际，同意尽快组织实施。希望你省围绕上述思路，按照首届全国林业信息化工作会议和《全国林业信息化建设纲要》及《全国林业信息化建设技术指南》有关要求，加大工作力度，集中力量进行攻关，力争尽快推出国际先进、国内领先的示范成果，真正发挥示范带头作用，为全面加快林业信息化建设做出新贡献。

国家林业局办公室

二〇一〇年四月三十日

国家林业局办公室关于湖南省林业厅推进林业信息化示范省建设内容的批复

办发字〔2010〕59号

湖南省林业厅：

你厅《关于呈报 < 湖南林业信息化示范省建设实施方案 > 的报告》（湘林信〔2009〕3号）收悉。经研究，现批复如下：

按照《国家林业局关于组织开展首批全国林业信息化示范省建设工作的通知》（林信发〔2009〕284号）有关要求，你省被确定为首批林业信息化示范省，示范主题为资源整合和内网建设。你省对此高度重视，切实加强组织领导，精心编制实施方案，采取了一系列有力措施，组织开展了大量卓有成效的工作，提出了资源整合和内网建设的工作思路。“资源整合”拟以湖南省林业测土配方基础平台搭建为突破口，进一步建立健全各类资源数据库，加快相关林业专业应用系统建设步伐，逐步将湖南林地、湿地、野生动植物等基础性资源数据细化到山头地块，落实到千家万户，形成信息全方位辐射、监管多方面铺开、服务各层次跟进的林业信息化格局，有效解决“资源在哪里”、“造林造哪里”以及“种什么、怎么种”等问题，大幅度提升湖南省林业管理的整体现代化水平。内网建设拟在加强湖南省林业电子政务内网网络与信息安全保密责任管理的同时，按照“科学编制、整合资源、严格筛选、用管一致”的原则，健全内部工作机制，加强内网运行维护工作，下大力气普及信息技术知识，提高工作人员运用内网的能力和素质，逐步拓展内网应用领域，不断提高内网应用水平。

你省提出的工作思路，主题明确，措施得力，符合林业信息化发展实际，同意尽快组织实施。希望你省围绕上述思路，按照首届全国林业信息化工作会议和《全国林业信息化建设纲要》及《全国林业信息化建设技术指南》有关要求，加大工作力度，集中力量进行攻关，力争尽快推出国际先进、国内领先的示范成果，真正发挥示范带头作用，为全面加快林业信息化建设做出新贡献。

国家林业局办公室
二〇一〇年四月三十日

国家林业局办公室关于
正式实行无纸化办公有关事宜的通知

办发字〔2010〕78号

各省、自治区、直辖市林业厅(局)，内蒙古、吉林、龙江、大兴安岭森工(林业)集团公司，新疆生产建设兵团林业局，各计划单列市林业局，国家林业局各司局、各直属单位：

为积极适应全国林业信息化发展形势，认真落实《全国林业信息化建设纲要》和首届全国林业信息化工作会议精神，按照《国家林业局办公室关于开通运行中国林业网和国家林业局办公网有关事宜的通知》(办信字〔2010〕15号)部署，在纸质、电子双轨运行2个月的基础上，我局决定自6月1日起正式启用综合办公系统，除涉密文件、信息外，所有文件、信息(包括五大功能模块的所有内容，下同)都通过综合办公系统进行网上流转，实现文件、信息在线起草、审核、会签、签批、排版、发送、归档。为确保此项工作的顺利进行，现将有关事项通知如下：

一、进一步深化对实行无纸化办公重要性和紧迫性的认识

综合办公系统的上线运行，是林业信息化建设的一件大事，在林业信息化发展史上具有里程碑意义，在林业发展史上具有重大意义。以此为标志，我局将正式告别纸质文件，进入无纸化办公时代，必将对现代林业建设起到巨大的推动和促进作用。

(一)运用现代信息技术实行无纸化办公，是应对全球气候变化的重要举措。气候变化是当前国际社会普遍关注的重大全球性问题，事关国家长远发展和核心利益。应对气候变化当务之急就是减少碳排放，除直接关闭一些能耗大、污染严重、产能效益低的企业实现直接减排外，还有一个更经济、更持久、更稳妥的手段就是通过多种树少砍树实现间接减

排。通过运用现代信息技术，实现无纸化办公，可以大大减少纸张等物质资源和能源的消耗，进而减少林木采伐量，保护森林资源，增强森林碳储能力，有效应对气候变化。

（二）运用现代信息技术实行无纸化办公，是加强政府自身建设的重要举措。通过运用现代信息技术实行无纸化办公，可加快政府职能转变进程，大力促进行政管理的规范化和决策的科学化、民主化，使机关运转更加规范有序、工作更加公正透明、办事更加高效便民，大大增强政府行政能力，重塑政府机关良好形象。这种形式既解决了传统方法消耗大量人力物力的弊端，又大大缩短了文件运转时间，显著提高工作效率和工作水平。

（三）运用现代信息技术实行无纸化办公，是全面推进现代林业发展的重要举措。林业涉及的业务范围很广、事务繁多、性质庞杂，靠传统手段很难科学管理。只有通过信息化手段，才能把丰富的资源梳理清楚，进行科学分类。由于管理手段落后，过去林业行业经常发生重复立项、重复建设问题，造成国家财力的浪费。因此，对林业行业来说，运用现代信息技术，实现无纸化办公，不断提高林业资源调控配置能力和资源监管水平，迫在眉睫，尤为重要。

总之，运用现代信息技术实行无纸化办公呈大势所趋。各司局、各单位一定要进一步深化运用现代信息技术实行无纸化办公重要性和紧迫性的认识，顺应形势，统一思想，创新思维，更新观念，全力推进无纸化办公进程，为加快林业改革发展做出积极贡献。

二、实行无纸化办公的主要内容

国家林业局综合办公系统，面向国家林业局各司局、各直属单位，通过林业专网连通各省、自治区、直辖市林业厅（局），内蒙古、吉林、龙江、大兴安岭森工（林业）集团公司，新疆生产建设兵团林业局和各计划单列市林业局，为集中式协同办公和信息资源共享平台，具体包括领导专区、公文办理、会议办理、事务办理、综合管理等五大功能模块。

（一）领导专区。针对国家林业局领导在日常工作中的需求，设立包括安排领导日程和领导会见、重要活动等，并对领导指示批示、领导讲话和领导办公文档进行科学管理，被授予相应管理权限的工作人员可以随时查询相关信息。

（二）公文办理。公文办理是综合办公系统中最为核心的一项应用内容，它提供了从收文登记、批办，到公文的起草、会签、审核、督办、监控、校对、电子印章、发布、归档、查询等全过程的网上公文服务。具体包括：发文管理、收文管理、签报管理、建议提案、查询统计、公文授权、公文维护等功能模块。

（三）会议办理。会议管理是综合办公系统的重要内容，涵盖全国性会议、局内部会议、国际会议、外部会议等，可对会议计划申报、审批，会议通知拟制、发送，会议材料起草、审批，会议纪要起草、审批、发送等环节进行全过程自动化管理，科学管理各类会议。

(四)事务办理。提供功能全面、方便快捷的日常办公环境，满足相关工作人员的特殊需求。具体包括：值班管理、信息管理、督查督办、人事管理、国际合作、后勤服务等功能模块。

(五)综合管理。综合管理的设立，旨在以人性化的服务宗旨，提供全方位的综合管理应用服务，提高办公效率和工作质量，减轻工作人员的工作负担。具体包括：通知、留言条、办公助理、通讯录、意见征询、大事记等功能模块。

三、实行无纸化办公的工作要求

(一)充分发挥领导带头作用。实现无纸化办公是一场技术变革，更是一场思想变革。任何变革都不可避免地会对传统的思维方式和工作习惯带来压力和挑战。面对新形势、新挑战，只有积极应对、努力践行，才能化被动为主动，由外行成内行。各地各单位，特别是各级领导同志一定要克服畏难情绪，迎难而上，知难而进，及时转变思想观念，加快信息化知识更新，带头学、带头用，努力做到熟练掌握，灵活应用，以全新的姿态积极投身其中，争做无纸化办公的倡导者、示范者和实践者。

(二)规范收发文管理工作。在收文方面，对所有与国家林业局内网相连通的单位，除涉密文件、信息外，我局不再受理纸质文件、信息。对未与我局内网连通单位的纸质文件，将文件全文扫描处理后进入综合办公系统按程序办理(对个别过长过大的附件，可将纸质附件随扫描处理后的主件同步运转)。在发文方面，除涉密文件、信息外，所有文件、信息的起草、会签、审核、签批、排版、发送、归档均必须在网上办理。

(三)加大保密工作力度。国家林业局内网为非涉密网。凡涉及国家秘密、工作秘密、商业秘密的文件、信息不得在综合办公系统内运行，由相关司局、单位指定涉密计算机处理，并通过我局统一配发的保密专用优盘进行数据中转至局文印室，由文印室按传统方式排版打印。文件起草人员一定要严格按照《林业工作国家秘密范围的规定》(林办发〔2005〕162号)有关要求准确界定所办公文的密级及公开方式，各审核环节在对公文内容和公文格式进行认真审核的同时，必须对所办公文是否涉密、能否公开进行严格把关，确保万无一失。不得在连接内网的计算机和连接外网的计算机之间交叉使用移动存储介质。

(四)切实做好文件归档工作。归档是公文流转的最后一个环节。按照国家有关规定，各司局、各单位在通过《国家林业局电子档案管理系统》随时进行电子文件归档的同时，要将需归档的电子文件的最后版本，打印1份纸质稿按档案工作有关要求于次年6月底前向档案部门移交归档。归档电子文件与纸质文件要保持完全一致。

(五)全力做好支撑保障工作。各司局、各单位要加大设备调试安装力度，确保连接国家林业局内网的每一台计算机均保持畅通状态。有关部门要采取有效措施，实时做好数据备份工作。实时检查 UPS 电源运行状况，确保一旦断电，可随时启用备用电池。在前期集中培训工作的基础上，加大日常培训指导力度，确保有关问题得到及时有效处理。实时开展网络病毒库升级工作，提高网络防范病毒的能力，确保网络运行安全。

特此通知。

国家林业局办公室
二〇一〇年五月二十一日

国家林业局关于成立国家林业局信息中心的通知

林人发〔2010〕156号

各省、自治区、直辖市林业厅(局)，内蒙古、吉林、龙江、大兴安岭森工(林业)集团公司，新疆生产建设兵团林业局，各计划单列市林业局，国家林业局各司局、各直属单位：

根据中央机构编制委员会办公室《关于国家林业局信息中心机构编制的批复》(中央编办复字〔2010〕55号)，决定成立国家林业局信息中心。现就有关问题通知如下：

一、国家林业局信息中心受国家林业局委托，承担组织、协调、指导、监督、管理全国林业信息化建设和电子政务工作，主要职责是：组织拟订全国林业信息化与电子政务建设的政策措施、规章制度、技术规定、行业标准、总体规划和年度计划，并监督执行；负责林业基础数据和重点数据库、应用系统、网站、网络的组织协调、建设维护和监督管理工作以及国家林业局中心机房的建设管理；承担林业系统信息资源的共享、使用和发布，负责与其他部委、单位和国际组织开展信息化方面的合作交流；负责林业信息化重点项目的设计、组织实施、检查验收、技术培训；承担自然资源和地理空间基础信息库等国家重点信息库林业分中心和全国林业信息数据标准化技术委员会秘书处工作；承担国家林业局机关文印和信息咨询服务；承担国家林业局交办的其他事项。

二、国家林业局信息中心为国家林业局直属正司局级单位，事业编制30名，中心领导职数设一正三副。根据工作需要，在国家林业局信息中心加挂“国家林业局信息化管理办公室”牌子，承担全国林业信息化工作领导小组办公室、国家林业局信息化与电子政务工作领导小组办公室的工作。

特此通知。

国家林业局

二〇一〇年六月十七日

国家林业局办公室关于印发《国家林业局2009年政府信息公开年度报告》的通知

办发字〔2010〕48号

国家林业局各司局、各直属单位：

现将《国家林业局2009年政府信息公开年度报告》印发给你们，请严格按照《政府信息公开条例》及《国家林业局<政府信息公开条例>实施办法》有关要求，进一步做好此项工作，促进我局政府信息公开工作再上新台阶。

附件：国家林业局2009年政府信息公开年度报告

国家林业局办公室
二〇一〇年七月二日

附件

国家林业局2009年政府信息公开年度报告

按照《政府信息公开条例》有关要求，结合我局工作实际，现将我局2009年政府信息公开年度报告公布如下：

一、基本情况

一年来，我局认真落实《政府信息公开条例》、中央国家机关政务公开工作座谈会和中央有关文件精神，进一步增强做好政务公开工作的责任感和使命感，采取措施，加大力度，确保政务公开各项工作落到实处，促进我局政务公开工作再上新台阶。具体开展了以下几项工作。

（一）积极推进行政决策过程的政务公开。中央国家机关作为国家重要政策、措施的制定者，其决策行为直接影响经济社会发展全局。我局通过建立健全林业行政决策机制，逐步完善重大事项集体决策制度，健全重大事项决策规则和程序，防止决策的随意性、主观性。完善专家咨询和评估制度，对专业性、技术性较强的林业重大事项进行必要性、可行性和合法性论证，确保决策更加科学合理。同时，作决策、办事情严格依法公开，引导群众有序参与，切实保障群众的知情权、参与权、表达权和监督权。对于林业重大决策事项，我局均通过新闻发布会等形式，及时向全社会公开，主动接受社会公众的监督。

（二）积极推进林业重大事项的内部公开。在继续做好社会公开工作的基础上，加大力度，积极推进内部公开工作。对于我局在履行职能过程中产生的不宜向社会公众公开，但可让机关干部职工知晓的事项，以适当形式在机关或直属单位内部公开，切实加强干部职工对权力运行的内部监控，防止少数人或个人滥用权力。逐步建立和完善内部公开工作机制，围绕机关干部职工关心的，如干部选拔任用、政府采购、基建工程、资金使用状况等问题，制定公开制度，加大公开力度，做到公开结果与公开过程相结合。

（三）积极推进政务公开信息化管理工作。围绕社会广泛关注、事关群众切身利益的重大事项，除常规手段外，我局充分借助于国家林业局政府网，主动公开我局产生的非涉密信息，加强与网民的交流互动，促进林业信息互通和资源共享，进一步提高办事效率。坚持先易后难、循序渐进的原则，积极稳妥地推进林业行政许可结果网上公开，进一步规范林业行政审批的运行，逐步实现林业行政审批全过程的动态公开，不断提高便民服务的层次和水平。同时，不断强化政务信息公开目录编制、检索和信息公开管理功能，为广大人民群众随时查询我局有关政务信息提供便利条件。

二、政府信息公开情况

(一)主动公开方面。

1. 本年度，我局在国家林业局政府网共发布政府信息48260条，其中公文417条(外网316条，内网101条)，其他政府信息47843条(外网42470条，内网5373条)；印发《国家林业局公报》4期。

2. 本年度，我局共举办各类新闻发布会13场，内容涉及干旱对林业的影响及应对措施、林业棚户区改造工作进展及目标、第六届中国城市森林论坛的筹备情况、衡水湖湿地保护与发展情况、中国(漠河)生态文明建设高层论坛筹备情况、第六届中国(菏泽)林产品交易会筹备情况、第二届中国绿化博览会筹备情况、林业应对气候变化行动计划的主要内容、第七次全国森林资源清查结果、林业推进西部大开发的工作情况、林业应对气候变化的作用及林业建设成绩、大熊猫助阵2010年上海世博会等方面。

3. 本年度，共办理林业行政许可145674件(准予许可136146件，不准予许可9528件)。其中，按具体承担单位计：国家林业局机关办理许可4081件(准予许可4002件，不准予许可79件)；植物检疫机构准予许可32件；濒管系统办理许可45117件(准予许可45111件，不准予许可6件)；国家林业局驻内蒙古自治区森林资源监督专员办事处办理许可24861件(准予许可24854件，不准予许可7件)；国家林业局驻长春森林资源监督专员办事处办理许可16089件；国家林业局驻黑龙江省森林资源监督专员办事处办理许可41078件(准予许可31716件，不准予许可9362件)；国家林业局驻大兴安岭林业集团公司森林资源监督专员办事处办理许可14416件(准予许可14342件，不准予许可74件)。

(二)依申请公开方面。本年度，我局未接到依申请公开申请。

(三)申请行政复议及提起行政诉讼方面。本年度，我局未接到涉及信息公开的行政复议申请和行政诉讼。

(四)收费及减免情况。考虑到我国目前尚未出台政府信息公开收费具体标准等，我局本年度在公开政府信息工作方面未收取任何费用。

下一步，我局将以林业信息化建设为契机，加大力度，切实加强政务公开工作，不断提高政府信息公开工作效率和质量，确保社会公众政府信息知情权的有效落实。

国家林业局关于印发《中国林业网管理办法》等五项信息管理制度的通知

林办发〔2010〕185 号

各省、自治区、直辖市林业厅(局)，内蒙古、吉林、龙江、大兴安岭森工(林业)集团公司，新疆生产建设兵团林业局，各计划单列市林业局，国家林业局各司局、各直属单位：

中国林业网、国家林业局办公网已于 2010 年 1 月 21 日在全国林业厅局长会议上开通，扩建后的全国林业专网和国家林业局中心机房已投入使用。为确保林业网络的正常运行，规范机房和应急管理，在广泛征求各方面意见的基础上，我局研究制定了《中国林业网管理办法》、《国家林业局办公网管理办法》、《全国林业专网管理办法》、《国家林业局中心机房管理办法》和《国家林业局网络信息安全应急处置预案》等五项制度。现印发给你们，请结合工作实际，认真贯彻执行。

附件：1. 中国林业网管理办法

2. 国家林业局办公网管理办法

3. 全国林业专网管理办法

4. 国家林业局中心机房管理办法

5. 国家林业局网络信息安全应急处置预案

国家林业局

二〇一〇年七月八日

附件1

中国林业网管理办法

第一章　总　则

第一条　为加强中国林业网的规范管理，构建长效运行机制，根据国家有关法律法规及规定，制定本办法。

第二条　本办法适用于国家林业局各司局、各直属单位，地方各级林业主管部门、各森工集团、新疆生产建设兵团林业主管部门(以下简称地方各单位)。

第三条　中国林业网与国家林业局政府网、国家生态网一网三名(域名：http：//www.forestry.gov.cn)，为国家林业局唯一官方网站。

第四条　中国林业网采用网站群架构模式，由国家林业局主站和各司局、各直属单位、地方各单位子站和业务主题子站组成，具有信息发布、在线办事、互动交流和林业展示等功能。

第五条　中国林业网实行"统一建设、分级维护、资源共享、强化服务"的基本原则，努力塑造中国林业第一门户网站。

第二章　职责分工

第六条　国家林业局信息化管理办公室(信息中心)是中国林业网建设管理主管部门，负责中国林业网规划建设、内容保障、运行维护、升级改造和日常管理等工作，并指导和监督各子站内容维护与运行安全。

第七条　国家林业局各司局、各直属单位负责所属子站内容维护及主站相关栏目内容更新工作，负责提供主站场景式服务、留言回复、意见回复等在线咨询服务，负责提出子站及主站栏目建设需求。

第八条　地方各单位负责本单位子站建设和日常运行维护等工作，向主站报送本单位政务信息，参与主站在线办事、互动交流栏目的内容维护工作。

第三章　网站建设

第九条　中国林业网建设项目的立项、申报、建设、验收等工作应在国家林业局信息办的统筹协调下进行，并严格执行国家基本建设程序有关规定。

第十条　中国林业网建设项目的确定应符合《全国林业信息化建设纲要》和《全国林业信息化建设技术指南》要求，并基于林业信息化统一平台上建设。

第十一条　国家林业局各司局、各直属单位结合工作实际，提出子站建设和主站栏目增设需求，经国家林业局信息办审核并组合包装成建设项目，统一进行项目立项、申报并组织实施。

第十二条　地方各单位网站建设由所在单位自行规划、建设与管理，并作为主题子站链接至中国林业网主站。

第四章　信息发布

第十三条　凡确定为社会公开的国家林业局文件、国家林业局办公室文件等公文、信息，均应在文件、信息发送后的15个工作日内在中国林业网上发布。

第十四条　制定与公众利益密切相关的部门规章、政策，应通过中国林业网相关栏目广泛征求社会各界意见；出台或发布后，应同步在中国林业网上进行政策解读。

第十五条　发生突发重大公共事件时，相关单位应在中国林业网相关栏目及时发布权威信息，积极引导社会舆论。

第十六条　坚持"谁制作、谁审核、谁发布"的原则，对需在中国林业网上发布的公文、信息或事项，相关单位应对其真实性、准确性、权威性，是否涉密、能否公开负全责。

第十七条　中国林业网各子站必须发布的信息。

（一）本单位机构设置及职责分工。

（二）与本单位业务有关的法律、法规、部门规章及政策。

（三）本单位的行政审批事项，包括审批程序、具体事项、标准时限、办事机构、联系方式及电子服务方式等。

（四）本单位按规定需要向社会发布的公告、公示、通知、工作动态、业务数据等。

（五）本单位的公众信箱或联系方式。

第五章　在线办事与互动交流

第十八条　承办单位应及时发布行政许可依据、条件、数量、办理流程、期限、需提交的材料目录、申请示范文本及审批结果等信息，并按照规范格式及时发布未实现在线办理的可公开的行政许可决定或行政审批结果。有关其他公共服务事项，应及时发布服务指南。

第十九条　召开全国性重要会议、新闻发布会、听证会，会议主办单位应提前3日向国家林业局信息办提出网上直播申请，由信息办统一组织实时图文直播或网络视频播出。

第二十条　结合林业发展新形势，针对林业重点工作和社会公众关注的热点问题，信息办应及时会同相关单位，研究确定访谈主题和内容，积极组织策划在线访谈活动。

第二十一条　通过局长信箱、网上调查等互动栏目征集到的重要公众留言和公众意见，经国家林业局信息办统一整理后转相关单位提供答复内容，由信息办统一上网反馈。

第六章　运行维护与内容更新

第二十二条　内容维护按照《中国林业网内容维护职责分工》（见附表）有关要求执行。

第二十三条　各司局、各直属单位及地方各单位应明确一名负责人分管中国林业网相关工作，指定一名网站信息员具体承办相关工作。网站信息员因工作等原因调离原岗位时，所在单位应提前重新确定信息员并报局信息办备案。网站信息员应具有较高的政治素质、文字功底和专业技能，并经系统培训后持证上岗。

第二十四条 中国林业网日常运行管理和内容维护经费从国家林业局财政专项经费中列支，执行财政专项经费使用有关规定。

第七章 信息安全

第二十五条 凡涉及国家秘密、工作秘密和商业秘密的文件、敏感信息严禁上网发布。任何人不得泄露网站后台密码。

第二十六条 根据公安部等《关于信息安全等级保护工作的实施意见》有关要求，中国林业网执行三级网站建设有关要求与技术规范。

第二十七条 中国林业网中心机房应实时备份网站系统和信息数据，实时监控系统和网页防篡改等安全系统，每周出具网站运行及内容更新等情况的监测报告。

第二十八条 一旦发生突发事件，立即启动《国家林业局网络信息安全应急处置预案》做好应急工作。

第八章 奖 惩

第二十九条 国家林业局信息办定期对中国林业网管理和运行维护工作进行考核，按季度通报各司局、各直属单位和地方各单位信息报送和采用情况，按年度评选优秀信息员。

第三十条 国家林业局信息办每年组织开展一次主站各栏目和各主题子站的绩效评估工作，对优秀子站和栏目给予表彰和奖励；对于信息内容长期得不到及时更新的子站或主站栏目，将进行通报或实施关闭处理。

第三十一条 未履行审核程序擅自在中国林业网上发布信息、上网内容出现虚假信息或存在较多错误等情况，给予通报批评；造成失泄密的，将依据国家有关法律法规和规定，追究有关领导和直接责任人的责任。

第九章 附 则

第三十二条 本办法由国家林业局信息办负责解释。

第三十三条 本办法自印发之日起实施，《国家林业局网站管理暂行办法》(办发字〔2005〕21 号)同时作废。

附表

中国林业网内容维护职责分工

编号	单位名称	子站名称或专题	主站栏目
1	办公室	专题：厅局长会议专题	领导专区、信息公开、林业概况、政府文件、局长信箱、在线信访
2	政法司	林业执法	政策法规（法律法规、部门规章、政策解读等）、行政许可
3	造林司（绿化办）	国土绿化、营造林质量、经济林信息、林业碳汇、生物质能源、森林健康 专题：3·12植树节专题	森林生态系统（造林绿化）、林业产业（经济林果）、应急管理（有害生物入侵灾害）
4	资源司（监督办、行管办）	森林资源，现代林业产业 专题：森林资源清查专题	森林生态系统（资源管理）、林地林权、森林采伐、木材经营、林业产业、应急管理（重大生态破坏事故）
5	保护司	自然保护 专题：赠台大熊猫专题	自然保护区、保护目录、动物保护、植物保护、应急管理（野生动物疫源疫病）
6	林改司	林业改革 专题：集体林权改革专题	
7	公安局（防火办）	森林防火	应急管理（森林防火）、森林生态系统（公安防火）
8	规资司	规划资金 专题：小金库治理专题	资金管理（部门预算、年度计划、建设项目）、信息公开（年度报告、政府采购、重大项目、规划计划、财政信息、统计信息）
9	科技司	林业科技	科学研究
10	国际司	英文版网站	国际合作、世界林业
11	人事司	人事管理 、教育培训 专题：干部集中教育管理活动专题	人事管理（人事任免、职称评定、先进表彰、人事教育）、机构设置
12	机关党委、驻局监察局、老干部局、服务局		机关两建
13	信息办	信息办 专题：贯彻落实中央会议精神等	最新资讯、公告公示、社会关注、电子政务等
14	场圃总站	国有林场、林木种苗、森林公园 专题：油茶专题	林业产业（森林旅游、林木种苗）
15	工作总站	林业工作站	
16	基金总站	林业基金	
17	宣传办	专题：生态文明专题	最新资讯、图片信息、生态文化（关注森林、生态教育、生态文艺）、生态论坛
18	濒管办	濒危物种	生物多样性（物种进出口）
19	天保办	天然林保护	森林生态系统（天然林保护）
20	三北局	三北局	森林生态系统（三北防护林）
21	退耕办	退耕还林	森林生态系统（退耕还林）
22	治沙办	荒漠化防治	荒漠生态系统（防沙治沙、沙尘暴预警、石漠化治理）

（续）

编号	单位名称	子站名称或专题	主站栏目
23	速丰办	速丰办	林业产业（相关栏目）
24	科技中心	林业科技、新品种保护	科学研究
25	经研中心	经研中心	林业分析
26	人才中心	绿色人才、教育培训	人事管理（职称评定）
27	湿地办	湿地中国	湿地生态系统（重要湿地、湿地保护、湿地知识）
28	亚太中心	亚太网络	森林生态系统（相关栏目）
29	林科院	林科院、林业信息	世界林业、国际合作
30	规划院	规划院	
31	设计院	设计院	
32	林干院	林干院、教育培训	
33	报　社	绿色时报	最新资讯、图片信息
34	出版社	林业出版	图书期刊
35	竹藤中心	竹藤中心	林业产业（竹藤产业）
36	林学会	林学会	国际合作、世界林业、图书期刊
37	中动协	中动协、专题：全国爱鸟周	
38	花　协	花卉协会	林业产业（花卉产业）
39	中绿基	绿化基金、生态中国	
40	中产协	林业产业	林业产业（相关栏目）
41	各专员办	森林资源	资源管理、林地林权、森林采伐、木材经营
42	森防总站	森防总站、森防信息、森林医院	应急管理（有害生物入侵）
43	东航中心	东航中心	森林生态系统（公安防火）
44	西航总站	西南航站	森林生态系统（公安防火）
45	南京公专	南京警校	
46	华东院	华东院	
47	中南院	中南院	
48	西北院	西北院	
49	昆明院	昆明院	
50	各地林业单位	本单位网站	地方动态

注：最新资讯、司局动态、在线服务、互动交流等综合栏目或专题由各司局、各单位共同维护。

附件 2

国家林业局办公网管理办法

第一章　总　则

第一条　为加强国家林业局办公网(以下简称为办公网)的规范管理，根据国家有关法律法规及规定，制定本办法。

第二条　本办法适用于国家林业局各司局、各直属单位，各省级林业主管部门、各森工集团、新疆生产建设兵团林业主管部门、各计划单列市林业主管部门(以下简称地方各单位)。

第三条　国家林业局信息化管理办公室(信息中心)是办公网的主管部门，负责办公网项目建设的立项审核、建设规划和日常维护等工作。

第四条　办公网域名为“http：// www. sfa. gov. cn”，是国家林业局统一的办公平台和各应用系统的统一入口。办公网管理遵循“谁发布、谁负责，谁承诺、谁办理”的原则。

第五条　国家林业局京外直属单位和地方各单位可通过全国林业专网访问办公网。

第二章　管理职责

第六条　国家林业局信息办负责信息资源整合和更新维护协调工作，统筹考虑办公网门户、各应用系统建设需求，保障办公网信息全面、准确、及时、实用。

第七条　各司局、各单位负责向办公网提交机关文件、信息，并维护好各自专区。

第八条　新建办公网应用系统，必须在国家林业局信息办的统一协调下，统一规划，统一平台，统一标准，填写《国家林业局办公网应用系统注册申请表》(见附表 1)，经国家林业局信息办审批并组织实施。

第三章　内容保障

第九条　国家林业局信息办负责办公网内容保障协调和更新维护的督促、检查工作。各司局、各直属单位按照《国家林业局办公网相关栏目内容保障职责分工》(见附表 2)，负责办公网办公平台、信息平台、学习平台、生活平台相关栏目的内容保障，允许在办公网上发布公开范围属于内部公开的信息，确保信息更新或发布内容的及时性、准确性和权威性。涉及国家秘密、工作秘密和商业秘密的文件、信息不得上网。

第十条　各司局、各直属单位应当建立健全信息采集、审核和发布制度，做到分级管理，严格把关。明确 1 名司局级负责人分管办公网信息维护工作，指定 1 名处级负责人负责审核发布信息，指定 1 ~2 名工作人员负责日常信息维护工作。

第十一条　国家林业局信息办每年对各司局、各直属单位办公网信息维护工作组织 1 次考评，并定期通报各栏目维护情况，对成绩突出的单位和个人给予通报表扬。

第十二条　涉及国家林业局重要政策规章和统计数据等信息的发布工作，应当按发布程序报批。相关司局或直属单位可发布属于本单位业务范围内的一般信息。

第十三条 各应用系统的内容保障工作，由相关司局、单位按照本办法自行确定，并确保信息内容的准确与安全。

第四章 运行维护

第十四条 国家林业局信息办统一负责用户证书的签发与管理。各司局、各直属单位对证书申请(《国家林业局办公网数字身份证书申请表》见附表3)、更新、停用、撤销、补发及使用负有审批和监管职责，对用户身份的真实性负责，并为系统提供用户身份信息支持。各地各单位办公室负责本单位范围内用户证书的签发与管理。

第十五条 国家林业局信息办配备超级管理员、系统管理员和密钥管理员负责系统的运行与管理。

(一)超级管理员，须由3人共同承担，负责系统的初始化与系统管理员的设定。超级管理员进行系统关键操作时，要做权限分割。进行超级管理员与系统管理员变更、系统或口令更新等重要操作时，至少需2名超级管理员同时在场操作。

(二)系统管理员，负责办公网日常运行管理，包括用户系统管理员、OA系统管理员、应用系统管理员、网络管理员等。系统管理员定期检查系统状态，确保系统正常运行。

(三)密钥管理员，负责密钥及密钥管理系统的日常运行管理，不承担证书受理工作。密钥管理员定期对日常操作进行安全审计，并向国家林业局信息办及时报告有关情况；作废的敏感文档与介质要及时销毁。

第十六条 国家林业局信息办应当配备证书申请录入员、证书申请审核员、证书制证员和注册管理员，负责证书受理工作。证书申请录入员和证书申请审核员不能由同一人兼任，证书制证员和注册管理员负责注册应用系统并提供相关技术支持。

第十七条 各岗位工作人员应当严格遵守各自职责和操作流程，妥善保管用户信息，未经允许不得以任何形式泄露用户信息，不得违规操作，未经许可不得越权。

第十八条 办公网计算机设备应当专机专用，不得进行与本系统无关的操作；严禁在系统内所有服务器主机上设置信息共享，实时采取漏洞扫描、入侵防护、用户身份验证、存取权限控制、数据保护和网络安全监控管理等措施；业务终端必须安装防病毒工具，并进行实时监控，及时为计算机系统安装补丁。

第十九条 办公网重要的信息和数据应当实时备份；办公网系统运行应当设置24小时值班制度，由专人负责监控，出现异常情况时，应及时处理。系统软硬件升级应上报主管部门审批。

第五章 数字身份证书

第二十条 数字身份证书(以下简称密钥)，是国家林业局身份认证系统对持有者信息经数字签名的密钥文件，根据在职用户按需发放，凡持有密钥的工作人员可访问办公网。

经授权后方可进入相关应用系统。

第二十一条 密钥由国家林业局信息办指定专人统一制作，由申请者所在单位统一代领代发。

第二十二条 密钥介质管理实行“谁持有，谁负责”。领取密钥介质后，应当及时更改密钥介质保护口令，防止他人冒用。建议定期更改密钥介质保护口令。发现口令可能泄露，立即更改。

第二十三条 密钥使用完毕，持有者应当立即从计算机上取下并妥善保管，防止他人非法使用。未经批准不得将密钥转借他人使用。

第二十四条 密钥持有者如遇工作调整，应当及时填写《国家林业局办公网数字身份密钥撤销/停用、恢复、更新申请表》(见附表4)，经本单位审批后提交国家林业局信息办进行身份转换。密钥停用半年以上将自动失效，持有者应当按相关程序重新申请办理。

第二十五条 如密钥介质丢失或损坏，应当及时向国家林业局信息办申请撤销密钥，并按相关程序补发新密钥。

第六章 安全管理

第二十六条 办公网与中国林业网实行物理隔离，办公网不得联接国际互联网。

第二十七条 办公网计算机放置场所要符合防盗、防火要求。计算机数量多或信息化程度高的单位，应当安装防盗门窗和防盗报警装置，配备必要的防火器材。

第二十八条 办公网计算机要设置开机口令，每台计算机的使用和管理要落实到人。

第二十九条 办公网计算机原则上为台式机。确因特殊原因作为办公网计算机使用的笔记本电脑，不得擅自带离工作场所，防止信息被盗和泄露案件发生。

第三十条 办公网计算机与中国林业网计算机之间不得交叉使用优盘等移动存储介质。

第三十一条 办公网计算机维修应送到国家林业局信息办指定单位，并将硬盘拆除由专人保管。在确保办公网信息安全的前提下，可请厂家上门维修，并派人现场监修，登记维修时间、故障原因、维修单位和维修人员。对办公网计算机进行淘汰处理时，必须拆除内置硬盘送国家林业局保密办，并办理销毁手续。

第三十二条 办公网综合办公系统打印输出带有电子公章的正式公文，应按相应流程进行管理。

第三十三条 国家林业局信息办定期对办公网计算机及网络进行监督检查，有关单位和个人应积极配合检查。

第三十四条 用于联接办公网的电话号码、用户名、口令及联网方式、技术、网络系统等要严格保密。未经主管领导批准，不得向外提供办公网信息和资料。

第三十五条 国家林业局信息办(中心机房网络管理员)要检查各司局、各直属单位的办公网系统，及时发现并弥补漏洞。同时，实时检查网络内储存的信息，防止涉密文件和其他敏感信息进入网络。

第三十六条 一旦发生事故和案件，国家林业局中心机房网络管理员应当立即向国家林业局信息办报告，于第一时间处理，保护好现场并按有关规定向公安部门报案。

第三十七条 系统管理员要实时备份重要数据，防止因存储介质损坏造成数据丢失。备份介质可采用光盘、硬盘等方式，并妥善保管。

第三十八条 各司局、各直属单位办公网操作人员，要按照《国家林业局保密委员会关于组织开展保密承诺书签订工作的通知》(林密委发〔2009〕1 号)有关规定签署保密承诺书。调离原单位时，需办理有关材料、软件的移交手续，对需保密的内容仍负有保密义务。接替人员要重新设置用户名、密码。

第三十九条 各司局、各直属单位应当指定专人负责保管本单位账号密码、电子公章、加密设备等，防止被人盗用。

第七章 罚 则

第四十条 泄露用户信息，私自借出、盗用他人密钥或恶意使用密钥等原因造成安全事故的，视其情节轻重，予以通报批评或行政处分，违反国家法律法规或有关规定的，由有关部门依法追究其法律责任。

第四十一条 使用办公网设备进行与业务无关的操作或在密钥处理中出现失误的，视其情节轻重，对责任人和责任单位予以通报批评或行政处分。

第四十二条 通过网上恶意攻击身份认证系统造成系统不能正常工作或敏感信息泄露的，视其情节轻重，给予当事人行政处分，构成违法行为的，移送司法机关处理。

第四十三条 办公网联入中国林业网的，除追究当事人责任外，对其所在单位负责人通报批评。

第四十四条 丢失或人为损坏密钥，需重新补办，每补办 1 个由责任人补交成本费 500 元。

第八章 附 则

第四十五条 本办法由国家林业局信息办负责解释。

第四十六条 本办法自印发之日起实施。

附表1

国家林业局办公网应用系统注册申请表

1. 应用系统资料

系统名称	
主管单位	

2. 申请人资料

单位名称			
所属部门			
姓　　名		联系电话	
通信地址			
邮政编码		电子邮箱	
授权代表(签章): 年　月　日		申请单位(签章): 年　月　日	

3. 受理

审批人	注册人
签名(盖章): 年　月　日	签名(盖章): 年　月　日

附表 2

国家林业局办公网相关栏目内容保障职责分工

平台	一级栏目	二级栏目	维护部门
办公平台	内部通知		各司局、各直属单位信息员
	公告公示		各司局、各直属单位信息员
	信息检索	站内搜索、公文查询	信息办 OA 系统管理员
	待办事宜	综合办公	信息办 OA 系统管理员
	最新收文		信息办 OA 系统管理员
	最新发文		
	个性化服务		各司局、各直属单位信息员
	应用系统	综合办公系统、在线审批系统、即时通信系统、空间信息展示系统、办公网门户管理系统、统一用户管理系统、濒管办行政审批系统、林业行政案件统计系统、产业数据库系统、古树名木管理系统、森林资源管理系统、生物多样性系统、重点公益林管理系统、森林防火管理系统、造林动态统计系统、荒漠化管理系统、林业专家系统、树木百科系统、共享信息查询系统、湿地工程项目管理系统、信息资源目录系统、电子公文传输系统、电子档案管理系统等	相关司局或单位
	个人专区	电子信箱	信息办
		个人文档	信息办
信息平台	领导讲话	贾治邦、祝列克、张建龙、印红、孙扎根、陈述贤、张永利	局领导秘书
	内部要闻	领导活动、领导论述	局领导秘书
		局动态：重大活动，主体业务，重要文件，工作动态，植被长势，干湿状况	各司局、各直属单位信息员
	林业标准		科技司
	内部文件	中央文件、局发文、局办发文、司局文件、工作制度、地方文件	办公室、信息办
	内部简报	林业情况通报、林业要情、值班快报、专报信息、督查专报、今日网情、林业信息化	办公室、信息办
	共享数据		共享系统提供单位
	内部会议	会议材料、会议纪要、会议精神	各司局、各直属单位信息员
	内部材料	调研报告、内参报告、网络民意动态、工作总结、工作计划、工作方案、其他资料	各司局、各直属单位信息员
	人事管理	任免公告、职称评定、竞争上岗、其他	人事司
	统计分析		共享系统提供单位
	林业信息化	政策指导、工作动态、项目建设、技术前沿	信息办
	专题信息	森林资源清查、科学发展观、林权制度改革、油茶产业	相关司局或单位信息员

（续）

平台	一级栏目	二级栏目	维护部门
	网络电视	资讯频道、在线访谈、地方风采、专题频道、生态文化、远程教育、绿色时空、林改频道、央视锦集、人与自然、动物世界、百家讲坛、英语园地、影视娱乐	局规划院声像中心
	内部联络		信息办系统管理员
学习平台	政治理论	党建专栏、解放思想、科学发展观、文史新论、史海回眸	机关党委
	业务学习	营造林、森林资源、资源保护、林业产业	造林司、资源司、保护司、行管办、中产协、计财司等
	经验交流	经验分享、交流材料	各司局、各直属单位信息员
	礼仪风范	中国礼仪、外国礼仪、个人礼仪、商务礼仪、职场礼仪	各司局、各直属单位信息员
	电子大讲堂	国研视点、区域发展、金融观察、农林信息、宏观经济、精品推荐	信息办系统管理员
	电子阅览室	新闻时政、政治理论、党史理论、林业类、文学类、财经类、信息化、综合类、其他	信息办系统管理员
	电子图书馆	哲学、宗教、政治、法律、社会科学总论、经济、语言、文字、文学、历史、地理、生物科学、综合性图书、工业技术、农业科学	信息办系统管理员
	英语天地	英语阅读、英语讲演稿、英语幽默	各司局、各直属单位信息员
	中华诗词	唐诗、唐诗三百首、宋词三百首、元曲三百首、千家诗	信息办系统管理员
	电子政务	基础知识、最新知识、政策信息、技术培训	信息办
	综合知识	古代文学、历史地理、艺术知识、社会文化、哲学宗教	信息办系统管理员
	学习园地		各司局、各直属单位信息员
生活平台	时尚生活	美食天地、服饰风尚、我爱我家、旅游风情、营养保健	各司局、各直属单位信息员
	生活窍门	居家、购物、旅游、其他	各司局、各直属单位信息员
	生活情趣	修身养性、陶冶情操、趣味生活、生活风气	各司局、各直属单位信息员
	文体活动	综合信息、乒乓球协会、羽毛球协会、足球协会、摄影协会、书画协会、舞蹈协会、游泳协会	机关工会
	理财之道		各司局、各直属单位信息员
	数字电影院	最新电影，革命影片，经典电影，美国大片	规划院声像中心
	数字电视剧	纪实片，历史剧，战争剧，古装剧场	规划院声像中心
	数字音乐厅	红歌会、流行音乐、经典音乐、古典音乐	规划院声像中心
	安全提示	饮食安全、交通安全、家用电器、其他安全	各司局、各直属单位信息员
	气象服务	今日天气、气象预报、历史气象	信息办

（续）

平台	一级栏目	二级栏目	维护部门
	我爱收藏	邮票、陶瓷、玉器、书法、绘画、其他	各司局、各直属单位信息员
	用餐信息		服务局
交流平台	林业论坛	生态文明、生态建设、林业产业、生态文化、林业改革、个人观点、综合	信息办系统管理员
	下载专区	安全软件、办公软件、系统软件、其他软件、表格下载	信息办
	司局专区	各司局、各直属单位	各司局、各直属单位信息员

附表3

国家林业局办公网数字身份证书申请表

1. 申请人资料(带＊为选填项)

单位名称					
所属部门					
姓　　名		性 别		联系电话	
＊通信地址					
＊邮政编码		＊电子邮箱			
申请人(签章)：				申请日期：　年　月　日	

2. 单位意见

单位领导/部门
证书有效期：□短期　□长期　(在框中划√) 签名(盖章)：　年　月　日

3. 受理

审批人	录入人	审核人	制证人
签名(盖章)： 年　月　日	签名(盖章)： 年　月　日	签名(盖章)： 年　月　日	签名(盖章)： 年　月　日

附表4

国家林业局办公网
数字身份证书撤销/停用、恢复、更新申请表

1. 申请人资料

<table>
<tr><td>申请类别</td><td colspan="5">□证书停用 □ 证书撤销 □ 证书恢复 □证书更新</td></tr>
<tr><td>单位名称</td><td colspan="5"></td></tr>
<tr><td>所属部门</td><td colspan="5"></td></tr>
<tr><td>姓　　名</td><td></td><td>标识号</td><td></td><td>联系电话</td><td></td></tr>
<tr><td>通信地址</td><td colspan="5"></td></tr>
<tr><td>邮政编码</td><td colspan="3"></td><td>电子邮箱</td><td></td></tr>
<tr><td>申请理由</td><td colspan="5"></td></tr>
<tr><td>更新项目</td><td colspan="5"></td></tr>
<tr><td colspan="6">申请人(签章):　　　　申请日期:　　年　　月　　日</td></tr>
</table>

2. 单位意见

<table>
<tr><td>单位领导/部门</td></tr>
<tr><td>签名(盖章):　　　　年　　月　　日</td></tr>
</table>

3. 受理

审批人	录入人	审核人	制证人
签名: 年　月　日	签名: 年　月　日	签名: 年　月　日	签名: 年　月　日

附件 3

全国林业专网管理办法

第一章　总　则

第一条　为加强全国林业专网（以下简称专网）的规范管理，保证网络系统正常、高效、安全运行，根据国家有关法律法规及规定，制定本办法。

第二条　本办法适用于国家林业局各司局、各直属单位，各省级林业主管部门、各森工集团、新疆生产建设兵团林业主管部门、各计划单列市林业主管部门等专网接入单位（以下简称各节点单位）。

第三条　国家林业局信息办（信息中心）是专网主管部门，负责专网建设的立项审核、内容建设和组织协调等工作。

第四条　专网与互联网实行物理隔离。

第二章　网络管理

第五条　国家林业局信息办负责专网运行维护和日常管理，主要工作包括：及时解决网络故障，保证网络畅通；做好数据备份工作，保障数据安全；提供网络安全服务，建立应急处置机制；承担国家林业局各司局、各直属单位专网计算机的维护管理工作；负责其他业务系统接入专网的技术审查等。

第六条　各节点单位接入专网的运行维护管理，要在国家林业局信息办的统一指导下，由各单位自行负责。

第七条　国家林业局专网中心机房和各节点单位机房建设应当符合国家有关技术标准，采取有效措施，为专网设备安全运行提供必要环境。

第八条　各节点单位应当指定专人负责机房日常运行、设备保管和故障报告，发现问题及时报告国家林业局信息办。

第九条　各节点单位有责任和义务保护专网线路和设备，发现网络线路故障应当立即采取有效措施，恢复线路畅通，保障网络正常运行。

第三章　电子公文传输系统

第十条　电子公文传输系统是部署在专网上用于国家林业局办公网与各节点单位之间传输电子文件的专用系统，每单位通过 20 个节点与国家林业局内网连通。

第十一条　各节点单位办公室按照系统命名规范，确定本单位公文发送、接收专门用户，并报国家林业局信息办备案。

第十二条　传输电子公文应当使用国家林业局信息办统一提供的密码设备及公文发送、接收管理系统、彩色激光打印机等设备和软件。

第十三条　电子公文传输系统所有密钥、IC 卡等密码设备应当按照中央办公厅机要局有关要求实施管理。

国家林业局信息办统一制发“公章密钥库盘”、“系统管理卡”、“公章卡”和“用户卡”，这是系统重要的保密部件，必须指定专人管理，规范使用，确保安全。

电子公文传输系统密码设备及密钥应当定期更换、备案。

第十四条 通过电子公文传输系统将国家林业局办公网生成的电子文件发送至各节点单位，各节点单位也可通过该系统向国家林业局办公室或相关司局、直属单位报送相关电子文件。

第十五条 电子公文发送后，发送单位应当在24小时内对所发公文的接收情况进行核实；对接收单位退回的电子公文应当及时签收，发现问题应当及时与接收单位联系解决。

第十六条 接收电子公文的各节点单位应当对公文的发送单位、公文的完整性和体例格式等审核无误后方可接收。对紧急公文应当及时签收办理。对不能正常接收的电子公文，接受单位应当及时与发送单位联系解决。

第十七条 电子公文应当存放在指定的服务器，明确专人严格管理，未经文书处理部门同意，不得修改、删除和打印。

第十八条 电子公文归档执行国家档案管理部门有关规定。

第四章 全国林业视频会议系统

第十九条 全国林业视频会议系统(以下简称视频会议系统)是基于专网平台、连通国家林业局与各节点单位的会议系统。

第二十条 国家林业局信息办统一负责视频会议系统的管理，各节点单位办公室负责辖区内视频会议系统的日常管理。

第二十一条 视频会议系统平台由国家林业局信息办统一配置和管理，各节点单位的信息管理部门协助维护。

第二十二条 各节点单位要明确视频会议系统管理人员，并报国家林业局信息办备案。系统管理人员实行AB制，并保持相对稳定，确保视频会议系统连续、稳定、安全运行。

第二十三条 各节点单位办公室会同本单位相关部门(信息办或信息中心)技术人员定期检查视频会议系统的网络状况及视频终端运行状况，发现问题及时解决，或与国家林业局信息办协同解决。

第二十四条 视频会议系统终端在操作过程中如遇异常情况，操作人员应当及时与国家林业局信息办取得联系，发现问题，及时解决。

第二十五条 各节点单位视频终端设备必须专配专用，不得挪作他用；禁止他人随意开启或挪动设备；禁止私自更改视频设备设置；禁止私自拆机和连接线路，如有特殊情况须经专业人员同意，并在专业人员指导下进行操作。

第二十六条 利用视频会议系统可以举办以下会议：

全国性大会。由国家林业局主持召开，各省级林业主管部门、各森工集团、新疆生产建设兵团林业主管部门、各计划单列市林业主管部门及国家林业局各司局、各直属单位参加的会议。

区域性会议。由专网内2个以上单位参加的视频会议，可由国家林业局主办，也可由专网内的任何单位主办。

1+1会议。专网内的任何两个单位之间的会议。

第二十七条 申办会议可按以下流程进行：主办单位填写《国家林业局视频会议申请表》(附表1)报国家林业局信息办审批，经批准，于会前3天与国家林业局视频会议管理人员取得联系，由其提前组织系统调试，各参会单位视频系统管理人员要在同一时间参与调试工作。主办单位和各参会单位分别负责布置主会场和各单位分会场。

第二十八条 任何单位与个人不得擅自更改机器设备的设置参数。

第二十九条 各节点单位如需增添或更换视频会议系统设备，应当填写《国家林业局视频会议系统设备增加申请表》(附表2)、《国家林业局视频会议系统设备更换申请表》(附表3)报国家林业局信息办审批，经批准后按要求进行设备采购。

第三十条 国家林业局信息办对各节点单位视频会议系统的运行和使用情况进行监督、检查。各节点单位负责对辖区内的视频会议系统运行和使用情况进行监督、检查。

第五章 新增业务系统

第三十一条 需在国家林业局内网运行的业务应用系统，经国家林业局信息办审核批准后方可接入专网。

第三十二条 各节点单位业务应用系统由相关业务部门遵循公用平台建设相关标准和规范组织管理。

第六章 运行维护

第三十三条 专网实行全网统一网管，网管中心设在国家林业局信息办。网管中心对全网设备与线路状况进行监控、网络设备配置实施与调整。各节点单位在维护网络设备时，应当主动接受网管中心的指导，不得擅自更改专网设备的配置。

第三十四条 为保障专网全天候不间断运行，各节点单位应当建立值班制度，由专人负责专网设备的运行，确保专网设备正常运行。

第三十五条 各节点单位应当建立专网设备档案和运行工作日志。运行工作日志应当定期向国家林业局信息办报告。

第三十六条 各节点单位必须做到：

（一）24小时开机运行，不得随意关机或退出专网系统。

（二）认真记录专网设备运行工作日志，填写设备运行档案。

（三）及时处理各类告警和故障。

（四）按时交纳电信资费。

第七章 安全保密管理

第三十七条 接入专网的所有终端设备，不得与国际互联网或其他公共信息网络相连接。

第三十八条 凡要求接入专网的单位，应当向国家林业局信息办提出书面申请，经审批同意方可接入。

第三十九条 国家林业局信息办对专网实行统一监控和安全管理，各节点单位必须严格遵守专网安全策略，有责任和义务协助做好专网安全工作。

第四十条 各节点单位应当建立本单位安全保密管理制度，制定安全保密防范措施，并以书面形式报国家林业局信息办备案。

第四十一条 各节点单位应当严格执行安全保密制度，不得利用专网从事危害国家利益、泄露国家秘密等违法犯罪活动。

第八章 罚 则

第四十二条 对违反本办法的行为，国家林业局将给予相关单位通报批评。造成失泄密的，将依据国家有关法律法规和有关规定追究领导和相关人员的责任。

第九章 附 则

第四十三条 本办法由国家林业局信息办负责解释。

第四十四条 本办法自印发之日起实施，《国家林业局全国林业视频会议系统及网络管理办法》、《国家林业局林业综合办公电子传输系统管理办法》同时废止。

附表1

国家林业局视频会议申请表

<table>
<tr><td>会议名称</td><td colspan="3"></td></tr>
<tr><td>主办单位</td><td colspan="3"></td></tr>
<tr><td>会议日期</td><td></td><td>会议时间</td><td></td></tr>
<tr><td>主 会 场</td><td></td><td>主　　持</td><td></td></tr>
<tr><td>参会单位</td><td colspan="3"></td></tr>
<tr><td colspan="4">国家林业局审批意见：</td></tr>
<tr><td>联系人</td><td></td><td>联系电话</td><td></td></tr>
</table>

附表 2

国家林业局视频会议系统设备增加申请表

单　位			
联系人		联系电话	
用　途			
设备类型		型　号	
数　量		申请日期	
设备 MAC 地址	IP 地址	交换机端口	交换机地址
国家林业局审批意见：			

附表 3

国家林业局视频会议系统设备更换申请表

单　位				
联系人		联系电话		
原设备类型		型　号		
数　量		申请日期		
原设备	MAC 地址	IP 地址	交换机端口	交换机 IP 地址
新设备				
国家林业局审批意见：				

附件 4

国家林业局中心机房管理办法

第一章　总 则

第一条　为加强国家林业局中心机房(以下简称中心机房)管理，保证网络的安全运行，根据国家有关法律法规及规定，制定本办法。

第二条　中心机房是中国林业网、国家林业局办公网和全国林业专网的核心枢纽，安装和运行着服务器、网络设备和各种应用系统，中心机房管理应当严格遵守国家计算机网络有关法律法规和管理制度。

第二章　机房建设

第三条　中心机房建设项目的立项、申报、建设、验收等工作应严格执行国家基本建设程序有关规定，由国家林业局信息化管理办公室(信息中心)统一组织实施和管理。

第四条　中心机房建设与改造项目的确定应符合《全国林业信息化建设纲要》和《全国林业信息化建设技术指南》要求，并基于林业信息化统一平台上建设。

第三章　机房管理

第五条　外单位工作人员未经批准，不得进入中心机房。

第六条　严禁携带易燃易爆等危险品进入中心机房。机房内严禁吸烟，严禁带入各类液体和使用带强磁场、微波辐射等设备及与机房工作无关的电器。

第七条　严禁在中心机房乱接电源线或超负荷用电，不得使用电热器具及与系统网络无关的设备。

第八条　进入主机房前必须换拖鞋或穿鞋套，不得随地乱丢杂物，不得大声喧哗。

第九条　外单位相关管理技术人员进入中心机房，需要向技术值班人员提出申请并征得同意后方可进入，技术值班人员须做好工作内容记录。离开机房时，应当通知技术值班人员。

第十条　外单位人员进入中心机房时不得私自携带存储设备(小硬盘、U 盘、光盘、软盘等)。

第十一条　需请外单位技术人员进入中心机房进行软件安装或维护时，需事先向国家林业局信息办提出申请，说明需带入的设备、安装的软件及需操作的机器、工作时间、陪同人员等。整个操作过程应当有国家林业局信息办工作人员全程陪同，并检查其申请内容的完成情况。外单位技术人员不得进行与申请内容无关的事情，严禁擅自使用与系统无关的软件。

第十二条　未经国家林业局信息办负责人同意，不得带领外单位人员到中心机房参观、拍照、录像。

第四章 设备管理

第十三条 中心机房管理人员有权对任何危害机房及其设备安全的行为进行制止和处理。

第十四条 机房内的设备、工具、资料（光盘、软盘、参考书、说明书等）未经国家林业局信息办负责人批准，不得私自带出机房。

第十五条 各类设备出入机房都必须填写书面申请，经主管领导同意，在相关人员监督下进行并做好登记，同时必须保证相应设备的安全和运行正常。

第十六条 设备的进出登记应由专人归档、保存。

第五章 安全管理

第十七条 中心机房技术值班人员应当按照值班工作制度对中心机房进行检查与管理。

第十八条 主机房实行分区管理，主要分内网区、外网区、政务外网区等，工作人员不得随意出入与自己无关的区域。

第十九条 要确保经主管领导核准的门禁卡持有人及其权限的正确性，认真做好门禁卡的实物管理，对门禁卡的发放、回收进行登记。

第二十条 机房监控系统为24小时实时监控，严禁擅自关闭监控系统和录像功能。严禁在未经允许的情况下，改动监控位置和系统设置。如发生异常情况应立即上报相关部门。

第二十一条 中心机房工作人员离开机房时，应当巡视机房电源，除规定需连续工作的设备外，应当切断其他设备和照明电源，并关闭门窗，做好安全防范工作。

第二十二条 发生火灾、失窃及其他事故时，中心机房工作人员须立即报告有关领导及有关部门并迅速采取妥善措施，注意保护现场。

第二十三条 服务器、网络设备、用户资料、系统资料、相关操作程序和密码实行专人管理，同时承担保密责任。

第二十四条 管理人员必须加强关键设备（核心路由器、交换机、防火墙、服务器等，下同）操作入口的安全保密工作，定期更改管理员口令，以确保安全。

第二十五条 技术值班人员按值班管理制度对网络的运行进行监控、检查、记录以及相关的工作，确保网络、系统及信息安全。严防计算机病毒破坏网络及信息系统。

第二十六条 中心机房内关键设备的数据应当定期备份，做好备份日志，并妥善保管备份介质。

第六章 机房管理员职责

第二十七条 中心机房管理员或技术值班人员应当定期对机房内设备及线路进行检查和维护。经常检查监控系统、供电电压、机房用电电流、UPS电流、停电应急灯、空调温度、加湿器等设备的工作状态，以及房屋门窗窗帘等重点部位的安全状态，认真填写工作日志。如发现异常情况，应当立即报告有关领导，并迅速采取措施妥善解决或协同有关技术人员解决。

第二十八条 中心机房工作人员必须熟练掌握防停电、防火、防盗、防静电、防雷击等基本应急程序。

（一）遇外部供电网停电，应当首先向有关部门了解停电时间，然后根据 UPS 电池组的逆变能量合理分配机房用电负荷，确保核心设备的正常运行。恢复供电后，应当及时开启机房空调，保持机房适合的温度和湿度。

（二）中心机房所有工作人员应当熟练掌握消防设备的使用方法。一旦发现火情隐患，应当立即采取措施加以消除。如遇火情，应当及时扑救，并立即上报。

（三）如发现中心机房设备被盗，应当立即报告主管领导和保卫部门，并保护好现场，积极配合现场取证与案件侦破。

（四）保证中心机房防静电地板和接地地线的良好状态，每年雷雨季节到来之前都要对其进行仔细检查。如遇雷击，应当立即关闭总电源，以免对机房设备造成更大危害。

（五）中心机房内部要保持恒温恒湿，确保温度在20℃ ±5℃，相对湿度45% ~65%，避免因过分干燥产生静电而造成网络设备的意外损坏。

第二十九条 保持中心机房（包括供电房）及其设备的清洁卫生。除定期对中心机房内外环境进行整理外，还应当经常对设备电源的通风口、散热风扇等部位进行除尘。

第三十条 中心机房管理人员在办理调离手续时，必须交回所有账户、密码、机房钥匙、门禁卡及有关文档后，方可办理其他手续。

第七章 罚 则

第三十一条 对违反本办法的行为，国家林业局将给予相关单位和人员通报批评。造成失泄密或重大事故的，将依据国家有关法律法规和有关规定追究领导和相关人员的责任。

第八章 附 则

第三十二条 本办法由国家林业局信息办负责解释。

第三十三条 本办法自印发之日起实施。

附件5

国家林业局网络信息安全应急处置预案

第一章　总　则

第一条　为加强国家林业局网络与信息系统的安全，确保其设备安全、运行安全和数据安全，根据国家有关法律法规及规定，制定本办法。

第二条　工作原则

（一）统一领导，协同配合。网络与信息安全突发事件应急工作由国家林业局信息办（信息中心）统一协调，相关单位按照“统一领导、归口负责、综合协调、各司其职”的原则协同配合，具体实施。

（二）明确责任，依法规范。各单位按照“属地管理、分级响应、及时发现、及时报告、及时处置、及时控制”的要求，依法对信息安全突发事件进行防范、监测、预警、报告、响应、协调和控制。按照“谁主管、谁负责，谁运营、谁负责”的原则，实行责任分工制和责任追究制。

（三）条块结合，整合资源。充分利用现有信息安全应急支援服务设施，充分依靠网络与信息安全工作力量，进一步完善应急响应服务体系，形成网络与信息安全保障工作合力。

（四）防范为主，加强监控。普及信息安全防范知识，牢固树立“预防为主、常抓不懈”的意识，经常性地做好应对信息安全突发事件的思想准备、预案准备、机制准备和工作准备，提高公共防范意识以及基础网络和重要信息系统的信息安全综合保障水平。加强对信息安全隐患的日常监测，发现和防范重大信息安全突发事件，及时采取有效的可控措施，迅速控制事件影响范围，力争将损失降到最低程度。

第三条　计算机网络与信息系统遭受不可预知的外力破坏、毁损或故障，造成系统中断、设备损坏、数据丢失等，对工作造成严重危害的网络与信息安全事件，适用本预案。

第四条　聘请专业机构或专家，成立网络与信息安全专家组，负责提供网络与信息安全技术咨询，参与重要信息研判，参与事件调查和总结评估，并在必要时直接参与网络与信息安全事件应急处置。

第二章　事件分级

第五条　Ⅰ级（一般）事件：中心机房计算机网络与信息系统受到一定程度的损坏，但不影响中心机房业务正常进行的事件。

第六条　Ⅱ级（较大）事件：中心机房某一区域网络与信息系统受破坏、毁损，对中心机房业务造成较大影响的事件。

第七条　Ⅲ级（重大）事件：中心机房计算机网络与信息系统遭受大规模破坏、毁损，系统出现严重故障，中心机房业务无法进行的事件。

第三章　预防预警

第八条　网络信息监测。坚持预防为主的方针，加强网络与信息安全监测，及时收集、分析、研判监测信息，发现网络与信息安全事件倾向或苗头，迅速采取有效措施加以防范，及早消除安全隐患。

第九条　预警处理与发布。

（一）发现可能发生网络与信息安全事件的单位要及时发出预警，并在2小时内向国家林业局信息办报告。

（二）国家林业局信息办接到报警后应当迅速组织有关人员进行技术分析，根据问题性质和危害程度，提出安全警报级别及处置意见，及时向各部门和相关单位发布预警信息。

（三）国家林业局信息办发布预警信息后，应当根据紧急情况做好相应的网络与信息安全应急处置准备工作。

第十条　事件报告。当发生网络与信息安全事件时，事发单位要及时向国家林业局信息办报告。初次报告最迟不超过2小时，报告内容包括信息来源、影响范围、事件性质、事件趋势和拟采取的措施等。

第四章　应急响应

第十一条　应急处置。当发生网络与信息安全事件时，首先应当区分事件性质为自然灾害事件或人为破坏事件，根据两种情况分别采用不同处置流程。

流程一：当事件为自然灾害事件时，应当根据实际情况，在保障人身安全的前提下，首先保障数据安全，然后保障设备安全。具体方法有：数据保存，设备断电与拆卸、搬迁等。

流程二：当事件为人为或病毒破坏事件时，首先判断破坏来源与性质，如属网络入侵或病毒破坏，应断开影响安全的网络设备，断开与破坏来源的网络连接，跟踪并锁定破坏来源IP地址或其他用户信息，修复被破坏的信息，恢复信息系统；如遇人为暴力破坏，立即制止并报警。

第十二条　具体处置方法。

（一）有害信息处置。确定专人全时监控网站、网页及邮件信息，对有害信息采取屏蔽、删除等措施；清理有害信息，并做好相关记录；采取技术手段追查有害信息来源；发现涉及国家安全、稳定的重大有害信息，及时向公安部门网络监察机构报告。

（二）黑客攻击处置。当发现网页内容被篡改或通过入侵检测系统发现黑客攻击时，首先将被攻击服务器等设备从网络中隔离；采取技术手段追查非法攻击来源；召开信息安全评估会，评估破坏程度；恢复或重建被破坏的系统。

（三）病毒侵入处置。当发现计算机服务器系统感染病毒后，立即将该计算机从网络上物理隔离，同时备份硬盘数据；启用防病毒软件进行杀毒处理，并使用病毒检测软件对其他计算机服务器进行病毒扫描和清除；一时无法查杀的新病毒，迅速与相关防病毒软件供应商联系解决。

（四）软件遭受破坏性攻击处置。重要软件系统必须存有备份，与软件系统相对应的数据必须有多日备份，并将它们保存于安全处；一旦软件遭受破坏性攻击，应当立即报告，并将系统停止运行；检查日志等资料，确认攻击来源；采取有效措施，恢复软件系统和数据。

（五）数据库安全防范处置。各数据库系统至少要准备两个以上数据库备份，一份放在机房，一份放在其他地点；一旦数据库崩溃，立即通知有关单位暂缓上传、上报数据；组织对主机系统进行维修，如遇无法解决的问题，立即请求软硬件供应商协助解决；系统修复启动后，将第一个数据库备份取出，按照要求将其恢复到主机系统中；如因第一个备份损坏，导致数据库无法恢复，则取出第二个数据库备份予以恢复。

（六）全国林业专网外部线路中断处置。专网线路中断后，应当迅速判断故障节点，查明故障原因；如属中心机房内部线路故障，立即组织恢复；如属通信部门管辖的线路，立即与通信维护部门联系，及时进行修复。

（七）局域网中断处置。局域网中断后，应当立即判断故障节点，查明故障原因；如属线路故障，迅速组织修复；如属路由器、交换机等网络设备故障，立即与设备供应商联系修复；如属路由器、交换机配置文件破坏，迅速按照要求重新配置；如遇无法解决的技术问题，立即向国家林业局信息办主管负责人或有关厂商请求支援。

（八）设备安全处置。发现服务器等关键设备损坏，应当立即查明设备故障原因；能自行恢复的，立即用备件替换受损部件；难以自行恢复的，立即与设备供应商联系，请求派维修人员前来维修；如设备一时不能修复，应当及时采取必要措施，并告知有关单位暂缓上传、上报数据。

（九）机房火灾处置。一旦机房发生火灾，首先切断所有电源，按响火警警报；检查自动气体灭火系统是否启动，并及时通过119电话向公安消防部门请求支援。

（十）外电中断处置。外电中断后，立即切换到备用电源；迅速查明断电原因，如因内部线路故障，马上组织恢复；如因供电部门原因，立即与供电单位联系，尽快恢复供电；如被告知将长时间停电，应当做好以下工作：预计停电1小时以内，由UPS供电；预计停电6小时以内，关掉非关键设备，确保各主机、路由器、交换机供电；预计停电超过6小时的，做好数据备份工作，及时关闭有关设备。

其他没有列出的不确定因素造成的灾害，可根据总的安全原则，结合具体情况做出相应处理；不能处理的可咨询相关专业人员。

第十三条 应急支援。发生Ⅱ级以上（含Ⅱ级）网络与信息安全事件，应当立即成立由国家林业局信息办主要负责人带队的应急处置小组，督促、指导、协调应急处置工作；发生Ⅱ级以下级别网络与信息安全事件，应当立即成立由国家林业局信息办分管负责人带队的应急处置小组，督促、指导、协调应急处置工作。应急处置小组根据事态发展和处置工作需要，及时联系专家小组和应急支援单位，并有权临时调动系统内必要的物资、设备，开展应急支援。

第十四条 善后处理。应急处置工作结束后，要迅速组织抢修受损设施，减少损失，尽快恢复正常工作；对事件造成的损失和影响进行分析评估；调查事故原因，制定恢复重建计划并组织实施。

第五章 保障措施

第十五条 应急队伍保障。国家林业局信息办要组建网络与信息安全应急处置队伍（包括安全分析员、应急响应人员、灾难恢复人员等），制定相应培训和演练计划，提高应对网络与信息安全事件的能力。

第十六条 设备保障。根据工作需要，及时采购应急处置工作必需的设备或工具软件；加强应急处置工具及设备维护调试，保证其随时处于可用状态；跟踪最新技术发展动态，及时收集、整理文件完整性检测工具、木马/后门检测工具等；及时更新病毒库、脆弱性评估系统插件库等。

第十七条 数据保障。重要信息系统应当建立备份系统和相关工作机制，保证重要数据受到破坏后可紧急恢复。各容灾备份系统应当具有一定兼容性，在特殊情况下各系统之间互为备份。

第十八条 技术资料保障。全面的技术资料是高效应急处置的前提和基础。网络拓扑结构、重要系统或设备的型号及配置、主要设备厂商信息等技术资料，应当建立专门技术档案，并及时更新，保证与实际系统相一致。

第六章 罚 则

第十九条 对违反本办法的行为，国家林业局将给予相关单位或人员通报批评。造成失泄密或重大事故的，将依据国家有关法律法规和有关规定追究有关领导和人员的责任。

第七章 附 则

第二十条 本预案由国家林业局信息办负责解释。

第二十一条 本预案自印发之日起实施。

国家林业局关于印发《全国林业信息化工作管理办法》的通知

林办发〔2010〕187 号

各省、自治区、直辖市林业厅(局)，内蒙古、吉林、龙江、大兴安岭森工(林业)集团公司，新疆生产建设兵团林业局，各计划单列市林业局，国家林业局各司局、各直属单位：

现将《全国林业信息化工作管理办法》印发给你们，请结合工作实际认真贯彻执行。

附件：全国林业信息化工作管理办法

国家林业局
二〇一〇年七月九日

附件

全国林业信息化工作管理办法

第一条 为进一步规范全国林业信息化工作，确保林业信息化工作健康有序协调发展，为现代林业科学发展提供强力支撑，依据有关法律法规及规定，结合林业工作实际，制定本办法。

第二条 全国林业信息化工作遵循统一领导、分级管理，统筹规划、分步实施，统一标准、资源共享，互联互通、安全可靠的管理原则。

第三条 全国林业信息化工作领导小组，是全国林业信息化工作的领导决策机构，负责决策部署全国林业信息化工作的发展战略、重大举措。

第四条 国家林业局信息化与电子政务工作领导小组，是国家林业局信息化工作的领导决策机构，负责确定国家林业局信息化工作的发展战略和重大举措。

第五条 全国林业信息化工作领导小组办公室和国家林业局信息化与电子政务工作领导小组办公室为领导小组日常办事机构，设在国家林业局信息化管理办公室（信息中心，以下简称国家林业局信息办），负责组织、协调、管理、指导、监督、实施全国林业信息化工作，承办领导小组日常工作及领导小组交办的其他工作。

各省级林业主管部门负责综合协调、指导监督并具体实施本地林业信息化工作。

第六条 国家林业局信息办根据国家信息化发展方针、政策、规划和现代林业发展要求，组织编制全国林业信息化建设发展规划，并按照国家林业局规定进行论证和审批。

各省级林业主管部门组织编制本地林业信息化建设发展规划，并报国家林业局备案。

第七条 国家林业局各司局、各直属单位组织编制的其他行业性发展规划、计划，如涉及林业信息化建设内容，应当事先送国家林业局信息办审核同意。相关规划、计划经批准后抄送国家林业局信息办备案。

各省级林业主管部门组织编制的其他行业性发展规划、计划，如涉及林业信息化建设内容，应当事先征求本单位相关部门的意见。相关规划、计划经批准后抄送本单位相关部门备案。

第八条 林业信息化建设项目的申请、审批、建设、验收等严格执行国家基本建设程序有关规定。

关系全局的重大林业信息化建设项目，立项前须将项目建设方案报全国林业信息化工作领导小组批准。未经领导小组批准的建设项目，不得开展相关前期工作，不得自行筹集经费建设。

第九条 国家林业局信息办根据全国林业信息化建设发展规划有关要求，负责组织起草重大林业信息化项目的立项申请、可行性研究报告等相关文件，经专家评审后，按基本建设程序报国家林业局或者国家有关部委批准后组织实施。

各省级林业主管部门按照全国林业信息化建设发展规划有关要求，结合当地工作实际，组织开展当地重大林业信息化项目立项申请工作。相关项目，按基本建设程序报有关部门批准后组织实施。

第十条 林业信息化建设项目的确定应当符合《全国林业信息化建设纲要》、《全国林业信息化建设技术指南》和首届全国林业信息化工作会议精神，并基于林业信息化统一平台上建设。

项目建设主要内容：包括林业网站、应用系统、应用支撑、数据库、信息化基础设施、标准规范体系、安全与综合管理体系、林业信息资源开发利用项目的建设、运维、升级改造等。

第十一条 国家林业局各司局、各直属单位提出的信息化拟建项目，以及各省级林业主管部门向国家申请立项的信息化拟建项目，应当于每年 2 月底前，提出下一年度本单位、本地区林业信息化建设需求，经国家林业局信息办初审后，按基本建设程序向国家林业局或者国家有关部委申请立项并组织实施。

第十二条 林业信息化建设的安全保护等级工作执行国家有关规范和标准。

第十三条 涉及国家秘密的林业信息化建设项目，需同步制定保密方案，报国家林业局保密管理部门或者当地保密局审批同意后申报立项。

涉密信息系统应当由具有国家保密局认可的具有相应涉密资质的机构设计开发，建设必须选用国家保密局、国家密码管理局认定的产品，建成后应当由国家保密局或者其认定的测评机构进行测评。未经测评或者测评未通过的，不得交付使用。

第十四条 除涉及国家秘密或者法律法规另有规定的外，建成后的国家林业局信息化应用系统、基础数据库和网站必须统一集成于国家林业局内网或外网，在一个平台上经授权后管理使用。各省级林业主管部门信息化项目应当与国家林业局内网或者外网实现资源共享。

第十五条 国家林业局网络系统的运行维护工作，按照《中国林业网管理办法》、《国家林业局办公网管理办法》、《全国林业专网管理办法》、《国家林业局中心机房管理办法》和《国家林业局网络信息安全应急处置预案》有关要求实行分工负责制。

针对运行保障情况，国家林业局信息办应当进行适时评比，对于信息内容长期得不到及时更新的国家林业局子站或者栏目，将进行通报或者实施关闭处理。网络系统运行管理和维护所需费用按财政经费渠道列入林业信息化工作经费预算。

各省级林业主管部门信息网络和信息系统的维护和管理，所需费用列入当地单位同级财政预算。

第十六条 本办法由国家林业局负责解释。

第十七条 本办法自印发之日起施行。

国家林业局信息办关于印发《办公计算机安全管理办法》等八项信息安全管理办法的通知

林信函〔2010〕27号

各省、自治区、直辖市林业厅(局)，内蒙古、吉林、龙江、大兴安岭森工(林业)集团公司，新疆生产建设兵团林业局，各计划单列市林业局，国家林业局各司局、各直属单位：

为确保国家林业局办公网及中国林业网的信息及网络安全，规范上网行为、运行维护和应急管理，在《中国林业网管理办法》等五项信息管理制度的基础上，按照信息安全等级保护的相关要求，在征求各方面意见的基础上，经认真研究，我办组织制定了《办公计算机安全管理办法》、《账号与口令管理办法》、《病毒防御管理办法》、《电子邮件安全管理办法》、《访问控制安全管理规范》、《通信与操作安全管理规范》、《系统监控管理办法》、《信息安全事件管理规范》等8项信息安全管理办法。现印发给你们，请结合工作实际，认真贯彻执行。在执行中有何意见与建议，请及时反馈我办。

联系人：国家林业局信息化管理办公室　杨新民

联系电话：010－84238633

附件：1. 办公计算机安全管理办法
　　　2. 账号与口令管理办法
　　　3. 病毒防御管理办法
　　　4. 电子邮件安全管理办法

5. 访问控制安全管理规范
6. 通信与操作安全管理规范
7. 系统监控管理办法
8. 信息安全事件管理规范

国家林业局信息化管理办公室
二〇一〇年十一月八日

附件 1

办公计算机安全管理办法

第一章　总　则

第一条　为加强国家林业局办公计算机的使用管理，保证个人计算机规范、安全的使用，特制定本使用办法。

第二条　本办法所定义的办公计算机包括工作所用的台式计算机及笔记本计算机。

第二章　总体规定

第三条　使用者在使用计算机的过程中应进行妥善保管，不得对其硬件进行破坏，计算机如发生故障时，必要时由服务提供商系统维护人员提供技术支持。

第四条　严禁在国家林业局网络环境中的个人计算机上安装各种游戏及其他与工作无关的软件。

第五条　当使用公用计算机时，使用者不应将敏感信息保留在该计算机上。

第六条　国家林业局有进行定期和随机审核个人计算机的权力以保证本办法的执行。

第三章　保密规定

第七条　计算机中资料的信息安全以“谁使用，谁负责”为原则，使用者负责计算机内相关资料的信息安全工作。

第八条　非涉密计算机严禁处理及存储涉密信息。

第四章　安全防护

第九条　计算机在领用后，应保证操作系统已安装最新的补丁，并对系统更新设置为自动提示更新。在使用的过程中，应按照系统提示积极完成自动更新工作。

第十条　计算机必须安装国家林业局派发的防病毒软件及个人防火墙；必须经常对防病毒软件病毒库进行更新。

第十一条　在操作系统启动的同时启动防病毒软件的防火墙或实时监控程序，以达到动态监控及防护的目的。

第十二条　操作系统必须设定密码，密码的组成及长度应符合《账号与口令管理办法》中的相关要求。

第十三条　使用者要保护操作系统密码的保密性，不得将密码告诉他人。

第十四条　使用者在短时间离开计算机时，必要时对计算机的屏幕进行锁屏；如果长时间不使用，应对计算机进行关机操作。

第十五条　计算机须设置屏幕保护，并在恢复屏幕保护时需要提供密码。

第十六条　禁止使用个人计算机制造任何形式的恶意代码。

第十七条　除非属于工作职责范围，禁止使用个人计算机扫描网络，进行网络嗅探。

第十八条 使用者应禁止未经授权者访问个人计算机；未经部门领导和个人计算机使用者的同意，禁止使用他人计算机。

第五章 笔记本计算机使用管理

第十九条 需要携带笔记本外出工作的职工，应确保笔记本接入网络是安全的。对于存有机密信息的笔记本计算机，严禁接入非涉密网络。

第二十条 使用者使用完笔记本计算机后，应及时对相关文件资料和信息进行备份、转存和删除；因个人原因导致笔记本计算机中文件丢失、损坏和泄露的，相关责任人应承担相应责任。

第二十一条 笔记本计算机使用者有责任保管好自己使用的笔记本计算机，未经允许不得将笔记本计算机转借他人使用。

第二十二条 在公路上携带笔记本计算机行走时，应握紧笔记本计算机包的背带，并且将笔记本包背在离机动车道较远的一侧，防止笔记本计算机被恶意人员抢走。

第二十三条 在行走过程中，如有特殊情况需要将笔记本临时放在路面时，必须用双脚将笔记本计算机夹住以防止有恶意人员进行抢劫。

第二十四条 当携带笔记本计算机乘坐公交车时，应保证笔记本计算机在自己的可控制范围之内，不应将笔记本单独放在公交车的任何地方，必须将笔记本背在身上或者抱在怀中，不应将笔记本背在身后。

第二十五条 乘坐出租车时，笔记本计算机应随身携带，不应将笔记本计算机放入后备箱，在下车前应习惯性地检查是否已经带好了笔记本计算机。

第二十六条 对于自己开车的人员，在任何停车离开的时间段内，不应将笔记本计算机放入到后备箱中，也不应将笔记本放在车内的座位上，应随身携带笔记本计算机以避免被盗。

第二十七条 将笔记本计算机带回家的人员，应保证笔记本计算机已被妥善的安放，出门前应管好门窗以防笔记本被盗，必要时可将笔记本计算机锁进抽屉。

第二十八条 出差需要携带笔记本计算机的人员，在旅途的过程中应保管好笔记本计算机，没有必要不要在公共场合操作笔记本计算机以降低被盗的风险。

第二十九条 坐火车或者长途汽车时，可以考虑将笔记本计算机放入较大的行李箱或者旅行包中，以防止笔记本被盗。

第三十条 在陌生的工作场所，应保持个人和笔记本形影不离，如果不便随时携带笔记本计算机时，应使用计算机锁将笔记本计算机锁在固定的位置。

第三十一条 在公共场所（如餐厅、候车室、地铁、卫生间）携带笔记本计算机时，应保持笔记本计算机随身携带，不得将笔记本计算机单独放置在公共场所的座位等地方，以防止笔记本计算机被偷或者丢失。

第六章 附 则

第三十二条 本办法由国家林业局信息办负责解释。

第三十三条 本办法自发布之日起执行。

附件2

账号与口令管理办法

第一章 总 则

第一条 为规范国家林业局信息系统用户账号和口令管理，建立健全账号和口令安全防范和安全保障机制，确保信息系统的安全有效运行，制定本办法。

第二条 本管理规范适用于中心机房硬件平台、应用系统的账号的建立，以及权限的审批、账号和权限的评审、权限撤销和账号移除等。

第二章 定 义

第三条 用户账号是计算机信息系统通过一定的身份验证机制识别各类操作人员在系统中身份的一种标识。

第四条 特权账号是指对系统/网络/数据库等拥有超级权限的人员账号，包含但不限于系统管理员、网络管理员、数据库服务器管理员及数据库管理员等。

第五条 权限是指系统对用户能够执行的功能操作所设立的额外限制，用于进一步约束用户能操作的系统功能和内容访问范围，是指某个特定的用户具有特定的系统资源使用的权力。

第三章 账号权限申请

第六条 所有用户账号的开通应通过正式的账号申请审批过程，账号使用者提出并填写《国家林业局办公网数字身份证书申请表》，根据《访问控制安全管理规范》中的访问控制方针进行审批。

第七条 在对系统账号进行申请的过程中，应做到系统账号与责任人一一对应，确保每个账号都有人负责。

第八条 系统运行维护管理人员在开通账号前，应依据《国家林业局办公网数字身份证书申请表》内容检查申请人是否在该系统中拥有其他账号，若没有，方可为用户创建账号并分配相应的权限。原则上每个用户只能拥有唯一的账号，不得重复申请账号。

第九条 系统运行维护管理员应当保存用户账号分配申请记录。

第四章 账号使用规则

第十条 用户在获得账号后，应当立即修改账号默认口令。

第十一条 用户账号口令的选择和使用应当与口令保护策略相符合。

第十二条 用户账号是用户的唯一标识，只能由本人使用，不得交由他人使用。

第十三条 不得多人共用一个账号(特殊系统账号除外)。

第十四条 服务器本地管理员账号由系统管理员保管，禁用匿名账号(Guest 账号)。

第五章 账号权限变更

第十五条 在应用系统账号使用过程中，如果账号权限发生变化，应进行重新申请并填写《国家林业局办公网数字身份证书撤销/停用、恢复、更新申请表》。如需要增加系统权限，在申请的过程中，应对增加权限的原因进行详细描述。

第十六条 在进行系统权限的变更时，系统管理人员应依据《国家林业局办公网数字身份证书撤销/停用、恢复、更新申请表》内容检查申请人是否存有不再需要的其他账号或权限，如果存有不需要的账号或权限，应及时进行撤销。

第十七条 在系统账号权限变更授权过程中，权限变更内容以及变更原因应进行详细记录，以备以后查看。

第六章 账号权限消除

第十八条 当账号使用人员由于离职、调职等原因不需要使用原有的账号或者权限时，应对其系统账号或权限进行消除。

第十九条 系统管理人员应定期进行系统账号权限的复查(每半年一次)，检查是否存在应该被消除而没有消除的系统账号或权限，并负责对应消除的账号或权限进行消除。

第七章 口令保护策略

第二十条 密码必须由数字、字符和特殊字符组成。

第二十一条 普通涉密设备设置的密码长度不能少于 8 个字符，密码更换周期不得多于 60 天。

第二十二条 重要涉密设备设置的密码长度不得少于 10 个字符，密码更换周期不得超过 30 天。

第二十三条 涉密计算机需要分别设置 BIOS、开机、操作系统登录 3 个密码。

第二十四条 涉密设备设置的用户密码(开机、操作系统)由使用人自行保存，BIOS 密码由信息中心保密员统一设置保管，严禁将自用密码转告他人；若工作需要必须转告，应请示本部门负责人认可。

第二十五条 所有账号不得使用系统默认口令，不得使用账号创建时的初始口令，用户首次使用账号时，应当立即更改默认口令。

第二十六条 用户不能将口令包含在任何自动登录程序上，不得将写有口令的纸条贴在显示器或者座位上。

第二十七条 用户要保护口令的保密性，不得多人共用口令；不允许在计算机系统上以无保护的形式存储口令。

第二十八条 系统管理员应对特权账号的口令进行适当的保护，如为方便记忆将口令存储于电子文件中，应对文件进行加密操作，如以纸质形式存在，则需要密封。

第二十九条 用户只要发现任何表明口令或系统遭到滥用的迹象，应立即更改口令。

第八章 附 则

第三十条 本办法由国家林业局信息办负责解释。

第三十一条 本办法自发布之日起执行。

附件3

病毒防御管理办法

第一章 总 则

第一条 为统一和规范国家林业局的计算机病毒防范策略，落实国家林业局计算机防病毒管理工作，提高人员防范意识，保障国家林业局信息系统安全稳定运行，制定本办法。

第二条 对计算机病毒的防范应采取以预防为主，事后处理为辅的宗旨，建立病毒防御机制，实行病毒检测及报告制度。

第二章 病毒防护

第三条 电子邮件服务器需部署邮件过滤规则以防范垃圾邮件。

第四条 内部对因特网网站进行访问时应采取病毒防范措施，国家林业局内部人员应根据工作需要访问必要的因特网网站，以防止由于访问不合法的网站从而引起病毒事件。

第五条 在采用存储设备进行文件交换时，须对存储设备进行病毒检查。存储设备包括软盘、光盘、U 盘和国家林业局外部人员的便携机。

第六条 对需要从因特网上下载的文件，下载后须对下载的文件进行病毒检查。

第三章 病毒检测

第七条 网络系统维护人员应定期对邮件服务器、Web 网站服务器进行病毒扫描，扫描周期为 30 天。

第八条 个人计算机使用者应定期对所分配使用的计算机进行病毒扫描。

第九条 所有个人计算机统一安装瑞星网络版防病毒软件。

第四章 补丁管理

第十条 在不影响正常使用的前提下，服务器操作系统、中间件、数据库系统及应用系统应安装最新版本补丁，系统补丁的部署过程应遵守变更管理流程的规定。

第十一条 个人计算机的操作系统应设置为自动升级，及时更新操作系统补丁，必要时系统维护人员提供技术支持。

第五章　病毒响应

第十二条　当个人计算机和服务器在病毒检查过程中发现病毒时，应断开与网络的连接，同时采取必要的措施对病毒进行清除，必要时由系统维护人员提供技术支持。

第六章　附　则

第十三条　本办法由国家林业局信息办负责解释。

第十四条　本办法自发布之日起执行。

附件4

电子邮件安全管理办法

第一章　总　则

第一条　为加强国家林业局电子邮件的安全管理与使用，保障信息系统安全，制定本办法。

第二条　本办法适用于所有管理和使用国家林业局电子邮件服务的人员。

第二章　电子邮件系统的安全策略

第三条　国家林业局电子邮件系统的管理者为网络安全与运维处的网络系统维护人员，使用者为国家林业局所有使用电子邮件服务的人员。

第四条　网络安全与运维处的网络系统维护人员负责国家林业局电子邮件系统的日常运行与管理工作，并履行以下职责：

1. 负责国家林业局电子邮件系统的容量规划和日常运行维护工作，保证电子邮件服务的可用性；
2. 部署电子邮件系统病毒防范措施，及时检测、清除电子邮件中所含的恶意代码；
3. 制定并部署电子邮件过滤策略，防范垃圾邮件和内部人员通过电子邮件泄密；
4. 根据电子邮件系统的处理能力，制定电子邮件容量策略，规定用户邮箱的总容量和每封邮件的最大容量；
5. 遵守有关法律法规，维护国家林业局电子邮件系统的信息安全。

第三章　电子邮件账号管理

第五条　国家林业局电子邮件账号的使用者享有对所分配的电子邮件账号的使用权，同时必须承担使用该电子邮件账号所产生的相关责任与后果。

第六条　国家林业局电子邮件账号的管理应遵循《账号与口令管理办法》的规定。

第七条　当邮件系统管理员确认某个电子邮件账号的活动可能会威胁到国家林业局信息安全时，要立即暂停该账号的使用，并通知相关用户。

第四章　电子邮件使用规定

第八条　使用国家林业局电子邮件的人员禁止利用电子邮件从事以下活动：

1. 利用电子邮件传输任何骚扰性的、中伤他人的、恐吓性的、庸俗的、淫秽的以及其他违反法律法规和国家林业局规定的内容；

2. 利用电子邮件发送与工作无关的邮件；

3. 利用电子邮件散布电脑病毒、木马软件、间谍软件等恶意软件，干扰他人或破坏网络系统的正常运行。

第九条　电子邮件操作安全规定如下：

1. 未经授权任何人不得尝试以他人账号和口令登录电子邮件系统，不得阅读、下载、保存、编辑、公开或透露他人的电子邮件；

2. 用户必须严格保密其登录电子邮件系统的密码，不得泄露，如将其借与他人使用，由此造成的一切后果由电子邮件账号所有人承担；

3. 用户若发现任何电子邮件系统的漏洞，或任何非法使用电子邮件系统的情况，须及时报告网络安全与运维处；

4. 用户不要阅读和传播来历不明的电子邮件及其附件，提高对电子邮件病毒的防范意识，避免传播电子邮件病毒；

5. 如因工作需要，必须通过电子邮件系统发送保密信息的，应采取加密等有效安全保护措施。

第五章　电子邮件归档

第十条　所有的电子邮件都需要进行保存和归档，存放在服务器端的电子邮件由网络安全与运维处通过数据备份形式统一进行保存归档，下载到本地的电子邮件由使用者个人进行保存和归档；电子邮件至少离线保留1年。

第六章　附　则

第十一条　本办法由国家林业局信息办负责解释。

第十二条　本办法自发布之日起执行。

附件5

访问控制安全管理规范

第一章　总　则

第一条　为规范国家林业局信息中心对局信息系统访问控制的有效安全管理，制定本规范。

第二条　本规定适用于林业局中心机房所有信息系统的访问控制管理，包括但不限于如下方面：

1. 根据业务和安全需求控制对信息的访问；

2. 防止擅自访问网络、计算机和信息系统中保存的信息；

3. 防止未授权的用户访问；

4. 保护网络服务；

5. 查找未授权的活动。

第二章　访问控制的业务要求

第三条　访问控制是对访问中心机房内资源的用户赋予使用权限并监督其使用。关于访问控制方针定义如下：

1. 最小授权原则：仅授予运维用户开展业务活动所必需的最小访问权限，对除明确规定允许之外的所有权限必须禁止。

2. 需要时获取：所有运维用户由于开展业务活动涉及资源的使用时，应遵循需要时获取的原则，即不获取和自己工作无关的任何资源。

第四条　本着信息中心需要建立和不断完善主机、网络设备和安全设备等的访问控制策略，访问控制策略应至少考虑下列内容：

1. 应用系统所运行业务的重要性；

2. 各个业务应用系统的安全要求；

3. 不同系统和网络的访问控制策略和信息价值之间的一致性；

4. 访问请求的正式授权和取消；

5. 定期评审访问控制。

第三章　用户访问管理

第五条　信息系统用户账号的创建、变更和取消由主机、应用系统、安全设备和网络设备的主管部门管理。具体参见《账号与口令管理办法》执行。

第六条　所有系统特权均应采取控制措施来限制特殊权限的分配及使用。任何信息系统，只能由其所有者或授权管理者控制该系统的特权账号的密码，包括关键主机、网络设备和安全设备等所用的密码。

第七条　所有申请特权用户账号的行为必须通过系统主管部门，特权账号和密码在使用过程中应遵循以下规定：

1. 原则上不得将特权用户密码交给运维提供商或本单位以外的其他人；

2. 必要时，密码不得直接交给承包方的工程师，承包方工程师需要使用特权用户工作时，由持有特权账号的本信息中心内部人员登录系统；

3. 在运维提供商借用特权用户密码进行的工作完成后，应及时修改该密码。

第八条　用户密码管理具体参见《账号与口令管理办法》执行。

第九条　信息办负责对所有信息系统定期（每半年一次）进行用户访问权限检查，定期检查并清理多余的用户账号和权限。

第十条 特权用户权限也要纳入定期检查，包括：重要应用系统管理员账号、有管理员权限的 WINDOWS 账号、Linux 的 root 账号、所有路由器、交换机或专用设备的管理员账号、防火墙管理员账号、有专门特权(取决于系统)的其他系统的账号等。

第四章 用户职责

第十一条 任何用户均需对其使用本人用户账号和密码产生的相关活动承担责任或可能的纪律和/或法律责任。同样，用户也禁止使用其他用户的 ID 从事活动。

第五章 网络访问控制

第十二条 在中心机房网络环境下，使用内网网络服务和外网网络服务时，均应遵守访问控制方针，同时还应遵守以下规定：

1. 在进行网络服务的使用时，所有人员应遵守国家的法律、法规，不得在信息中心网络环境下从事非法活动。

2. 所有用户应只能访问自己获得的授权的网络服务，严禁对网络服务进行非授权访问。

3. 严禁通过使用网络服务将信息中心管理数据、业务资料、技术资料等信息私自泄露给任何第三方。

4. 除非是职责范围之内，禁止在 Internet 上发布任何有关信息中心的信息。

5. 禁止非法侵入计算机信息系统或者破坏计算机信息系统功能、数据和应用程序。

第十三条 逻辑上通过使用 MAC 地址与 IP 地址绑定等方式对网络上的设备进行标识，物理上使用信息资产标签的方式进行设备标识，在进行网络运行维护时应特别注意这些标识，以免造成误操作。

第十四条 原则上禁止对信息处理设施和网络设备的远程诊断，必要时，必须采取身份验证和加密机制。

第十五条 中心机房保持严格的分离控制措施，保证跨边界的访问安全。边界使用防火墙规则、VLAN 或路由器访问控制列表，阻止未授权 IP 地址的访问。

第十六条 防火墙策略的设计要遵守“缺省全部拒绝”原则，只允许必需的信息流通过网络。信息中心防火墙中要根据业务要求确定访问规则。

第六章 操作系统访问控制

第十七条 所有操作系统的登录已进行必要的控制，防止操作系统的非授权访问，在系统安全登录控制中可以考虑如下措施：

1. 用户在操作系统的登录过程中泄露最少系统相关信息，避免给未授权用户提供任何不必要的帮助。

2. 通过记录不成功的尝试、达到登录的最大尝试次数锁定等手段，达到对非授权访问登录的控制。

3. 在成功登录完成后，显示前一次成功登录的日期和时间等信息。

4. 不在网络中传输明文口令。

第十八条 所有系统应确保该系统中所有用户应有唯一的、专供其个人使用的标识符，应选择一种适当的鉴别技术证实用户的身份。这一控制策略适用于所有类型的用户。

第十九条 在中心机房所有的操作系统中，所有安装的软件及工具均应符合信息中心的管理规定，任何人不得私自安装非法软件，非工作需要任何人严禁安装以下类型的工具：

1. 网络系统管理与监控工具；

2. 漏洞扫描、渗透测试等工具；

3. 网络嗅探、口令破解等工具。

第二十条 所有系统应设定超时不活动时限，超时后应清空会话屏幕，且尽可能在超时达到一定期限时，关闭应用和网络会话。超过一定时间用户没有操作，自动注销该用户登录。

第七章 应用和信息访问控制

第二十一条 应用系统的访问控制应基于用户的工作角色、业务要求或工作需要。

第二十二条 只有获得授权的信息技术人员才具有访问和管理数据库和中间件的权限，其他人员需要经过系统维护部门的批准后才可以获得数据库、中间件的访问权限。

第八章 移动计算和远程工作

第二十三条 中心机房对使用移动计算设备(包括笔记本计算机和 PDA 等)必须严格控制，包括但不限于以下方面：

1. 公用移动计算设备中贮存的数据应作为临时资料处理，使用者在用后要删除；

2. 用户必须设置操作系统登录密码或屏幕保护程序密码；

3. 用户要确保移动计算设备处于安全的物理环境中，不得无人看守；

4. 安装信息中心许可的软件，及时更新防病毒软件的病毒库，安装最新操作系统补丁等。

第二十四条 运程登录用户应通过口令或者其他验证手段验证用户的合法身份，并采取加密方式进行数据传输。

第九章 附 则

第二十五条 本办法由国家林业局信息办负责解释。

第二十六条 本办法自发布之日起执行。

附件 6

通信与操作安全管理规范

第一章 总 则

第一条 为确保正确、安全地操作信息处理设施，建立信息处理设施的管理与操作的职责和流程，实施责任分割，减少误用系统的风险，制定本规范。

第二条 在中心机房内业务开展过程中的所有信息系统的通信与操作管理，均应按照本规范来执行。

第二章 操作流程和责任

第三条 与通信和操作相关的信息安全活动应形成固定流程，重要的流程应该形成文件，例如应用系统运行维护、网络系统管理、数据备份、计算机病毒防治、备份介质管理、移动介质管理、计算机机房管理、电子邮件管理等。

第四条 通信与操作相关的管理制度应包括每项工作的管理职责、工作流程等内容，信息中心所有相关人员应要求能够获得并遵循相关的管理制度。对信息中心所有与通信操作有关的变更应进行管理控制，产品部在进行内部 IT 管理的变更策略定义如下：根据变更的性质，系统维护过程中的变更可分为标准变更、常规变更、重大变更、紧急变更四种类型，对这四种类型的定义遵照《变更管理策略》执行：

1. 标准变更与预授权变更，处理变更时不需要单独进行申请，其他类型变更在进行前均需要提出并填写《变更申请单》，紧急变更为口头申请，常规变更和重大变更书面申请。

2. 在进行变更申请时，变更申请人员应制定详细的变更计划，变更计划中应包含变更时间、变更人员、变更详细实施步骤、变更风险及影响、变更回退步骤等内容。

3. 变更执行前应进行必要的测试，以保证变更实施时对系统产生影响降到最小。

4. 变更实施时应严格按照变更计划执行，在变更执行以后，需要判断变更后服务是否工作正常，如果工作不正常则根据变更回退计划的内容执行回退步骤。

5. 除标准变更外其他所有变更的内容与过程都应详细记录，并存档。

第五条 信息中心在进行运维服务过程中的变更管理流程，参见 IT 服务管理《变更管理流程》。

第六条 在进行界定信息处理设施和系统的安全管理职责时，应考虑进行必要的职责分离，以降低非授权或无意识的修改或者不当使用对信息处理设施和系统造成的危害。

第七条 生产环境内不得进行开发或测试活动，除非得到生产环境主管部门及生产环境维护部门特别授权。

第八条 如因特殊原因必须在生产环境下进行测试时，应遵守以下策略：

1. 测试方、运维方和需求方讨论潜在的安全风险并制订防范和处置措施；

2. 测试人员全权负责开发测试系统的管理，运维人员未经授权不得参与应用系统的软件开发、开发测试工作；

3. 运维人员全权负责生产系统的运维管理，测试人员未经授权不得参与生产系统的有关工作；

4. 运维人员要密切监控生产系统，以保证开发测试工作不会对生产系统造成服务影响或安全事故；

5. 在测试完成后，原则上需要立即从生产环境卸载开发测试内容。

第三章　第三方服务交付管理

第九条　第三方服务是指信息中心为满足自身发展的需要，聘用行业内单位或外部机构提供系列的专业性服务过程。

第十条　与第三方的服务交付协议应考虑包括商定的安全措施、服务定义和交付质量，还应考察第三方的服务能力以及在系统故障或灾难发生后持续提供技术服务的能力。

第十一条　应对第三方的服务及相关的报告、记录、交付件等进行评审，对第三方服务的监督和评审应按照商定的合同或协议执行，监督和评审应涉及如下内容：

1. 监督服务执行效率并检查对协议的符合程度；

2. 评审由第三方产生的服务报告、记录、交付件，定期安排项目进展会议；

3. 第三方应提供如下信息内容供信息中心评估：服务过程中所应用到的软硬件产品、所使用的协议、系统部署及使用指南、知识产权、安全使用许可销售证明等；

4. 对服务交付过程中出现的所有问题进行识别和管理。

第十二条　信息中心在第三方服务发生变更时，应对服务变更所带来的风险进行分析，尽量将服务变更给业务带来的影响降到最低，在进行服务变更时应考虑如下内容：

1. 变更使信息中心面临风险的影响，即：是否会带来新的信息安全风险；

2. 变更过程中的服务资料、信息资产、服务内容的交接等事项；

3. 变更过程中合同内容以及保密协议中内容条款的限制。

第四章　系统规划与验收

第十三条　在进行系统建设与维护的过程中，应对系统未来的容量、功能和性能等要求进行预测，尽量避免可能对系统安全或应用服务提供构成隐患的潜在瓶颈，在进行容量规划中主要依据以下内容进行判断：

1. 预测时要考虑信息中心、各相关单位对信息系统当前状况的要求和未来的发展趋势；

2. 基于采购成本和使用年限的考虑，当对主要应用系统资源的使用情况进行监视，包括处理器、内存、储存系统、网络系统等。

第十四条　应用系统新建或者升级完成后，应根据相应的技术标准文档或合同进行技术性验收，要保证所采用的升级、补丁和新的版本不会影响正常的操作过程。验收的过程中需要注意以下内容：

1. 系统的性能、容量等是否满足建设要求；
2. 是否与原有信息系统能够良好地进行兼容；
3. 是否拥有完备的系统操作、实施、维护文档；
4. 是否对应用新系统进行相关培训；
5. 是否具有后续的技术支持服务等。

第五章　防止恶意和移动代码

第十五条　为防止恶意代码的破坏，各司局干部需遵守《病毒防御管理办法》中有关防范恶意代码和移动代码的管理规定。

第十六条　移动代码是指通过一定的途径，例如通过网络传输，可在软件系统之间转移，并在没有明确的安装提示下在代码接收人本地系统上执行的代码。移动代码的例子包括脚本(JavaScript 中的 VBScript)，Java 小程序，ActiveX 控件等。

第十七条　非业务需要严禁使用移动代码，如工作需要必须要执行移动代码，应考虑使用如下控制手段：

1. 在逻辑上隔离的环境中执行移动代码；
2. 使技术测量措施在一个特定系统中可用，以确保移动代码的有效管理；
3. 控制移动代码的资源访问；
4. 使用密码控制，以唯一地对移动代码进行认证。

第六章　备　份

第十八条　信息中心重要的网络设备、安全设备、服务器、操作系统、中间件、数据库和应用系统，均应建立正式的备份策略，备份策略记录在《数据备份恢复策略》表单中，并且按照指定的备份策略进行备份并检查。

第十九条　所有的备份数据存储介质应进行妥善保管，避免由于管理不善造成数据损坏、信息泄露等事故，并对备份数据进行定期的恢复测试，以验证备份的效果，并对恢复测试进行记录，记录形式参见《备份恢复测试记录表》。

第二十条　备份数据的恢复能力应满足业务持续计划的要求。

第七章　网络安全管理

第二十一条　中心机房网络环境应进行充分的控制和管理，以确保网络上非授权访问的风险，具体网络控制策略参见《访问控制安全管理规范》网络访问控制策略。

第二十二条　为进行网络服务的管理，网络管理人员应使用网管系统监测网络设备和链路的运行情况，并且考虑用以下措施来保障网络服务的安全性：

1. 所有允许互联网用户访问的内部系统，必须置于防火墙后，防火墙策略默认为禁止；

2. 使用 VLAN 划分开不同安全级别的内部信息系统，需要时候使用访问控制列表；

3. 网络设备及主机中的网管关键字要取消“Public”、“Private”的默认设置，网管关键字的字符长度应当在 8 位以上。

第八章　介质处置

第二十三条　国家林业局办公网范围内的所有移动介质必须进行严格的控制，所有移动介质的使用必须进行审批、登记，具体管理办法参见《移动介质管理办法》。

第二十四条　为保证信息安全，介质报废前必须擦除有关的敏感信息，包括如下：

1. 磁带、磁盘和光学贮存介质必须在报废前需要进行数据安全清除。

2. 不能进行数据清除的存储介质应交保密办进行物理销毁。

第二十五条　主机、网络设备、安全设施和个人办公计算机等的系统文件应进行相应的逻辑访问控制，防止未授权访问。系统文件只能由授权的人员通过本信息中心网络用户验证后进行访问。

第九章　信息的交换

第二十六条　各司局干部收发的所有电子文件都必须经过病毒扫描。对电子邮件的使用、管理和归档的有关要求请参见《电子邮件安全管理办法》。

第二十七条　各司局干部和其他授权人员仅限于为工作目的接入业务信息系统，在进行授权的过程中依据访问控制方针进行。

第二十八条　所有对外服务的网站应置于防火墙后，除非必要，否则应只容许 HTTP/HTTPS 服务。

第十章　监　控

第二十九条　关键网络安全事件和关键服务器安全事件应记录在事件日志中，其内容包括以下信息：

1. 用户验证用的用户账号；

2. 网络地址；

3. 系统登录成败(验证结果)；

4. 事件的日期和事件。

第三十条　必要时须进行查看分析系统操作系统、故障日志等内容，所有日志均应得到适当保护，任何人在没有相关负责人的授权下，严禁私自删除或更改系统日志。

第三十一条　所有相关信息处理设施的时钟应使用运维服务中心配置的时钟同步服务器进行同步。运维服务中心应保证时钟同步服务器时间的准确性。

第十一章　附　则

第三十二条　本办法由国家林业局信息办负责解释。

第三十三条　本办法自发布之日起执行。

附件7

系统监控管理办法

第一章　总　则

第一条　为有效保障关键信息系统运行安全，及早发现事故隐患并处理，规范信息系统监控管理，特制定本办法。

第二条　监控点是指各系统有可能出现故障的隐患点包括硬件、软件以及支持系统运行的基础环境。

第三条　本办法适用于对硬件设备、应用程序，还包括机房环境、网络线路等的日常监控管理。

第二章　监控分类

第四条　根据关键系统的监控对象可进行如下监控对象分类：

1. 机房环境监控：包括机房温度、机房湿度、监控视频、门禁、市电输入等。

2. 设备硬件监控：包括CPU利用率、内存使用率、硬盘使用率，各硬件之间的I/O吞吐情况、空调运行情况、UPS运行情况等。

3. 程序及进程监控：包括前端运行程序，后台服务程序或进程、数据库系统以及中间件程序等。

第五条　根据监控系统所发挥的监控作用可进行如下监控作用分类：

1. 状态监控：指对监控点是否处在运行状态的监控；

2. 容量监控：指对监控点的性能和容量是否满足设定指标要求的监控。

第三章　监控策略原则

第六条　系统监控应遵循以下原则：

1. 有效性原则，即应根据系统的特点和所关注的信息系统整体的作用来制定监控策略，确保监控功能发挥应有的作用；

2. 可靠性原则，即监控策略，尤其是关键功能点的监控策略应尽可能采用软件与硬件相结合、自动与人工相结合等方式，以使监控能对影响或可能影响服务的事件准确及时响应；

3. 可行性原则，即制定的监控策略应能通过工具、巡查有效执行；

4. 开放性原则，即监控策略应具有较好的兼容性和可扩充性，可根据系统的增减和变化不断完善。

第七条　监控策略制定时，应充分考虑被监控系统的对象分类，根据其系统特点和在信息系统中发挥的作用，来确定相应的监控点和监控策略。

第八条　监控策略制定时，应对监控点分别考虑监控作用分类，即单一状态监控、单一容量监控或两者同时监控。

第九条 监控策略制定时，应充分考虑完成监控功能所需的条件，在技术条件许可的前提下，应尽量采用自动监控策略，如没有技术监控条件，应进行人工监控。

第四章 机房环境监控策略

第十条 根据机房环境的监控要求，对机房的温度、湿度进行有效监控，要求对主机房的温度、湿度监控做出如下要求：

1. 监控时间：每日应24小时对机房的温度、湿度进行探测监控。

2. 监控要求：要求监控超出规定范围时能够通过报警声和短信相结合的方式进行预警，如不能自动报警需要有人员24小时值守。具体监控范围参见下表。

监控项目	机房温湿度	
	夏　季	冬　季
温　度	22℃ ±4℃	20℃ ±4℃
相对湿度	45% ~65%	
温度变化率	<5℃/时 并不得结露	

第十一条 根据机房环境的监控要求，对机房的人员进出进行有效管理，具体要求如下：

1. 监控时间：每日应24小时对机房进行门禁管理、录像监控、保安值班和人员物品出入登记。

2. 监控记录频次：实时记录。

3. 监控要求：在机房各关键位置设置视频监控系统，在机房各出入口，应当配备门禁系统，只有经过授权的人员才能通过门禁系统进出机房，门禁监控系统应当能够详细记录人员进出情况。

第十二条 根据机房环境的监控要求，对机房的火灾隐患进行有效监控，要求对机房采用烟感监控，具体要求如下：

1. 监控时间：每日应24小时对机房进行烟感探测，每次探测监控时间间隔不小于20秒。

2. 监控记录频次：实时记录。

3. 监控要求：机房内应当在每20平方米配备至少一个烟感探测设备，烟感探测设备应与机房环境监控系统相连，并能够通过报警声及短信方式进行预警。

4. 视频监控数据要求至少保留20天。

第十三条 根据机房环境的监控要求，对机房的市电输入情况进行有效监控，要求对机房采用专用设备进行监控，具体要求如下：

1. 监控时间：每日应24小时对机房市电输入进行监控，应采用持续探测监控。

2. 监控记录频次：实时记录。

3. 监控要求：应对市电输入交流电压监测(按三相考虑)、负载分配交流电流监测(按三相考虑)、直流电压输出配电监测。

项　目	A	B	C
稳态电压偏移范围(%)	±2	±5	+7 -13
稳态频率偏移范围(Hz)	±0.2	±0.5	±1
电压波形畸变率(%)	3～5	5～8	8～10
允许断电持续时间(ms)	0～4	4～200	200～1500

第五章　设备硬件监控策略

第十四条　根据设备硬件的监控要求，按照关键业务的优先级别，对支持关键业务运行的设备进行有效监控。

1. 应通过技术手段对设备的CPU利用率进行监控，如有多个CPU或多内核CPU的，应当对所有CPU或内核进行监控。CPU利用率设定的监控阈值应不超过75%。

2. 应通过技术手段对设备的内存使用率进行监控，应监控物理内存的总量、已用量、余量以及虚拟内存的使用情况。内存使用率设定的监控阈值应不超过80%。

3. 应通过技术手段对设备的硬盘使用率进行监控，应监控硬盘存储空间的总量、已用量、余量的使用情况。硬盘使用率设定的监控阈值应不超过80%。

4. 应通过技术手段对诸如采用磁盘阵列技术、磁盘柜以及各板卡间的I/O吞吐情况进行监控。

5. 以上监控内容的监控间隔应控制在30秒以内，并通过技术手段对其进行24小时不间断监控，其监控报警应至少包含有声音和短信方式。

第十五条　机房的空调系统作为重要的硬件设备，应当对其进行重点监控，对其监控的要求如下：

1. 监控时间：每日应24小时对机房空调的运行情况进行监控。对于机房每次探测监控时间间隔不小于60分钟。

2. 监控要求：要求监控超出规定范围时能够通过报警声和短信相结合的方式进行预警，具体监控范围包括机房空调制冷量、送风量、空调异常故障、空调断电自启动情况等。

3. 如无自动监控条件可采用人工巡查方式实现空调系统监控。

第十六条　机房的UPS后备电源系统，作为重要的硬件设备，应当对其进行重点监控，对其监控的要求如下：

1. 监控时间：每日应24小时对机房UPS的运行情况进行监控。机房每次探测监控时间间隔不小于60分钟。

2. 监控要求：要求监控超出规定范围时能够通过报警声和短信相结合的方式进行预警，具体监控范围包括市电输入端电压电流变化情况、UPS负载情况、UPS输出电压电流变化情况、UPS电池供电情况、UPS旁路工作状态以及UPS的异常故障及报警状态等。

3. 如无自动监控条件可采用人工巡查方式实现空调系统监控。

第六章　程序及进程监控策略

第十七条　应当根据关键业务系统的优先级别，对支持关键业务系统运行的程序、进程、后台数据库、队列等运行情况采用技术手段进行重点监控。

第十八条　对程序和进程的监控应当对程序或进程的运行个数、窗体的运行个数进行有效监控。对于与重要应用系统密切相关的程序，应当进行重点监控，目的是防止重要程序或进程意外关闭或终止。

第十九条　对程序和进程的监控还应当包括对支持程序和进程运行的系统服务的监控，其运行状态也会影响到程序和进程的运行状态。

第二十条　对后台数据库的监控，重点是对数据库死锁现象进行监控。对数据库的监控应当每天24小时进行监控，目的是防止数据库死锁对业务的影响。

第七章　网络及线路监控策略

第二十一条　网络及线路作为信息系统关键的支持部分，信息技术人员应当对其进行重点监控。对网络及线路的监控应当包括如下内容：

1. 关键网络及安全设备的设备运行日志；

2. 关键网络及安全设备的性能监控和阈值预警；

3. 关键广域网通信线路主备线路的通断；

4. 局域网关键上行链路通断状态的监控；

5. 关键通信线路实时网络流量的监控和阈值预警；

6. 网络安全设备的网络异常行为监控；

7. 对核心广域网和局域网关键通信链路的流量进行连续采样、记录、阈值预警和趋势分析；

8. 对关键网络及安全设备的性能数据进行连续采样、记录、阈值预警和趋势分析。

第二十二条　对网络及安全设备的性能监控，应当包括信息机房和各分信息中心关键防火墙设备、核心路由器设备、核心交换机设备的CPU利用率监控，各设备的CPU利用率监控阀值应当小于80%。

第二十三条　对广域网通信线路的监控应当包括对外部广域网、内部广域网、互联网连接质量、流量、中断情况的监控。

第二十四条　对局域网的监控应当包括对各链路通断状态、各端口运行情况、网络异常行为的监控。

以上监控内容应当对其采用技术手段进行监控，并在发现异常时能够及时通过报警声或短信、电话等方式及时报警。

第八章　附　则

第二十五条　本办法由国家林业局信息办负责解释。

第二十六条　本办法自发布之日起执行。

附件 8

信息安全事件管理规范

第一章　总　则

第一条　为规范国家林业局信息中心信息安全事件管理，确保信息安全事件得到及时的跟踪、控制和处理，力求使信息安全事件的影响最小化，特制定本规范。

第二条　信息安全事件就是可能导致信息中心及各信息系统用户信息资产保密性、完整性和可用性受到损害的任何事件，例如大规模病毒爆发事件，或者是违反组织安全策略的行为。

第三条　信息安全事故处理的过程中，应遵守以下原则：

1. 快速报告原则：所有事故都应立即报告，先报告后处理，对于级别不清晰的事故，按照高级别报告；

2. 快速处理原则：所有事故在报告后，决策应优先恢复业务，把对业务的干扰降低到最低，对事故原因的分析后续进行；

3. 追本溯源原则：所有事故在得到初步处理后，必须组织人员对事故追本溯源，找出事故发生的真正原因；

4. 完整记录原则：所有事故都应完整记录以备后续处理，记录可以在突发事故处理结束后补登；

5. 证据收集原则：当信息安全事件涉及司法诉讼时，应配合并协助司法部门保留和呈递证据，以使证据符合相关诉讼取证要求。

第二章　范　围

第四条　本文件中所定义的信息安全事件处理过程，主要适用于信息办在进行内部 IT 基础设施及应用系统维护过程中的事件管理，信息办在进行内部 IT 事件处理时应遵守本文件所规定的信息安全事件处理原则。

第三章　角色与职责

第五条　信息安全事件第一发现人在得到或发现内部 IT 运行维护方面的信息安全事件时，应及时向网络系统维护人员进行报告。

第六条 网络系统维护人员负责发现和接收事故报告，根据实际情况对事件进行处理，并记录事故信息。

第七条 信息办在组织信息安全事件处理的过程中，负责向网络维护人员提供必要支持。

第八条 网络系统维护人员参照《信息安全事件报告处理单》负责对事件进行记录，参照《年度信息安全事件总结分析》汇总、总结和报告。

第四章 事件分类与分级

第九条 为便于对事件的处理、记录、总结和改进，应对事件进行适当的分类与分级。

第十条 根据信息安全事件发生的原因、表现形式等，把信息安全事件分为病毒、设备故障、系统故障、中间件故障、网络攻击、非授权访问、误操作、温湿度、火灾、水患和其他共10类。

第十一条 根据信息安全事件的影响范围与程度，根据其严重程度从高到低分为重大、一般、轻微三个级别，三个级别的定义与说明如下：

1. 重大：影响了信息中心比较大的范围内的业务正常开展，造成了现实的或潜在的非常严重的经济损失。如信息中心整体网络大规模病毒爆发、多台重要服务器发生故障；

2. 一般：影响了信息中心个别部门范围内的业务开展，对信息中心核心业务的开展有一定影响，但不明显。如局部范围内病毒爆发、某非核心设备出现故障；

3. 轻微：没有影响信息中心业务的正常开展，只是对个别员工的正常工作造成影响。如客户端出现病毒或系统故障等。轻微的安全事件又称为安全事态。

第五章 事件报告与处置

第十二条 国家林业局所有干部均有义务及时上报信息安全事件。事件发现人在将事件、故障、薄弱点上报并处理之前，尽量不要改变事件的现状。

第十三条 对于观察到的或怀疑的任何系统或服务的信息安全弱点，本单位所有干部或第三方人员要及时报告相关系统管理人员。

第十四条 如遇到重大或紧急信息安全事件，事件发现报告人可直接向信息办任何一个工作人员进行报告。

第十五条 如果重大的信息安全事件是人为原因造成的，并造成极大的社会危害或严重损害信息中心利益。必要时，信息办要通报上级机关，联系相关法律机构进行取证等工作，并移交相关政府职能机构协商解决。

第十六条 对于轻微或者一般的信息安全事件，由网络系统管理人员负责进行处理，处理过程中可向信息办寻求支援。

第十七条 重大的信息安全事件由信息办组织协调进行解决，在处理重大事件的过程中，各部门相关人员应服从安排，听从指挥。

第十八条 如发生重大灾难性事故，由信息办决定是否启用业务连续性计划。

第十九条 信息安全事件在完成下列步骤后，可视为已经解决：

1. 导致信息安全事件的主要信息安全弱点和漏洞已受到控制；
2. 已制定改进或加强现有安全控制措施的计划，并实施完成；
3. 由于信息安全事件导致中断的业务已经正常运行。

在信息安全事件调查处理的过程中，需要收集必要的证据，作为查找原因、追究责任的依据。如果可能导致法律诉讼，信息办必要时可与外部执法机构取得联系，并协助其进行调查取证工作。

第六章 事件记录与总结

第二十条 对所有信息安全事件，信息安全事件处理人员都应该对其分级保存并统计分析。如果发现某类事件发生比较频繁，应该考虑召开专题会议提出处理措施，避免此类情况的频繁发生。

对于严重的或重大的信息安全事件，信息办应对整个事件进行详细分析讨论，包括对事件发生的原因的追溯、当前损失以及潜在影响的估算，对责任人岗位职责及动机等进行分析，对讨论结果制定相关预防措施，并归入信息中心档案。

第七章 附 则

第二十一条 本办法由国家林业局信息办负责解释。

第二十二条 本办法自发布之日起执行。

国家林业局信息办关于电子公文传输系统启用域名访问的通知

林信函〔2010〕22号

各省、自治区、直辖市林业厅(局)，内蒙古、吉林、龙江、大兴安岭森工(林业)集团公司，新疆生产建设兵团林业局，各计划单列市林业局，国家林业局有关直属单位：

为进一步加强电子公文传输系统的安全、稳定、高效运行，原采用通过IP地址登录公文传输系统的相关单位人员，从2010年11月29日开始，登录公文传输系统采用域名登录，登录的方式为：http：//gwcs. sfa. gov. cn。

电子公文传输系统使用上述域名进行访问时，需要在公文传输机器上增加DNS的设置，设置方式详见附件。

技术支持电话：010－84239626，010－84239676

附件：电子公文传输系统DNS设置操作流程(略)

国家林业局信息化管理办公室
二〇一〇年十一月二十四日

国家林业局信息办关于邀请参加总结“十一五”，谋划“十二五”林业厅局长系列在线访谈活动的通知

林信函〔2010〕23 号

各省、自治区、直辖市林业厅（局），内蒙古、吉林、龙江、大兴安岭森工（林业）集团公司，新疆生产建设兵团林业局：

为贯彻落实中央十七届五中全会和中央林业工作会议精神，全面总结回顾“十一五”林业建设成就，谋划“十二五”林业发展思路，迎接建党 90 周年和全国林业厅局长会议的召开，中国林业网（国家林业局政府网、国家生态网）和中组部全国农村党员干部现代远程教育卫星频道共同组织“总结‘十一五’，谋划‘十二五’林业厅局长系列在线访谈”活动，现将活动有关事项通知如下：

一、访谈主题

总结本省（区、市）“十一五”林业建设成就，谋划“十二五”林业发展思路和构想。

二、访谈形式

邀请各省（区、市）林业厅（局）主要负责人，在国家林业局在线访谈演播室，与主持人围绕主题做电视在线访谈。现场录制时间为 1 小时左右。在后期编辑制作后，每位嘉宾的访谈播出时长约为 40 分钟。

三、时间安排

2010 年 12 月 1 ~26 日完成演播室访谈录制工作，2011 年全国林业厅局长会议召开前连续播出。访谈具体时间和内容将根据受邀嘉宾的工作安排，共同商议确定。

四、播出形式

该节目将在中国林业网（国家林业局政府网）的“在线访谈”栏目，以及中组部全国农村党员干部现代远程教育卫星频道中播出。

五、组织领导

主　办：国家林业局信息办
承　办：国家林业局网络电视（台）
联系人：刘颖 010－84239174，刘波 010－84664704

六、参加办法

此次访谈活动以自愿参加为主。请确定参加此次访谈活动的单位，于 2010 年 12 月 5 日前报名，以便确定具体访谈时间和内容。

国家林业局信息化管理办公室
二〇一〇年十一月二十九日

国家林业局信息办关于评选2010年全国林业信息化十件大事的通知

林信函〔2010〕26号

各省、自治区、直辖市林业厅(局)，内蒙古、吉林、龙江、大兴安岭森工(林业)集团公司，新疆生产建设兵团林业局，各计划单列市林业局，国家林业局各司局、各直属单位：

2010年是我国全面加快推进林业信息化的关键一年，林业信息化建设在全面整合、优化平台、确保服务的基础上，大力拓展林业信息化应用领域，全面提升林业信息化建设水平，为实现《全国林业信息化建设纲要》提出的建设目标做出了重要贡献。为全面总结一年来的建设成绩，进一步推动林业信息化建设再上新台阶，经研究，决定组织开展“2010年全国林业信息化十件大事”评选活动。

请各单位于2010年12月5～25日登录“中国林业网(国家林业局政府网)”在线推选，亦可发传真推选，既可以推选10件大事，也可以推选1件或多件大事；既可以单位名义推选，也可以个人推选。网上推选结束后，以得票多少选出前20件林业信息化大事。2010年12月26日至2011年1月5日在“中国林业网(国家林业局政府网)”上进行第二轮推选，经专家充分论证后，选出2010年全国林业信息化十件大事，并于2011年1月15日前后在“中国林业网(国家林业局政府网)”上公布评选结果。

联系人：赵　晨　010－84238303　84238052(传真)

顾红波　010－84238560　84238064(传真)

附　表：2010年全国林业信息化十件大事推选表(略)

国家林业局信息化管理办公室

二〇一〇年十二月六日

国家林业局办公室关于报送《国家林业局国家空间信息基础设施建设与应用“十二五”规划调研材料》的函

办函发字〔2010〕360 号

国家地理空间信息协调委员会办公室：

为认真落实国家空间信息基础设施建设与应用“十二五”规划编制工作会议精神，配合你委做好《国家空间信息基础设施建设与应用“十二五”规划》编制工作，在广泛征求意见的基础上，我局由信息办牵头，组织拟就了《国家林业局国家空间信息基础设施建设与应用“十二五”规划调研材料》。现随函报送你委，请审定。

联系人：国家林业局信息办　邹亚萍

联系电话：010－84238649

特此致函。

附件：国家林业局国家空间信息基础设施建设与应用“十二五”规划调研材料

国家林业局办公室

二〇一〇年十二月十五日

附件

国家林业局国家空间信息基础设施建设与应用“十二五”规划调研材料

一、林业空间信息基础设施建设与应用现状和存在问题

（一）现状

1. 地理空间数据资源建设。国家林业局已建立了全国基础地理信息数据库系统、覆盖全国的TM卫星图像数据库及部分省区市的SPOT卫星图像数据库。已建立多期林业地理空间数据库，即全国森林资源连续清查数据库、全国森林资源分布数据库、天然林资源保护数据库、森林火灾数据库、荒漠化土地资源数据库、生物多样性数据库、野生动物数据库、全国大熊猫数据库、自然保护区管理数据库、林业有害生物发生防治数据库、防护林工程信息管理系统数据库、林木种苗、国有林场、森林公园数据库和全国营造林实际综合核查数据库。

具有重大影响的管理及应用系统有森林资源管理系统、林火管理信息系统、森林病虫害防治管理系统、全国野生动物资源管理信息系统、荒漠化/沙化监测系统、京津风沙源治理工程信息管理系统、天然林资源保护工程系统、全国古树名木计算机网络信息管理系统、退耕还林工程信息管理系统、重点公益林管理信息系统、全国营造林实绩综合核查信息管理系统、全国有害生物管理信息系统、防护林工程信息管理系统等。

2. 网络支撑环境建设。以“三网一库”为基础的信息共享与传输平台建设框架初步形成。国家林业局至各省级林业主管部门的林业专网建成并投入使用，并推动了地方林业地理空间基础设施建设。基本建成了各省级林业主管部门机关局域网。少数省区建成了连接省、市、县三级林业主管部门的林业专网，有些省区市利用当地政务网内网连通省、市、县林业主管部门。

3. 标准化进展、管理制度建设。林业管理的资源多，森林资源监测、荒漠化监测、野生动植物调查、湿地调查和森林火灾监测等利用空间数据信息化技术并已实现林业信息资源共享。国家林业局各司局结合各自业务建立了相关地理空间信息技术规范、专业标准、管理办法和安全保证规定。这些标准规范的出台，为我国林业信息化建设提供了技术支持平台。具体标准包括林业信息化标准体系、林业信息术语、林业基础信息代码编制规范、林业信息资源目录体系框架、林业信息资源交换体系框架和林业信息元数据标准；林业科学数据集成规范、林业科学数据分类与编码、数字栅格林业专题图生产技术规范等；项目建设标准包括天然林资源保护工程基础数据库内容规范、三北及长江流域等防护林体系建设工程基础数据库技术规范、黄土高原典型生态区基础数据库技术规范、青藏高原典型生态区基础数据库技术规范、植树造林空间数据加工技术规范、森林病虫害空间分布数

据库加工技术规范、森林火灾数据库技术规范等。目前，全国森林资源数据库建设标准等一系列标准规范正在制定中。

4. 主要信息与服务内容。林业部门在履行政务职能、开展业务工作过程中产生的可提供共享的信息与服务如表 1。

表 1　国家林业局信息共享表

共享内容	共享方式
林业灾害数据	自主接收、数据交换
林业资源数据，包括森林、湿地、荒漠化、生物多样性等数据	自主接收、数据交换
其他综合数据	通过数据交换系统和信息产品实现共享

5. 主要经验。坚持以需求为主导的原则。积极推动林业地理空间信息建设和各项业务管理相结合，注重实用性和易用性，提高了工作效率。

坚持规划先行的原则。编制了长远林业信息化规划，高起点，高标准地实施林业信息化工程，避免重复建设及信息孤岛现象的出现。

坚持统建统管的原则。网络建设做到国家林业主管部门统一建设，基础地理数据系统做到部门共享，在资源有限的情况下，打好基础，重点先行，一点突破。

坚持标准统一的原则。推动林业空间信息基础设施有序发展，解决了由于各地技术规程、数据编码、规则不同，影响到数字化建设中信息资源的共享和业务协同的问题。

（二）存在问题

尚未建立明确的林业地理空间信息建设投资机制和投资渠道，开发成果利用效率低下，林业调查、监测成果管理手段落后，查询统计困难，缺乏深层次的信息挖掘技术和信息产品开发。

国家林业主管部门与中央、国家各部门尚未连通，与各地尚未完全实现国家、省、市、县四级连通，无法实现业务协作。

重要设备设施缺失、严重老化，难以满足需要。

二、林业空间信息基础设施建设和应用的发展条件与趋势分析

（一）国外发展条件与趋势

国外发达国家的林业基础信息设施基本上都是依托国家空间信息基础设施和国家信息基础设施，以此为基础建立有专业特色的林业基础信息设施。在森林资源管理上，美国森林植被模型被不同层次的政府科研机构广泛使用，森林健康监测系统也已经建立和运行，这对于政府宏观决策和森林资源经营管理具有十分重要的意义。加拿大国家森林信息系统（NFIS）已发展成为加拿大森林状况和可持续管理的官方信息源。在生态环境方面，美国利用信息技术对生物栖息地进行环境评价。日本在自然生态环境保护方面采用先进的信息技

术对自然生态环境进行调查，选择合适地点进行生态环境修复试点。各国都将航天和航空遥感作为森林健康状况实时监测的主要手段和方法。有些国家将 GIS、GPS 等空间技术用于森林健康水平和有害生物种群动态的系统监测，明显提高了森林健康监测的调查精确度和有关健康评估报告的效率。在湿地和荒漠化方面，2006 年欧洲空间局发起“使用卫星发展全球湿地信息服务”的计划。美国、法国、以色列、澳大利亚等国，从防治土地退化的需要出发，利用地球资源卫星及“3S”技术在荒漠化方面做了大量工作。

(二)国内发展条件与趋势

林业信息实现综合化管理，将有效提高林业地理空间信息利用效率。我国各类林业监测工作是根据林业发展需要逐步发展起来的，并各自建立了相应的地理空间信息管理系统。国家林业局各业务司局根据各自的业务需求和管理需要组织开发了一批林业业务管理应用系统，并带动了部分省、县应用服务系统建设。在地理空间数据库建设方面，国家林业局有关司局和直属单位根据各自业务需求分别建立了多种比例尺的覆盖全国的基础地理信息数据库、不同分辨率和不同时相的卫星图像数据库，建立了林业专题数据库，包括森林资源数据库、荒漠化及沙化土地资源数据库、湿地资源数据库、生物多样性数据库等，并得到了很好的应用和推广，积累了丰富的林业地理空间信息资源，为我国林业地理空间信息管理工作做出了积极贡献。目前，国家林业局提出了整合现有各类林业资源监测地理空间信息，完善综合林业监测体系的设想，为实现林业建设综合管理提供了契机。

三、林业空间信息基础设施建设与应用的需求分析

(一)对公共地理空间信息的需求分析

由于林业资源的空间分布特性，林业地理空间信息应用与信息系统建设，需要测绘、国土、民政、航天等多个行业提供基础地理、遥感、土地利用、行政区划等公共基础地理数据和气象、水利等行业专题信息，具体需求如表 2 所示。

表 2　公共地理空间信息的需求列表

序号	地理空间信息资源	应用领域
1	各种比例尺基础地理数据	林业资源调查监测；采伐流通管理；林地征占用；重点工程造林管理；森林防火监控和应急管理；林业有害生物监控和应急管理；自然保护区监测和管理、湿地资源调查等
2	各种分辨率的遥感影像数据(包括气象卫星、资源卫星等国产遥感数据和国外遥感数据等)	林业资源调查监测；林地征占用；重点工程造林管理；森林防火监控和应急管理；林业有害生物监控和应急管理；自然保护区监测和管理、湿地资源调查等
3	气象数据	沙尘暴灾害监测和评估、森林防火监控等
4	水文数据	湿地资源调查监测、荒漠化和沙化土地监测等
5	土地利用数据、地籍数据	林业资源调查监测、林地林权管理、自然保护区监测和管理、湿地资源调查等

（续）

序号	地理空间信息资源	应用领域
6	植被数据	森林火灾预测预报、自然保护区监测和管理等
7	农业用地数据等	退耕还林工程规划、管理等
8	行政区划数据	林业资源监测、自然保护区监测和管理等

(二)对空间信息交换共享平台的需求分析

一是信息共享服务需求分析。为搞好林业地理空间信息应用与信息系统，需要国家空间信息基础设施提供以下信息共享服务。

表3　信息共享服务需求内容表

编号	类型	信息共享服务需求内容
1	遥感影像信息	全国 TM 图像遥感信息数据服务
2		全国 SPOT5 图像遥感信息数据服务
3		全国气象卫星遥感信息数据服务
4		全国 TM 图像遥感信息数据服务
5		全国资源卫星遥感信息数据服务
6		其他高分辨率遥感信息数据服务
7	基础地理信息	全国 1∶5 万以上大比例尺矢量基础地理数据服务
8		全国 1∶5 万 DEM 高程信息服务
9		全国 1：5 万行政区划矢量数据查询服务
10	行业专题地理信息	全国土地利用、地籍数据相关信息服务
11		森林植被信息查询和分析服务
12		农业用地数据查询和分析服务
13		林地、荒漠化和沙化土地气象信息查询和分析服务
14		湿地、荒漠化和沙化土地地区水文信息查询和分析服务
15		交通数据查询和分析服务

二是信息安全和信息保密技术需求分析。搭建全国上下互联互通的计算机网络和涉密数据运行网络，用于支撑林业业务运行的基础地理数据和部分业务涉密数据。统一规划建设数据灾备中心，减少重复建设，加强数据安全管理。

(三)对地理空间信息标准化的需求分析

按照国际地理信息标准化定义，地理空间信息标准化包括两方面内容：一是直接引用或经过修编采用已发布实施的信息技术(IT)标准。二是地理空间数据标准，包括数据定义、数据描述、数据处理等方面的标准。目前，我国地理空间信息标准主要参考国际标准。

(四)对信息共享协调与管理的需求分析

由于缺乏空间信息共享和协调机制，重复建设、信息孤岛现象仍然存在。应尽快出台信息共享政策，避免信息孤岛及信息贬值现象的出现。

四、“十二五”期间林业空间信息基础设施建设与应用的总体思路

(一)指导方针和主要原则

指导方针。以科学发展观为指导，按照现代林业建设总体部署，以全面实现林业地理空间信息管理现代化为目标，以地理空间信息资源开发利用为中心，以地理空间信息资源整合、数据共享为突破口，尽快形成布局科学、先进实用、稳定安全的全国林业空间信息服务格局。

主要原则。由国家林业局统一领导、统筹规划全国林业地理空间信息应用与信息系统建设工作，为资源整合和协同工作打下基础。

一是实行“统一管理，分级负责”的原则。凡基础性、公共性的项目，均由国家林业局统筹安排，为林业地理空间信息应用与信息系统资源整合、信息共享提供保障。

二是实行“需求主导，面向应用”的原则。结合政府职能和管理体制，推动地理空间信息技术与林业工作相结合。

三是实行“整合资源，促进共享”的原则。基于林业空间信息基础设施基础平台，以资源共享为核心，促进互联互通，优化信息资源配置，实现共享。

四是实行“试点先行，稳步推进”的原则。选择条件比较成熟的地区和单位先行试点，取得经验后，逐步推广应用。

(二)发展目标

总体目标：按照《全国林业信息化建设纲要》及《全国林业信息化建设技术指南》有关要求，依托林业空间信息基础设施基础平台，建设重点应用系统，整合信息资源，建成上下贯通的林业空间信息应用体系，提高林业社会化服务水平，强化林业资源管理参与国家宏观决策的基本能力，为全面推进现代林业建设提供强有力的技术和信息支撑。

“十二五”发展目标：完善地理空间信息技术在林业资源监测、评价、规划、管理、保护与合理利用的各个环节的应用。完善国家级林业空间信息基础设施基础平台，完成大部分省级林业空间信息基础设施基础平台。

(三)主要任务

总体任务。健全标准和管理制度，规范林业地理空间信息应用与信息系统建设。加强林业空间信息基础设施建设，提高林业地理空间信息管理能力。整合信息资源，促进信息共享，对现有林业基础空间信息资源进行标准化整合，为林业各业务应用提供翔实、准确的基础信息。推进业务应用，力争重点领域实现突破。针对森林资源管理、森林培育、林业重点工程建设、生物多样性保护、森林防灾减灾、森林公园等业务需求，建立全国重点业务应用系统，推动林业各级相关业务管理水平、管理效率的快速提升。

“十二五”任务。包括林业资源数据库建设，林业资源监管、综合营造林管理系统和林业灾害监控和应急管理系统等重点业务系统建设和相关基础建设。林业资源数据库建设内

容包括林业基础数据库、林业专题数据库和公共基础数据库，数据覆盖林业主要业务领域。重点建设林业基础数据库，完成全国森林资源、湿地、荒漠化和沙化土地、野生动物植物资源现有调查监测成果的标准化整合和建库工作。开展林业专题数据库建设工作，围绕林业资源监管、综合营造林、林业灾害监控和应急管理三大主线，建设林业资源监管、综合营造林、林业灾害监控和应急管理三大专题数据库。公共基础数据主要来源于其他部门提供的公共、基础信息。重点业务应用系统建设。业务系统建设内容包括林业资源监管系统、综合营造林管理系统、林业灾害监控和应急管理系统等三大重点业务应用系统。

五、“十二五”期间林业空间信息基础设施建设与应用建设重点

（一）发展重点

一是建设林业地理空间数据库。包括公共基础数据库、林业基础数据库、林业专题数据库、林业综合数据库、林业信息产品库。

二是研究提升林业地理空间信息技术。采用国际先进、成熟、符合主流发展方向的空间信息技术作为核心技术，根据林业特点和需求开展相关技术的研究和开发，包括地理空间信息技术、数据管理技术、可视化技术、信息交换技术和模型模拟技术。

三是建设林业地理空间信息应用服务系统。应用服务系统基于目录和交换体系，以地理空间信息资源共享服务、业务协同服务、辅助决策和公众应用服务等形式，通过内网和外网门户为用户提供地理空间信息共享服务。

四是林业业务应用系统建设项目。林业地理空间信息应用系统包括林业资源监管系统、综合营造林管理系统、林业灾害监控与应急系统、林业重点工程监测与评价系统、国家林业卫星及卫星遥感数据应用平台建设等。

林业资源监管系统，以统一的林业资源空间分布信息为基础，用于森林资源、荒漠化土地资源、湿地资源和生物多样性资源管理等业务。

综合营造林管理系统，以实现营造林全过程信息化管理为主线，建立国家和地方营造林管理系统，实现对营造林建设现状和发展动态的信息化管理。

林业灾害监控与应急系统，在国家和地方建设森林防火监控和应急指挥、有害生物防治、野生动物疫源疫病监测管理、沙尘暴防治等系统，为林业灾害监测、预警预报、应急处理、损失评估和灾后重建等提供支撑。

林业重点工程监测与评价系统，通过对天然林资源保护工程、退耕还林工程等林业重点工程进行监测与评价，实现对重大工程进行管理。

国家林业卫星及遥感数据应用平台建设，该项目以林业遥感卫星及遥感卫星（含军用）数据为主要数据源，基于现有的卫星运行管理体系与林业资源监测业务运行体系，建设集业务运行管理、卫星遥感数据处理、数据资源整合等于一体的数据应用平台，为林业遥感应用的业务化和规范化提供重要的技术和系统支撑。

（二）发展布局

通过实施林业地理空间信息建设，将林地、湿地、沙地和生物多样性等基础林业资源数据落实到山头地块，解决好“资源分布在哪里”、“林子造在哪里”、“治沙治在哪里”等问题，形成对“三大系统”和“一个多样性”的全面有效监管。通过上下联动的网络运行，实现国家对各级林业资源管理过程中的关键环节的有效监控，确保林业资源管理更加规范化、程序化。通过网络、信息交换等信息技术手段，实现国家和省级林业资源信息的同步，为全面了解林业资源分布及辅助决策打下基础。充分利用现代高新技术加强林业资源动态监测，形成上下联动、及时同步，确保每一个“山头地块”上的林业资源都能够做到可查、可测、可管。

林业地理空间信息建设与应用实行分工负责制。国家林业局负责国家林业地理空间信息建设，与各省区市林业地理空间信息进行数据交换与共享。各省区市地理空间信息管理和系统应用，可根据地方实际情况，分为采用省级托管集中式管理和省、市、县分级管理。林业地理空间建设以骨干工程为主，采取分期建设，先行试点的方式进行。

国家林业局办公室关于印发《全国林业网站绩效评估标准(试行)》和《全国林业网站绩效评估办法(试行)》的通知

办信字〔2010〕187号

各省、自治区、直辖市林业厅(局),内蒙古、吉林、龙江、大兴安岭森工(林业)集团公司,新疆生产建设兵团林业局,各计划单列市林业局,国家林业局各司局、各直属单位:

为全面推进林业政务公开和信息发布,积极拓展林业在线服务和网上办事,有效整合林业信息资源,不断提升林业网站的建设和运维水平,依据《国务院办公厅关于加强政府网站建设和管理工作的意见》(国办发〔2006〕104号)和《中国林业网管理办法》(林办发〔2010〕185号),经认真调研和多方论证,我局组织制定了《全国林业网站绩效评估标准(试行)》和《全国林业网站绩效评估办法(试行)》,现印发你们,自印发之日起执行。执行中有何意见及建议,请及时反馈我局信息办。

特此通知。

附件:1. 全国林业网站绩效评估标准(试行)

2. 全国林业网站绩效评估办法(试行)

国家林业局办公室

二〇一〇年十二月十五日

附件 1

全国林业网站绩效评估标准（试行）

一、各司局、各直属单位网站评估指标体系及评分标准

一级指标	二级指标	三级指标	指标说明	分值
信息公开（50 分）	机构设置	领导简介	考察网站是否发布本单位主要领导姓名、工作简历、工作分工、工作照等信息。	2.0
		组织机构	考察网站是否发布本单位机构设置情况，包括内设机构和下属单位名称、职能、联系方式等信息。	2.0
	动态信息	通知公告	考察网站是否及时发布本单位发出的各种通知公告信息。	3.0
		工作动态	考察网站对本单位工作动态信息的发布数量与信息质量。	5.0
		业务信息	考察网站信息加载的总体情况。包括加载信息数量、信息质量、图片数量、信息全面性、更新频率等。	20.0
	热点专题	专题建设	考察网站围绕会议、活动、部门职责等建立的专题栏目的丰富度，专题内容及质量。	5.0
		专题更新	考察热点专题栏目的内容更新情况。	2.0
	法规政策	法规政策	考察网站是否发布有关法律法规和本单位的政策文件。	2.0
		政策解读	考察网站对有关政策制度的解读情况。	3.0
	规划计划	发展规划	考察网站对本单位制定的相关规划的公开情况。	2.0
		工作计划	查看本单位年度、专项工作计划及执行情况的公开程度。	2.0
	项目成果	成果展示	考察网站对单位业务成果的展示情况。	2.0
在线办事（10 分）	办事内容	业务办理	考察网站是否提供单位业务在线办理功能，如办事指南、表格下载、在线申报等。	5.0
		办理查询	考察网站是否提供单位业务在线查询功能，如业务办理状态查询、业务办理结果查询等。	5.0
公众参与（10 分）	业务咨询	交流渠道	考察网站是否提供公众业务咨询的渠道即咨询交流平台。	2.0
		互动效果	考察业务咨询交流平台的易用性、在线交流形式、意见回复等情况。	3.0
	民意征集	征集渠道	考察网站是否提供民意征集的渠道。	2.0
		征集效果	考察网站征集渠道易用性、征集形式、意见反馈等情况。	3.0
网站管理（20 分）	组织领导	领导小组	考察是否有网站管理领导小组 ，是否由本单位主要领导担任组长。	3.0
		工作机制	信息采集报送及发布是否有明确流程。	2.0
	人员保障	管理人员	考察网站是否设立或指定网站管理、内容保障、运行维护的工作岗位，配备专职或兼职管理人员。	3.0
		内部配合	内部职责分工及对网站管理的响应度。	2.0
	对主站信息的贡献	信息报送	考察对国家林业局主站内容的信息报送情况，对主站设立的相关栏目的信息更新情况。	5.0
		职责配合	考察对主站在线服务和访谈直播活动的支持情况，领导活动的配合情况。	5.0

续表

一级指标	二级指标	三级指标	指标说明	分值
网站设计（10分）	页面展示	页面效果	考察网站首页布局、个性化设计、栏目安排的合理性与相对全面性。	5.0
	功能服务	搜索功能	考察网站搜索引擎功能的实用性和易用性。	2.0
		导航链接	考察网站是否提供网站地图，是否设置站内导航，是否可轻松返回上级页面，以及与国家林业局主站、其他省级林业网站等的链接情况。	2.0
		联系方式	考察网站是否提供网站维护单位及联系方式。	1.0

二、各省级林业网站评估指标体系及评分标准

一级指标		二级指标		三级指标		
指标名称	分值	指标名称	分值	指标名称	分值	评分细则
信息公开	45	信息公开规范化	6	公开指南	1	本部门信息公开指南及制定情况，分值1
				公开目录	4	是否按照《政府信息公开目录系统实施指引》（试行）中的有关要求建设，分值2
						是否通过目录能访问到相关内容，分值2
				公开年度报告	1	是否发布本年度信息公开报告，分值1
		主动公开	35	机构职能	2	领导信息公开情况，分值1
						部门职责与内设机构及分工公开情况，分值1
				政府文件	5	本部门发布的公文的公开情况，分值5
				通知公告	3	本单位发出的通知公告公开情况，分值3
				人事任免	3	干部任免信息公开情况，分值1
						公务员考录信息公开情况，分值1
						工作人员招考信息公开情况，分值1
				财政公开	3	政府采购与招标信息公开情况，分值1
						部门预算信息公开情况，分值2
				动态信息	6	本省区市各级林业主管部门工作动态的发布情况，分值6
				计划规划	3	本省区市各级林业规划或专项规划公开情况，分值2
						本省区市年度计划信息公开情况，分值1
				林业统计	2	本省区市林业统计信息公开情况，分值2
				林业标准	3	林业行业标准公开情况，分值2
						地方林业标准公开情况，分值1
				专题建设	5	反映本地当前林业重点工作的专题专栏建设情况，分值5
		依申请公开	4	指南类信息	2	依申请公开指南、程序、办理时限和收费标准等公开情况，分值2
				渠道建设	2	开设在线依申请公开的渠道，分值2

续表

一级指标		二级指标		三级指标		
指标名称	分值	指标名称	分值	指标名称	分值	评分细则
在线服务	20	下载服务	5	资料下载	5	提供各种资料下载(包括表格、文本、图片、软件等)的数量和质量，分值5
		网上办事	15	办事指南	3	提供办事指南的行政许可事项占本部门所承担全部行政许可事项的百分比，分值3
				表格下载	3	提供表格下载的行政许可事项占需提供表格下载的本部门所承担全部行政许可事项的百分比，分值3
				在线申报	3	实现在线申报功能的行政许可事项占本部门所承担全部行政许可事项的百分比，分值3
				状态查询	2	实现办事状态查询的行政许可事项占本部门所承担全部行政许可事项的百分比，分值2
				结果反馈	2	实现办事结果查询和反馈的行政许可事项占本部门所承担全部行政许可事项的百分比，分值2
				服务一体化	2	是否将网上办事全流程应覆盖的五项服务，即办事指南、表格下载、在线申报、状态查询、结果反馈等进行全面整合，分值2
公众参与	20	互动交流	12	领导信箱	4	信件处理与反馈的质量，分值2
						信件处理与反馈的更新情况，分值2
				投诉举报	4	投诉内容、投诉处理结果公开反馈的质量，分值2
						投诉内容、投诉处理结果公开反馈的更新情况，分值2
				在线咨询	4	在线咨询的处理与反馈质量，分值2
						在线咨询的处理与反馈更新情况，分值2
		征集意见	4	网上调查	4	是否设有网上调查栏目，分值2
						调查主题是否与当前的政务相关，分值2
		访谈直播	4	访谈直播	4	访谈直播的质量，分值2
						访谈直播的更新情况，分值2
网站设计与管理	10	页面设计	3	首页布局	1	网站首页布局的合理性，是否能够少于3次点击即可定位查询内容，分值1
				个性设计	1	页面简洁、美观、大方，特色突出，分值1
				栏目设置	1	栏目设置是否方便用户查询和浏览，分值1
		功能服务	4	搜索功能	2	是否提供全文和关键字检索，分值1
						是否提供高级检索，分值1
				导航链接	1	站点地图、栏目导航的质量，林业系统上下级单位网站的链接数量和质量，分值1
				联系方式	1	是否提供网站维护单位及联系方式，分值1
		制度建设	3	网站管理制度	2	网站管理制度的制定情况，分值2
				网站内容保障制度	1	网站内容保障制度的制定情况，分值1

续表

一级指标		二级指标		三级指标		
指标名称	分值	指标名称	分值	指标名称	分值	评分细则
特色服务	5	—	—	—	—	上述指标之外的，有特色的功能建设、技术应用情况等，分值5

附件2

全国林业网站绩效评估办法(试行)

一、目的意义

开展全国林业网站绩效评估是全面了解和掌握林业主管部门网站现状的重要工具和手段，也是推动林业主管部门网站体系建设的有力抓手。对于持续改进与优化网站功能与服务，促进均衡发展，规范全国林业系统网站建设与管理全面发展具有重要意义。

二、评估目标

围绕建设透明、服务型政府的要求，深化政府网站“信息公开、在线服务、公众参与”三大功能定位，逐步实现以评促建和以评促用的目的，引导和推动全国林业网站不断科学发展，树立林业网站良好窗口形象，为全面推进现代林业建设营造良好舆论氛围。

三、评估范围

国家林业局各司局、各直属单位子站；各省、自治区、直辖市林业厅(局)，内蒙古、吉林、龙江、大兴安岭森工(林业)集团公司，新疆生产建设兵团林业局，各计划单列市林业局网站。

四、评估依据

以中国林业网智能监管系统提供的各网站日访问量、信息加载量、向主站信息报送量等日常监测数据为主要依据，按照《全国林业网站绩效评估标准》(试行)的指标体系和评估分值，结合各网站的信息质量、网站功能、网站设计与管理、运行维护等有关情况，进行综合打分与绩效评估。

五、评估方式

运用科学的评估手段和客观的评估指标，根据政府网站建设的有关要求，采取人工访问、人工核查和专家评审委员会考评相结合的方式，对网站的功能定位、结构设计、运行维护、展示效果等进行检验和评价。

（一）人工访问：由不少于20名的信息技术专家、林业专家和网站管理专家等，登录国家林业局各司局、各直属单位子站和各省、自治区、直辖市林业厅（局），内蒙古、吉林、龙江、大兴安岭森工（林业）集团公司，新疆生产建设兵团林业局，各计划单列市林业局网站，对照《全国林业网站绩效评估标准》（试行）进行评分。

（二）人工核查：由不少于2名的信息技术专家，登录各单位网站逐项进行核查评分，必要时根据需要进行模拟用户访问。

（三）专家评审委员会考评：聘请不少于5名具有高级职称/职务的专家组成专家评审委员会，在专家考评会上进行综合评议。

六、评估时间

每年12月5～20日进行网站评估，12月25～30日发布评估结果。

七、评估步骤

（一）采集各网站评估数据并整理分析。

（二）统计评估数据并撰写评估报告。

（三）组织召开评估结果专家评审会。

（四）发布评估结果。

八、评估组织

全国林业网站绩效评估工作由国家林业局信息办统一组织，聘请有关技术人员和专家采集数据并实施评估工作。必要时聘请第三方网站绩效评估或评测专业技术队伍，进行第三方评估。

国家林业局信息办关于印发《国家林业局信息办财务与资产管理办法（试行）》的通知

林信函〔2010〕35 号

信息办各处：

《国家林业局信息办财务与资产管理办法（试行）》已经信息办全体会议审议通过，现印发给你们，请结合工作实际认真贯彻执行。

附件：《国家林业局信息办财务与资产管理办法（试行）》

国家林业局信息化管理办公室
二〇一〇年十二月二十三日

附件

国家林业局信息办财务与资产管理办法

（试行）

第一章 总 则

第一条 为加强国家林业局信息化管理办公室（信息中心，以下简称信息办）财务和资产管理，提高资金使用效益，确保国家资产安全，根据国家有关法律法规及国家林业局有关法规规定，结合信息办工作实际，制定本办法。

第二条 财务管理是根据财经法规制度，按照财务管理原则，组织财务活动、处理财务关系的一项经济管理工作，是国家、单位运作的重要组成部分。

第三条 固定资产是指一般设备单价在800元以上（含800元），使用年限在一年以上，并在使用过程中基本保持原有物质形态的资产。

第四条 综合处负责信息办财务和资产管理工作。

第五条 本办法适用于信息办全体干部职工。

第二章 财务管理制度

第六条 财务管理的基本原则：执行国家有关法律、法规和财务规章制度，严格收支管理，合理调控，厉行节约，杜绝奢侈浪费，提高资金和资产使用效益。

第七条 财务管理的主要任务：

（一）加强资金管理，严格控制支出，定期编制财务报告，如实反映单位财务情况，进行财务活动分析；

（二）建立健全内部财务管理制度，对信息办的经济活动进行控制和监督；

（三）加强国有资产管理，防止国有资产流失。

第八条 依照《会计法》有关要求，信息办主要负责人是会计行为的责任主体，对资金管理全面负责。信息办1名副主任受主要负责人委托分管财务工作，对信息办资金管理负具体责任。综合处长、财务分管负责人受主要负责人委托，具体分管财务管理工作。

综合处设会计和出纳各1名。会计和出纳应按照国家有关法律法规履行相应职责，确保资金安全。

第九条 会计岗位职责：

（一）根据国家林业局计财司核定的年度经费预算指标，结合年度工作计划，编制和执行年度经费预算及收支计划，开展年度工资测算、住房公积金及住房补贴测算上报等工作。

（二）根据有关规定，落实各项财务制度，接受上级领导和有关部门的检查指导。

（三）负责编制各类会计报表，对会计报表及其会计资料的合法合规性、真实性、可靠性负责；分析报告期内经费执行情况；按要求及时准确报送各种报表。

（四）参与单位经济合同、协议的拟定工作。

（五）按照财务规章制度和各种开支标准审核凭证，严格把好审核关，复核原始凭证、记账凭证，对原始凭证内容是否真实、手续是否齐全、数字是否准确、负责人和经办人是否签字、复核记账凭证是否附有原始单据、科目是否符合会计制度规定、余额是否准确平衡、摘要是否准确反映了经济业务等进行复核把关；对原始凭证、凭单的合法性、正确性进行审核。

（六）正确运用会计科目，填制记账凭证，对记账凭证、账簿、会计报表的准确性负责。

（七）复核账簿、数据有无余额及科目差错。

（八）复核会计报表内容是否齐全、数字是否真实，各表、项目之间的对应关系、数据是否一致，计算是否准确，填报人是否签章。

（九）在复核过程中发现问题和差错，应及时更正。

（十）按会计制度规定建立总账、明细账。

（十一）及时登记账簿。定期结账、对账，做到账实相符，账账相符。及时清理往来账款，对账簿数据的正确性负责。

（十二）对计算机会计系统的安全可靠运行负责，并对计算机系统处理的会计数据的安全和准确性负责。

（十三）正确备份、恢复和保管会计数据，定期对计算机进行维护保养，确保系统正常运行。

（十四）对会计资料档案的完整、安全负责，定期汇集、整理会计档案资料，并装订成册。会计档案包括：会计账簿、凭证、报表、软盘。

（十五）年终将本年度会计账簿、报表及其他会计资料进行收集、整理、装订、立卷、归档。

（十六）按照财政部《会计档案管理办法》有关要求，妥善保管会计档案，未经批准，不得将会计档案转借、带出或销毁；设置档案调阅登记簿，负责会计档案的调阅和收回工作。

（十七）保管财务专用印章，完成办领导以及处长交办的其他工作。

第十条 出纳岗位职责：

（一）妥善保管现金、支票、有价证券和法定代表人名章。对银行存款、库存现金、有价证券的安全完整和现金收付的准确性负责；

（二）严格按照国家有关银行结算制度的规定，正确运用各种结算方式，办理银行收付款业务。随时掌握银行存款余额，及时传递银行结算单据；

（三）严格执行国家有关现金管理制度，办理现金收付业务。按照银行规定的库存限额留存现金，不得挪用或坐支现金；

（四）未经签批，不得擅自办理现金报销、签发支票及转账手续；

（五）正确登记银行存款、现金日记账，并及时与银行对账单核对。现金日记账按规定期限结出余额，并与库存现金核对，做到日清月结，账款相符；

（六）根据综合处出具的工资及补贴方案，准时、正确地发放在职职工工资和各项补贴费用；

（七）负责统计工作。登记劳动工资台账，编报统计报表；

（八）按照国家税法规定，及时、正确地代扣代缴各种税金；

（九）固定资产登记保管；

（十）办理事业单位法人证书及机构代码证书的年度报检，税务年检；

（十一）办理“机关、事业单位工作人员工资统计报表”和“国有事业单位管理人才、专业技术人才资源统计报表”的填报工作；

（十二）完成办领导和处长交办的其他任务。

第十一条 根据年度工作计划及其他各项任务、预算年度的收支增减因素，参考上年度预算执行情况，测算编制年度预算建议指标，经财务分管负责人审定后提交主任办公会审议通过后，第一次上报计财司。

第十二条 根据计财司批准下达的预算指标，编制年度预算收支计划，经综合处处长、财务分管负责人审定后提交主任办公会审议通过后，第二次上报计财司，经批复后执行。

第十三条 在预算执行过程中，遇事业计划有较大调整，或根据国家有关政策增加支出需追加预算时，相关处室会同综合处提交相关报告，经财务分管负责人审定后报主任办公会审议通过后，上报计财司。

第十四条 事业经费支出按当年预算和有关财经法规，由主任办公会统筹安排，财务人员具体执行和核算。

根据林业信息化工作安排需临时增加支出时，相关处室在提前协调综合处落实经费预算后，提交相关预算报告报主要负责人批准后开展相关工作，费用发生后按有关财务管理规定予以核销。

第十五条 专项经费是计财司或其他部门拨入的指定专门用途、单独核算的资金。此项经费与专项任务挂钩使用。

第十六条 专用基金是按照规定提取或设置的有专门用途的资金。按照国家规定比例提取和使用。

第十七条 基本建设资金应严格按照局下达的计划使用。年度预、决算经财务分管负责人或主要负责人签批上报计财司。

第十八条 各项费用支出必须严格执行国家财务制度、费用开支标准及信息办有关规定，不得擅自扩大范围或提高标准。

第十九条 按照财务权限分级管理体系，各项经费支出（含借款）实行分级审批：

（一）综合处处长负责对工资、各项补贴、差旅费、医药费、物业费、日常办公费用的支出（或借款），以及5000元（含）以下的设备采购、接待费费用的支出（或借款）进行初审后报财务分管负责人或主要负责人批准。

（二）主要负责人、财务分管负责人除可审批综合处长权限范围内的各项支出外，同时负责审批5000元（含）以上、2万元（含）以下的设备采购、接待费、会议费支出。

（三）2万元以上的各项支出（或借款），须经主任办公会议或办务会议决定，由财务分管负责人或主要负责人签字。

（四）各审核人员对各项支出的必要性负责。

（五）每周周一和周三报销各项支出费用。

（六）审批人本人的借款和支出须由其他审批人审批。

第二十条 严格按照国家规定的现金使用范围支付现金，超过结算起点（1000元）的支出（除差旅等不便使用支票的）应通过银行办理转账结算手续。

第二十一条 借款及支出审批报销程序：

（一）各类费用报销、因公借款（含现金和支票）均由经办人制单，会计审核，按第十九条审批权限进行审批。未经审批、审核的单据，出纳不得办理借款或报销手续。

（二）借用现金在1万以上的，应提前2天通知财务备款。

（三）借款人须按借款用途使用资金，不准挪作他用，并及时办理报销手续。所借支票丢失须立即报告财务人员和有关领导，并通知银行挂失。如造成经济损失由借款人负责。

（四）各项费用报销，必须取得合法的原始凭证，并粘贴牢固整齐。报销凭单须用蓝黑墨水笔或签字笔准确填写。

（五）因公务外出，副处级（含）以上干部可乘坐飞机，副处长以下干部原则上乘坐火车，如遇特殊情况需乘飞机前往的，行前需提交书面申请报综合处长审核并报财务分管负责人批准。如乘火车，副司局级干部可购置软席。

差旅费报销执行财政部文件规定。

（六）出国差旅费报销按财政部、外交部文件规定执行。但参加履约会议，因会议主办方指定住宿饭店，造成住宿费超标的，据实报销，报销时出国人员要写出书面说明作为报销单据附件。

（七）综合处负责办公用品采购工作，未经批准，其他处室不得随意购买办公用品。采购计算机等办公设备，须事先提报采购申请单，详细列出需采购物品的名称及数量，经财务分管负责人或主要负责人批准后按《政府采购法》有关规定进行采购。采购物品发票须列明采购物品的数量、单价和总价，经会计对采购申请单、发票、实物审核无误报综合处处长签字后报销。

（八）除开展重大活动，召开重要会议等特殊情况外，原则上每处每月电话费不得超过100元，如超出预算，从处长当月工资中扣除。

（九）因公务活动接待需在外就餐时，由综合处统一安排，接待标准按有关规定执行。

（十）办理报销信息办组织召开的各类会议的会议费，应提供经主要负责人批准的会议经费预决算、会议费发票、政府采购结算单、盖有会议承办单位财务章的会议支出明细单、决算表。

（十一）在本市使用现金、支票后，3 个工作日内办理报销手续。到外地出差，在回京后 7 个工作日内办理报销手续。上次借款未报账者，一般不予办理再次借款。

（十二）资金使（借）用人填写资金借条、领取现金或支票、报销手续必须由本人完成。

第二十二条 综合处应定期向主要负责人、财务分管负责人及有关部门提交财务报表或财务报告。

第二十三条 预算年度结束时，编制年度财务报表，做到报表齐全，内容真实，数字准确，账表相符。并认真编写财务报表说明，对本年度财务收支活动情况进行全面分析。年度财务报表由财务分管负责人审核后报主要负责人签发后报计财司。

第二十四条 财务人员要遵守职业道德，廉洁奉公，忠于职守，坚持原则，热情服务。遵守财经法规，严格会计审核，对违反财经纪律和财务制度的行为要及时纠正。

第二十五条 信息办接受上级有关部门的指导、监督、检查。

第三章 财务稽核制度

第二十六条 会计人员依据有关法律法规及相关制度，对单位的经济活动进行会计监督。

第二十七条 各项收支必须按照《财务管理制度》的审批程序和权限，经有关人员签批后入账。

第二十八条 出纳人员对原始凭单进行再次核对，确认无误后办理收付款手续，并在原始凭证上加盖收付讫章。未经审批人审批、会计审核，出纳人员不得办理借款或报销手续。

第二十九条 出纳人员将当日已加盖收付讫章的原始凭单，记入银行及现金日记账后，交会计人员。

第三十条 会计人员对原始凭单做进一步复核后，按规定填制记账凭单。

第三十一条 会计人员对全部记账凭证、账簿、报表进行审核把关，保证其完整性、准确性。

第四章 资产管理制度

第三十二条 建立健全资产管理和使用责任制，做到统一管理，集中和分散保管相结合，确保物尽其用。

第三十三条 根据统一管理，分工负责的原则，各处室资产的配置由信息办统筹安排。购置资产由相关处室提出申请，经办务会研究批准后，由综合处按照《政府采购法》和国家林业局政府采购中心的规定进行办理。

第三十四条 设备购置后，经手人须持发票经本人、综合处处长和财务分管负责人审核签字，并经出纳人员验货记账入库后办理报销手续。

第三十五条 综合处是信息办物资管理的一级单位，指定专人负责日常办公所需固定资产的验收、配发、登记、检查和维修工作。

保障国家林业局办公网、中国林业网和林业专网运行的各类设备等固定资产，由相关处室负责保管和日常维护，并会同综合处进行登记、入账。

第三十六条 坚持账物分开。资产管理人员根据发票、验收单建立固定资产台账，并按照固定资产的名称、规格、数量、金额、购进日期设置卡片。会计负责建立固定资产总账。

第三十七条 资产管理人员要定期了解各种物资、设备的使用情况，每年对固定资产组织一次清查盘点，并与会计核对账目，做到物账相符、账卡相符。如有盈亏，应查明原因，说明情况，编制固定资产盘盈盘亏表，报经综合处处长和财务分管负责人批准后，会同会计共同调整固定资产账目。

第三十八条 办公桌、椅、柜、电脑、打印机、传真机等设备由各处室统一领取、保管使用。

第三十九条 对不按操作规程使用或玩忽职守引发事故，造成设备物资损坏的，经调查核实后，按有关规定追究当事人的责任，并承担一定的经济赔偿。凡属于个人丢失或损坏的设备物资，当事人应当赔偿或修理。

第四十条 固定资产的调拨、报废、转让、变卖，执行林规发〔2010〕34 号文件规定，由综合处统一管理。

第四十一条 固定资产的变价收入和固定资产报废后收回的残值按国家有关规定执行。

第五章　公费医疗管理制度

第四十二条 信息办正式职工及其年未满 18 周岁(含)的子女，均适用本制度。

第四十三条 职工及子女在和平里医院、中日友好医院、社区医院、个人选择并经主任办公会议批准的一家正规医院就医，子女可在儿童医院和儿研所就医。医疗费用可按规定报销。因急诊在上述医院以外就医的，要提交急诊挂号单和急诊诊断书。因特殊疾病需在上述医院以外就医的，由职工提出申请报经综合处处长和财务分管负责人批准。报销医疗费均需附医生处方。

第四十四条 职工每人每月发放基础医疗费 70 元。基础医疗费不随工资发放，年底时经汇总统计，单独发放节余部分。当职工医疗费支出超过全年基础医疗费总额后，超出部分按 90% 报销。子女医疗费按 50% 报销，其余部分由配偶单位报销。

第六章　附　则

第四十五条 本办法由国家林业局信息办负责解释。

第四十六条 本办法自印发之日起执行。

国家林业局办公室关于召开全国林业信息化示范省建设工作座谈会的通知

办发字〔2010〕193号

北京、河北、山西、内蒙古、辽宁、浙江、福建、江西、山东、河南、湖北、湖南、广东、广西、四川、云南、陕西省、自治区、直辖市林业厅(局)，中国吉林森林工业集团有限责任公司：

为认真总结推广首批全国林业信息化示范省建设经验，更好地发挥典型示范引领作用，经研究，我局决定在北京召开全国林业信息化示范省建设工作座谈会。现将有关事项通知如下：

一、会议主要内容

(一)听取首批全国林业信息化建设示范省经验交流汇报。

(二)申报第二批全国林业信息化建设示范省的省区市，汇报一年来林业信息化建设情况及亮点。

(三)颁发首批全国林业信息化建设示范省奖牌。

(四)宣布首次中国林业网子站和各省区市林业厅(局)网站测评结果。

(五)宣布"十一五"全国林业十件大事和2010年全国林业信息化十件大事评选初步结果。

(六)讨论《全国林业信息化发展"十二五"规划》。

(七)讨论《中国林业信息化发展战略研究报告》。

二、会议时间地点

会议时间：2010 年 12 月 27～28 日，会期 2 天。

报到时间：2010 年 12 月 26 日。

会议地点：北京国林宾馆(北京市东城区和平里 7 区 24 号楼)。

三、参会人员

有关省区市林业厅(局)信息办(信息中心)主任 1 人(4 个首批全国林业信息化建设示范省可带 1 名助手)。

四、其他事项

(一)请首批全国林业信息化建设示范省提前准备 PPT 汇报材料。

(二)请申报第二批全国林业信息化建设示范省的省(区、市)林业厅(局)，按照《国家林业局办公室关于开展林业信息化示范省(区、市)建设工作的通知》(办信字〔2009〕113 号)要求，提前准备 PPT 汇报材料。

(三)请参会人员同时准备书面汇报材料一式 40 份。

(四)请将参会人员名单于 12 月 24 日下午下班前报至我局。

联 系 人：国家林业局办公室 高尚仁，徐 前

联系电话：010－84238966，84238311

特此通知。

国家林业局办公室

二〇一〇年十二月二十四日

THREE YEARS 2009-2012

2011 NIAN

2011年

林业信息化
Forestry Informatization

国家林业局信息办关于认真贯彻落实全国林业信息化示范省建设工作座谈会会议精神的通知

信综发〔2011〕1号

各省、自治区、直辖市林业厅（局），内蒙古、吉林、龙江、大兴安岭森工（林业）集团公司，新疆生产建设兵团林业局，各计划单列市林业局，国家林业局各司局、各直属单位：

为进一步深化全国林业信息化示范省建设工作，加快推进全国林业信息化，我局于2010年12月27～28日在北京召开了首次全国林业信息化示范省建设工作座谈会。这次会议是在全面贯彻党的十七大、十七届五中全会和中央经济、农村、林业工作会议精神，全面加快推进林业信息化建设的新形势下召开的一次十分重要的会议，国家林业局党组书记、局长贾治邦同志出席会议并发表题为《高度重视林业信息化在现代林业建设中的重大作用》的重要讲话，国家林业局党组副书记、副局长祝列克同志作了题为《大力推进林业信息化示范建设，带动现代林业又好又快发展》的报告，现印发给你们，请结合工作实际，认真贯彻执行。会议结束时，国家林业局信息办李世东主任作了总结讲话，一并印发你们，供参考。

附件：1. 高度重视林业信息化在现代林业建设中的重大作用——贾治邦局长在全国林业信息化示范省建设工作座谈会上的讲话

2. 大力推进林业信息化示范建设　带动现代林业又好又快发展——祝列克副局长在全国林业信息化示范省建设工作座谈会上的讲话

3. 李世东主任在全国林业信息化示范省建设工作座谈会上的总结讲话

国家林业局信息化管理办公室

二〇一一年一月十七日

附件1

高度重视林业信息化在现代林业建设中的重大作用

——在全国林业信息化示范省建设工作座谈会上的讲话

贾治邦

（2010年12月27日）

刚才，祝列克同志代表局党组作了一个非常重要的报告，充分肯定了一年来信息化各项工作取得的成效，客观分析了信息化工作面临的机遇和挑战，对今后信息化发展提出了明确的要求，具有很强的针对性，讲得很生动、很好，对今后的信息化工作具有很重要的指导意义。会后要印发与会代表和各司局、各直属单位，大家一定要认真学习领会，深入贯彻落实。下面，我再强调三点。

一、信息办做了大量卓有成效的工作，取得了非常明显的成效

2009年之前，全国林业信息化工作比较分散，各司局、各单位的信息化工作诸侯割据，大家都在建网站，还建数据库和应用系统，但标准制式不统一，各自为政，信息孤岛很多，不能实现互联互通、资源共享。为消除林业信息化重复建设和资源浪费现象，2009年初，按照国家信息化建设的总体部署，根据国内外信息化发展的理论与实践、形势与任务，结合国情、林情，局党组决定成立国家林业局信息化管理办公室，大力推进林业信息化建设，加大信息资源整合力度。2010年3月，中央编办正式批复成立了国家林业局信息中心。信息中心与信息办两块牌子，一套人马。

信息办成立以来，按照局党组的要求，在有关部门的配合下，统一规划，整合资源，勤勉工作，化解矛盾，在困难中前进，在协调中发展，做了大量卓有成效的工作，进展快，标准高，效果好。编制了《纲要》和《指南》，完成了全国林业信息化顶层设计；成功筹备召开了首届全国林业信息化工作会议，确立了全国林业信息化总体思路；建成了高标准的内网、外网、专网，形成了全国林业信息高速公路；林业综合办公系统正式上线运行，全国林业系统开始进入无纸化办公时代；整合改造了各司局、各单位网站，形成了“中国林业网”统一门户网站；强化了数据库和应用系统建设整合，信息资源共享迈出了实质性步伐；积极推动“金林工程”立项，大力开展示范工程和示范省建设；编撰了首部《中国林业信息化发展报告》，开展了首次“中国林业信息化发展战略”研究；努力加强制度和标准建设，林业信息化逐步走上了规范化管理轨道；加强信息化机构队伍建设，中央编办正式批复成立了国家林业局信息中心等，取得了非常明显的成效，圆满完成了局党组部署的各项任务。林业信息化成为现代林业发展的一大亮点，赢得了国务院办公厅和有关部委的赞誉，许多部委来我局参观考察，在林业信息化发展史上乃至我国林业发展史上具有里

程碑意义。这些成绩的取得，得益于全国林业系统广大干部职工，尤其是信息办的同志们付出的辛勤努力，局党组对林业信息化建设取得的成绩非常满意。

希望信息办和全国林业信息系统的同志们，继续发扬辛勤努力、团结奋进、无私奉献、爱岗敬业的光荣传统，力争把今后的林业信息化工作做得更好。同时，希望各司局、各单位和各地林业部门今后更加重视信息化工作，积极支持、配合信息办把这一现代林业的重要支柱做大做强。

二、林业信息化工作非常重要，任务十分艰巨而光荣

近年来，党中央、国务院对林业工作做出了一系列重要指示，巩固林业的“四个地位”，实现林业的“四大使命”和“五大功能”，都必须按照胡锦涛总书记“三个依靠”、“两个着力”、实现“双增”目标的指示精神，全面贯彻以生态建设为主的林业发展战略，发展现代林业，建设生态文明，推动科学发展。发展现代林业是林业工作的总任务，建设生态文明是林业工作的总目标，推动科学发展是林业工作的总要求，三者相互联系，相互促进。这既是林业改革和发展的核心和主题，也是今后林业发展的旗帜和方向。

科学化、信息化、机械化是现代林业的三大支柱。林业现代化首先必须有林业的信息化，林业信息化是林业现代化最主要、最具有标志性意义的任务。没有林业的信息化，就没有林业的现代化，就无法建成真正意义上的现代林业。现代林业是用现代技术装备的林业，信息技术是当今世界最典型、集成度最高的现代技术。所以，现代林业首先是用现代信息技术装备的林业。

林业围绕生态系统建设，拓展了很多职能，林业部门管理的林地、沙地、湿地占国土面积的56%，这些都是非常重要的生产资料。不借助于现代信息手段，就搞不清现状，就无法管理好林业庞大、复杂的资源，也无法科学有效地指导林业产业发展和生态文化建设。最近我到北京市调研，他们对照2003年与目前的卫星照片，土地的变化情况一目了然。如果各省区市都能把管辖的森林、湿地、沙地、生物多样性等林业资源信息采集处理，形成全国统一的林业信息资源基础数据库，就可以随时了解全国林业资源的变动情况，做出合理的规划和安排，做出科学的工作决策。

在目前城市周围土地严格控制和投资风险日益增大的情况下，依法保护林地、湿地和野生动植物等稀缺资源的任务更加艰巨，从中央到省、市、县、乡都要利用先进的信息手段来管理林业，没有林业信息化，林业资源保护利用也搞不好，这些工作都凸显了信息化的极端重要性。

三、林业信息化必须打破条块分割，实行“五个统一”

怎样才能搞好林业信息化？国内外的实践、行业内外的实践都充分证明，搞好林业信息化，必须避免各自为政，实行“五个统一”，即统一规划、统一标准、统一制式、统一平

台、统一管理。信息办的主要任务，就是搞好组织、协调、指导、监督和管理工作，落实好“五个统一”。

（一）统一规划。林业信息化建设首先要明确应该做哪些事情，然后做好统一规划，根据规划逐步实现。林业信息化是一项非常重要的系统工程，必须做一个成一个，投资一定要产生相应的效率和效益。2009 年初，国家林业局颁布了《全国林业信息化建设纲要（2008 ~ 2020 年）》和《全国林业信息化建设技术指南（2008 ~ 2020 年）》，这是我们推进林业信息化的纲领性文件，对未来 10 年的信息化工作作了总体部署和安排。目前，信息办会同计财司等有关司局正在抓紧编制《全国林业信息化发展“十二五”规划》，即将印发。同时，指导未来 20 年信息化工作的《中国林业信息化发展战略研究》已完成初稿。这些都是结合林业现状作的统一谋划，发展思路非常清晰，是统一规划的具体体现。信息办工作很有章法，抓得很好。下一步，各司局、各直属单位要积极配合信息办工作，在统一规划指导下开展信息化工作，共同抓好规划的落实。林业信息化建设如同登山，每个阶段都很重要，都是在为下一个阶段打基础，一点一点爬到新的高度。有了统一的规划，在具体实施上，按照“由易到难”的原则逐步实施，从基础建设向应用推进，应用从简单逐渐向主体业务推进。

（二）统一标准。林业信息化需要制定统一的信息技术标准，统一标准是林业信息化建设的关键，是确保各种信息流在不同层级、不同部门间顺利流动的前提。在此基础上，才能整合提升目前分散的信息系统。如果建设标准不统一，即便建设速度再快，质量再高，建成一个系统，就形成一个孤岛，也无法连接到国家林业局统一的大平台。信息办成立以来，把与信息化相关的国际标准、国家标准、行业标准进行了认真梳理，并且研究制定了 8 个急需标准，从数据代码、功能要求、交换标准等方面进行规范，为林业信息化的规范建设与高效发展奠定了坚实基础。各地各单位都要认真贯彻执行这些标准。目前，信息办正在抓紧组织制定另外 13 个信息化相关标准。但标准化工作还不能完全适应全国林业信息化全面快速发展的要求，需要进一步加强，通过标准规范，来提高数据采集质量，解决数据的一致性、适应性问题。要尽快完成一批高技术含量的基础性综合类标准，争取早日形成比较完备的林业信息化标准体系。

（三）统一制式。林业信息化应用的软件系统，要尽量做到上下统一，避免相同的事情，用多种互不兼容的软件来支撑。因为如果制式不统一，各层级、各系统之间就会存在壁垒，林业系统就无法形成一个真正意义上的完整统一的大平台，就会浪费国家对林业信息化建设的投资。实践证明，不按照统一制式的应用系统，最终都要被边缘化，所有的信息化投资将变得毫无意义。只有统一制式，大家应用的普遍性功能才会不出问题，才能保证全国林业系统信息化建设成果的平滑对接，实现统一升级和完善。林业系统各级领导干部和信息办主任，在统一制式的问题上，一定要引入相关标准，实现上下对接，做出的决策和建成的系统要能经得起历史的考验，为林业信息化建设创造后续发展的机会。从历史发展角度看，秦朝统一度量衡“书同文、车同轨”的创举，促进形成了伟大的中华民族。同样，全国林业信息化统一制式，纵向才能与中央、省、市、县、乡实现连接兼容，横向与所有的部委互联互通，各省(区、市)林业厅局也要做到横向到边、纵向到底的互联互通，以形成合力，共同促进现代林业的又好又快发展。

(四)统一平台。要基于多年的林业信息化经验，引入国内外强大的技术实力，重点打造一个林业信息化统一平台。基于信息共享的平台框架，便于用户在统一平台上进行一体化的设计，实现林业基础数据、业务数据、管理数据的共享。系统设计要遵循国家及林业系统关于信息化建设的规范标准，统一权限管理，完成多业务的管理，实现各个业务数据的融合，还要便于业务的拓展。统一平台必须采用统一的设计。通过计算机电信集成技术、数据库技术、视频媒体流和射频识别技术的融合，基于系统框架的设计和流程化的设计思想，通过分布式、模块化的实现方式，将林业数据库、应用系统、网站整合在统一平台上，建立林业统一门户网站。只要进入林业统一门户，就像进了迪斯尼乐园，想了解的都可以看到，这样才便于地方领导和社会各界了解林业情况。如果没有统一门户，各自建设的门户太多，就给想了解林业情况的人增添了麻烦，整个设备和设施都会造成浪费。在统一平台上，各个环节通过软件的数据共享、实时控制，有效地协调同步起来，形成一个完善的、规范的、可控的信息化管理系统。

(五)统一管理。信息化发达国家和国内各部委信息化建设经验充分证明，信息化建设必须实行统一的部署和管理。不统一管理，各司局、各直属单位、各省(区、市)林业厅局建设的各种数据库和应用系统，采用不同的形式存储数据，就难以有效快速地进行数据交换，不能有效进行数据共享、整合，从而形成信息孤岛，难以满足新形势下现代林业又好又快发展的需求。因此，必须树立长远的观点、全局的观点、统一的观点，坚决打破司局、部门、条块的界限和封锁。今后林业信息化建设，各业务司局、直属单位根据工作需要提出需求，由信息办统一整合包装项目，通过招投标利用社会技术力量统一建设，实现林业信息化项目的统一管理，实现数据存储的统一管理，最终实现数据的快速交换、高效传递，真正实现互联互通、信息资源共享，减少管理和运维成本，提高工作效率和工作成效。

在“五个统一”的前提下，该放开的要放开，该搞活的要搞活，调动各方面的积极性，共同维护中国林业统一门户网站。矛盾具有普遍性和特殊性，即有共性和个性。在保证共性的基础上，要突出个性、鼓励个性，把我们的网站办成百花齐放、反映各方面最新成果的网站。林业网站趣事多，知识面广，要充分调动各单位的积极性，争取集中力量把国家林业局各个子站都办成有特色、有个性的网站。比如：野生动物、花卉等子站要办出特色，进入统一门户就能看到野生动物的生活习性，吸引大家进入我们的网站。一定要破除林业部门比较保守的观念，把微观层面和宏观层面的事物结合起来，建设一个统一灵活的中国林业门户网站，走出一条中国特色林业信息化发展之路，为全面推进现代林业建设做出新的更大贡献。

最后，我代表局党组向为林业信息化建设付出辛勤劳动的信息化战线的全体同志表示衷心的感谢！局党组对林业信息化工作寄予厚望，实现全国林业信息化任重而道远。希望各司局、各单位和各地林业部门认真落实会议精神，继续以饱满的热情，大力推进林业信息化，为发展现代林业、建设生态文明、推动科学发展做出更大贡献！

附件 2

大力推进林业信息化示范建设　带动现代林业又好又快发展

——在全国林业信息化示范省建设工作座谈会上的讲话

祝 列 克

（2010 年 12 月 27 日）

今天，我们召开全国林业信息化示范省建设工作座谈会，主要内容是总结交流林业信息化示范建设经验，部署安排今后的林业信息化工作。刚才，会议颁发了首批全国林业信息化示范省奖牌，宣布了首次中国林业网子站和各省区市林业厅局网站测评结果、全国林业十件大事和今年全国林业信息化十件大事评选初步结果，对《全国林业信息化发展“十二五”规划》和《中国林业信息化发展战略研究报告》作了说明。在此，我代表国家林业局，向林业信息化建设取得显著成绩的省区表示热烈祝贺！向为林业信息化工作付出辛勤劳动的信息化战线的全体工作者表示衷心感谢！下面，我讲三点意见。

一、全国林业信息化建设取得了阶段性重大成果

首届全国林业信息化工作会议后，在各地各单位的大力支持和共同努力下，全国林业信息化建设快速推进，进入了全面加快发展的新阶段。一年多来，林业信息化建设取得了显著成效。

（一）建成了高标准的内网、外网、专网，形成了全国林业信息高速公路。建设完成了物理隔离的中国林业网（外网）和国家林业局办公网（内网），林业专网节点由 36 个增加到 70 多个，实现了网络全覆盖。并改造建成了高标准的国家林业中心机房。江西、湖南等省完善了省、市、县、乡四级联网的林业政务内网体系，福建、浙江、吉林森工已把网络铺设到林场和乡镇林业站。内蒙古等省区对原有的网络线路进行了带宽扩充和向下延伸。这些重要行动，促进了林业信息化的快速发展。

（二）林业综合办公系统正式上线运行，全国林业系统进入无纸化办公时代。从 6 月 1 日起，林业系统进入无纸化办公阶段。这是林业信息化建设的一件大事，在林业信息化发展史上具有里程碑意义。局大院内全体职工、院外直属单位及 36 个省级林业部门都可登录内网系统进行工作、学习和交流，标志着林业系统由数千年的纸与笔时代进入了光与电

时代。据统计，国家林业局每份文件的运转周期，从原来的 3 个星期缩短为 1 个星期，工作效率大大提高。湖南、辽宁、浙江等综合办公系统建设起步较早的省份也在不断完善功能、强化应用。

（三）整合了各司局和直属单位网站，形成了“中国林业网”统一门户网站。整合改造了 50 多个司局和直属单位网站，实行统一域名管理下的网站群管理模式，形成了国家林业信息发布、在线办事和互动交流统一平台。增建了繁体版和英文版。加强了信息发布能力，拓展了服务功能，打造了“中国林业网”整体形象，得到了社会各界的广泛关注。最近，国家林业局政府网荣获中央部委“优秀政府网站”和“品牌栏目”奖。2010 年中国林业网信息发布量和访问量分别突破 5 万条和 1 亿人次。辽宁省开通了林业政务商务一体化门户网站。福建等省完成了全省林业应急视频会商指挥系统建设，实现了视听到村、会商到乡的目标。

（四）大力开展示范工程和示范省建设，为全国林业信息化建设树立了样板。实施了计算机网络系统和办公自动化、林业信息专网及政务公开平台建设、防护林工程监管信息系统、林业资源综合监管服务体系试点等建设项目，取得了明显成效。经过严格认真筛选，辽宁、福建、湖南、吉林森工被确定为首批全国林业信息化示范省，各示范省明确了示范主题，分别在外网基础平台建设、省市县乡四级联网协同办公、资源整合、三网融合等方面做了大量卓有成效的工作，树立了样板。湖南省林业厅从 2010 年起，每年投入 100 万元，用于信息化试点示范建设。辽宁省林业厅从 2010 年开始，开展林业信息化示范市创建活动，每年拿出 200 万元奖励示范市建设，今年信息化投资 1500 万元。2010 年吉林森工用于信息化建设投资达 3000 万元。福建省林业信息化示范建设投资突破 500 万元。

（五）强化了数据库和应用系统建设整合，信息资源共享实现了跨越。整合改造了近百个专题数据库，建设了基础数据交换平台、空间数据管理和发布等应用系统，将局内各个数据库和应用系统集中在统一平台上，实现林业信息资源的有效整合、统一管理和资源共享。北京、云南、广东等省市投入大量资金用于业务应用系统建设。江西、浙江等省开发了林权交易网和网上林权交易系统，打造了统一的电子商务平台。吉林森工集团自主研发的“经济运行系统”和“森林防火监控系统”进入国际先进行列。

（六）加快信息化标准规范和制度建设步伐，林业信息化步入规范化管理轨道。梳理了信息化现行标准，研究制定了林业信息化标准指南和急需的基础性标准。河北、江苏、福建、河南、湖北、四川等省都建立了省级信息化标准规范，指导全省林业信息化建设。印发了《全国林业信息化工作管理办法》、《中国林业网管理办法》、《全国林业网站绩效评估管理办法》等 15 项制度，林业信息化开始步入规范化管理轨道。

（七）编制了全国林业信息化发展“十二五”规划，开展了首次“中国林业信息化发展战略研究”。以《全国林业信息化建设纲要》为指导，组织编制了《全国林业信息化发展“十二五”规划》，即将正式印发。密切关注国际、国内信息化发展动向，组织相关专家学者开展中国林业信息化发展战略研究，最大限度地激活、用活林业资源，增强林业发展活力，为管理部门决策提供科学依据。

(八)加强信息化机构队伍建设，为林业信息化快速发展提供了组织保障。成立了国家林业局信息化建设项目实施领导小组，经中央编办正式批复，成立了国家林业局信息中心，国家有了一支专职林业信息化管理队伍。许多省级林业部门补充了领导小组人员，充实了信息化管理机构人员，强化了技术队伍建设。一些省批复成立了专门的信息化管理机构，使全国设立林业信息化机构的省区达到 2/3 以上。

一年多来，全国林业系统大力推进林业信息化工作，整合起步、夯实基础，林业信息化建设取得实质性进展，全国林业信息化建设进入了全面发展的新阶段，已成为现代林业建设的一大亮点，在我国林业信息化发展史上具有里程碑意义，局党组对林业信息化建设取得的成绩十分满意。

二、当前林业信息化工作面临着重大战略机遇

(一)从全球来看，信息化已成为当今世界经济社会发展的总趋势，人类社会进入了信息化新时代。纵观信息化发达国家，都在强力推进电子政务、电子商务和电子社区建设，从而引起全球范围网络文化的大变革。信息化发达国家重视电子政务建设与政府业务重组相结合，实现业务流程网上再造。欧盟推动电子政务一体化，实现政府部门之间信息系统的一体化及中央与地方政府之间信息系统的一体化，投入 17 亿欧元实施泛欧电子服务项目，努力打造电子政府。信息产业已成为全球发展速度最快、从业人员最多、规模扩展最为迅速、创造财富最多的产业，成为全球经济新的增长点。美国自 2000 年以来，信息产业每年以 32% 的速度增长，成为美国最大的支柱产业。美国的谷歌、脸谱等造就了许多亿万富翁，都是近几年信息产业创造的，信息化快速发展也是美国能够快速走出上一次金融危机的主要动力。印度信息化最大的特点就是向落后乡村的延伸，着重面向整个落后地区提升教育水平。国际数据资讯公司预测今年将是“云端运算服务元年”，认为云计算的增长速度将是传统 IT 行业增长率的 6 倍，未来 5 年云端服务的平均年增长率可望达到 26%。网络已经成为社区生活重要的学习工作以及休闲娱乐必不可少的工具。英国从中央到地方政府共同协商建立了面向公众和企业的 700 项服务项目，2006 年底英国地方政府所有服务项目就实现了 100% 在线服务，真正实现了全民上网。

(二)从国内来看，信息化已成为推动经济社会发展的战略举措，我国进入了以信息化带动工业化的新时期。早在 2005 年 11 月，国务院总理、国家信息化领导小组组长温家宝主持会议，审议并原则通过《国家信息化发展战略(2006～2020 年)》。并明确指出，信息化是当今世界发展的大趋势，是推动经济社会发展和变革的重要力量。制定和实施国家信息化发展战略，是顺应世界信息化发展潮流的重要部署，是实现经济和社会发展新阶段任务的重要举措。要按照全面贯彻科学发展观的要求，站在现代化建设全局的高度，大力推进国民经济和社会信息化，不断把我国信息化提高到新水平。2007 年，党的十七大把“信

息化”作为当今世界经济社会发展的五大趋势之一，放在我国经济社会发展全局极为重要的位置，充分反映了信息化在建设中国特色社会主义进入改革发展关键时期的突出地位和重要作用。2010 年 9 月 8 日，国务院常务会议审议通过了《国务院关于加快培育和发展战略性新兴产业的决定》，确定了新一代信息技术等 7 个战略性新兴产业。十七届五中全会强调指出：“要全面提高信息化水平。推动信息化和工业化深度融合，加快经济社会各领域信息化。实现电信网、广播电视网、互联网‘三网融合’，构建宽带、融合、安全的下一代国家信息基础设施。推进物联网研发应用。以信息共享、互联互通为重点，大力推进国家电子政务网络建设，整合提升政府公共服务和管理能力。确保基础信息网络和重要信息系统安全。”截至今年 12 月，我国网民规模达到 6 亿，使用手机上网的网民规模达 3 亿。在我国经济发展的关键时期，以互联网为代表的信息技术以其先导性、高渗透性和高关联性，对经济的发展产生了越来越大的推动作用，已成为优化经济结构、推动经济发展方式转变的助推器。在不远的将来，信息化就会和空气、水、食物一样，成为人类生活生产的重要内容，云计算与物联网将会成为变革人们生活、生产方式的新技术，信息化将为建设更高效、透明、负责任的政府提供新的思路，为社会公众提供普遍和敏捷服务。

（三）从林业来看，信息化是做好新形势下林业工作的迫切需要，林业信息化已经进入全面加快发展的新阶段。以《全国林业信息化建设纲要》和《全国林业信息化建设技术指南》的正式发布以及首届全国林业信息化工作会议的胜利召开为标志，我国林业信息化建设进入了统一规划、统一标准、统一管理、全面加快发展的新阶段，现代林业需要科学化、信息化和机械化支撑，“加快林业信息化、带动林业现代化”成为实现林业科学发展的重大战略举措。近两年全国林业信息化建设迅猛推进，已经搭建了一个信息化基础平台，要构建完善的林业生态体系、发达的林业产业体系和繁荣的生态文化体系，建设和保护森林生态系统，保护和恢复湿地生态系统，治理和改善荒漠生态系统，全面维护生物多样性，依靠传统的管理手段无法准确及时了解其现状及动态，远不能满足指导现代林业全面协调可持续发展的要求，我们必须借助现代信息技术，将林业所有的“物”接入网络，并对海量数据进行灵活和高效处理。互联网时代我们落后于人，物联网时代大家都在同一起跑线，谁抓住机遇，谁就能占据战略制高点，谁失去机遇，谁将再次受制于人。“十二五”期间国家对各省区市的考核目标，包括森林覆盖率和森林蓄积量，已作为一票否决的指标。怎样才能在落实每年的考核指标时，及时看到这些数据，必须要靠信息化手段，靠人工是办不到的。所以，林业资源数据要求每年及时更新，这对林业信息化提出了更高的要求。我们一定要抓住机遇，不断加大林业信息网络基础设施建设力度，加强信息技术在林业各领域的深度应用和业务创新，进一步加强网络与信息安全管理，积极发挥组织引导作用，使信息化真正成为广大林业干部职工共建共享、支撑业务最具活力的重要组成部分，让人们更直观地看到信息化的价值，感受到信息化的魅力。可以预见，林业信息化将实现与林业业务的全面融合，今后每一棵树木都将带一个身份证，全国各地从采种、育苗、造林、抚育、采伐、运输、木材销售、加工利用及野生动植物、休闲旅游的每一个环节都会置于监控之下，主要业务全部实现网上办理。

三、今后一个时期林业信息化工作任务十分繁重

按照现代林业建设的总体部署，今后要以全面实现林业信息化为目标，统一规划、统一标准、统一平台、统一管理，尽快形成布局科学、高效便捷、先进实用、稳定安全的全国林业信息化格局，为加强林业资源监管，优化森林生态系统结构，增强林业灾害监测预警和应急能力提供手段，力争在6个方面取得重点突破。

（一）尽快编制完成国家和地方林业信息化“十二五”发展规划。在《全国林业信息化建设纲要》的基础上，结合工作实际，学习借鉴信息化发达国家的建设经验，完善出台国家、各省区市“十二五”林业信息化发展规划，提出今后一个时期林业信息化的发展思路、建设目标、建设任务等，全面贯彻落实“以林业信息化带动林业现代化”的总体思路，利用信息化手段改变传统的林业管理模式和生产方式，充分发挥信息化建设在发展现代林业、建设生态文明、推动科学发展中的重要作用。

（二）努力做好林业信息资源整合改造，大力推动物联网应用。要树立开放合作、共享共赢的理念，打破部门间、条块间的界限和封锁，梳理规范业务流程，整合共享信息资源，尽快实现横向到边、纵向到底，全面建成中国林业统一门户，将各类林业数据库、应用系统、网站分别整合到国家林业局办公网（内网）和中国林业网（外网）两大平台上，完善内外网栏目设置，加强外网信息发布、在线办事、互动交流等板块和内网五大平台的内容维护工作。拓展林业信息化应用领域，扩大信息化应用的覆盖面，全面提升信息资源共建共享和应用水平。通过积极努力工作，我局已被纳入国家首批物联网应用示范6个部委之一，要抓住这一契机，在互联网基础上，搞好林业物联网的示范试点，将林业监管的物品与互联网相连接，实现智能化识别、定位、跟踪、监控和管理。

（三）加快林业核心业务信息化步伐，争取“金林工程”尽快实施。一是加快林业资源监管信息化，形成“全国林业资源一张图”。以统一的林业资源空间分布信息为基础，将全国林业数据落实到山头地块，提供从宏观到微观多级林业资源分布、历史、现状和动态信息。今年，先通过启动实施林业资源综合监管服务体系试点建设项目，逐步将全国林地、沙地、湿地和生物多样性等基础性林业资源数据落实到山头地块，形成对三个系统和一个多样性的全面有效监管。二是加快营造林管理信息化，实现全国造林规划设计一体化。对国家实施的重点工程等营造林的规划、计划、作业设计、进度控制、检查验收和统计上报等各环节实行一体化管理。三是加快林业灾害监控与应急管理信息化。在国家和地方建设森林防火监控和应急指挥系统、林业有害生物防治管理系统、野生动物疫源疫病监测管理系统，在国家和相关省级单位建设沙尘暴防治等林业灾害管理系统，为林业灾害的监测、预警预报、应急处理、损失评估和灾后重建等提供支撑。根据国家重大信息化工程建设规

划编制的有关精神，我们已组织编制“金林工程”项目建议，要进一步与国家发展改革委沟通协调，争取早日立项，全面启动林业资源监管和林业灾害监控与应急管理系统建设，带动全国林业信息化快速发展。

(四)进一步做好林业信息化示范省建设，引领全国林业信息化迈上新台阶。在总结第一批林业信息化示范省建设经验的基础上，抓好各项工作落实，努力为全国林业信息化建设探索路子。积极稳妥地推进第二批林业信息化示范省建设，遴选第二批林业信息化示范省一定要按照《国家林业局办公室关于开展林业信息化示范省(区、市)建设工作的通知》要求，一要有独立的林业信息化建设组织和管理机构，切实承担起林业信息化建设的具体职责，并配备有不少于5人的专职工作人员；二要有适合本地区特点的林业信息化建设总体规划，明确林业信息化的指导思想、建设原则、总体目标、主要建设内容和保障措施，并具有较强的科学性和可操作性；三要外网具备信息发布、在线办事、互动交流三大功能，内网办公系统能够实现公文无纸化传递，有功能完善的独立机房，有运行效果良好的应用系统和数据库；四要将林业信息化建设纳入当地林业建设总体规划，其建设资金及运维资金有基本保障；五要有比较完善的科技支撑和林业信息化标准体系，邀请当地或全国信息化专家，定期或不定期对林业信息化建设的重大技术问题进行决策咨询；六要有一套较完整齐全的林业信息化制度体系，包括项目建设管理制度、网络管理制度、应用推广制度、运维制度和激励制度等，各项工作运转规范有序。示范省要在政策、资金、技术等方面不断出经验，带动全国林业信息化又好又快发展。

(五)共同推动理顺林业信息化投资渠道，为信息化建设提供资金保障。林业信息化建设是一项长期的系统工程，但目前仍没有稳定的资金来源渠道，随着林业信息化的快速推进，资金需求量很大，迫切需要研究制定林业信息化建设经费投入和使用机制。一是按照中央和地方事权划分的原则，积极争取在国家、省级发改委、财政部门设立林业信息化建设专项，做好林业信息化建设项目储备，开辟信息化建设长期稳定的渠道；二是在国家、省级现有林业建设项目总投资中，用于信息化建设的经费尽快统一管理使用，集中投入信息化建设；三是要积极沟通协调财政部门，将林业信息化运维资金列入各级政府经常性财政预算；四是本级林业计财部门，进一步协调资金，每年启动3~5个信息化重点项目，加快林业信息化建设；五是在市场效益明显的领域，积极吸收社会投资。争取形成高效的信息化建设和运行维护长效机制。

(六)加强林业信息化组织机构和队伍建设，重视信息化标准和信息安全工作。林业信息化机构建设取得了明显进展，但仍不适应现代林业快速发展的需要。要尽快充实信息化机构工作人员，增强林业信息化机构的协调能力，确保林业信息资源的有效整合，消除和预防重复投资、重复建设造成新的信息孤岛和资源浪费。地方林业部门要强化信息化管理机构和队伍建设，完善管理机制，赋予对业务应用信息化的协调权力，从侧重技术支撑服务向行政管理创新转变。制定一批急需的林业信息化标准，为互联互通、资源共享奠定基础。强化保密意识，加强入侵防御、漏洞扫描、病毒查杀，提高系统的稳定性、安全性和可靠性，确保网络运行安全与信息安全。

信息化本质上是一场管理思想、理念和方式的变革，是一场破除等级文化、改变信息不对称、实现信息共享的自我革命。信息化建设又是一项复杂的系统工程，不仅涉及信息技术应用，而且触及方方面面的管理工作。做好信息化工作，使命十分光荣，任务十分繁重，希望各地各单位紧密结合实际，认真落实首届全国林业信息化工作会议和这次会议精神，加快推进林业信息化，为发展现代林业、建设生态文明、推动科学发展做出新贡献。

附件3

在全国林业信息化示范省建设工作座谈会上的总结讲话

李 世 东

（2010年12月28日）

全国林业信息化示范省建设工作座谈会开了两天，马上就要闭幕了。这次会议是在全面贯彻党的十七大、十七届五中全会和中央经济、农村、林业工作会议精神，全面加快推进林业信息化建设的新形势下召开的一次十分重要的会议。昨天上午，贾治邦局长接见了会议代表并发表题为《高度重视林业信息化在现代林业建设中的重大作用》的重要讲话，祝列克副局长做了题为《大力推进林业信息化示范建设，带动现代林业又好又快发展》的报告，会上颁发了首批全国林业信息化建设示范省奖牌，宣布了首次中国林业网子站和各省区市林业厅局网站测评结果、“十一五”全国林业十件大事和2010年全国林业信息化十件大事评选初步结果，并对《全国林业信息化发展“十二五”规划》和《中国林业信息化发展战略研究报告》作了说明和讨论，四个首批林业信息化示范省介绍了第一年的示范成果，各地各单位进行了很好的座谈交流。下面，我讲四点意见，供同志们参考。

一、会议取得圆满成功

两天的会议，内容丰富，主题突出，衔接紧凑，气氛热烈，达到了预期目的，收到了很好的成效。总地看，这次会议主要取得了4项成果。

(一)统一了思想认识。当前，从全球来看，信息化已成为当今世界经济社会发展的总趋势，人类社会进入了信息化新时代。从国内来看，信息化已成为推动经济社会发展的战略举措，我国进入了以信息化带动工业化的新时期。从林业来看，信息化是做好新形势下林业工作的迫切需要，林业信息化已经进入全面加快发展的新阶段。在新的历史起点上，林业信息化既面临着重大发展机遇，也面临着严峻形势挑战。在这样一个关键时刻，会议审时度势，全面分析了当前林业信息化发展面临的新形势、新任务，以及当前林业信息化发展中存在的突出问题。讨论中大家认为，会议对林业信息化形势的把握十分准确，对突出问题的分析实事求是，让大家既看到了机遇，又认清了挑战，更加明确了自己肩负的光荣使命，进一步统一了思想认识，增强了做好林业信息化工作的使命感、责任感、紧迫感。

（二）完善了林业信息化工作思路。会议明确，林业信息化必须打破条块分割，实行“五个统一”，即统一规划，统一标准，统一制式，统一平台，统一管理。在“五个统一”的前提下，调动各方面的积极性。一定要破除林业部门比较保守的观念，把微观层面和宏观层面的事物结合起来，走出一条有中国特色的林业信息化发展之路，为全面推进现代林业建设做出新的更大贡献。

（三）明确了林业信息化工作重点。这次会议对当前和今后一个时期的林业信息化工作做出了全面部署：力争在编制完成国家和地方林业信息化“十二五”发展规划；做好信息资源整合改造，大力推动物联网应用；加快林业核心业务信息化步伐，争取“金林工程”尽快实施；进一步做好林业信息化示范省建设，引领全国林业信息化迈上新台阶；共同理顺林业信息化投资渠道，为信息化建设提供资金保障；加强林业信息化组织机构和队伍建设，重视信息化标准和信息安全工作等 6 个方面取得新突破。这些工作既紧扣“加快林业信息化，带动林业现代化”的战略部署，又把需要着力强化的重点、难点工作非常鲜明地突出出来，找准了林业信息化发展中的主要问题和薄弱环节，增强了工作的针对性和有效性。

（四）增强了搞好林业信息化工作的信心。国家林业局党组高度重视林业信息化工作，多次对林业信息化工作做出重要批示和指示，这次贾局长在百忙当中接见会议代表并发表重要讲话，祝副局长作主题报告。贾局长、祝副局长都对林业信息化所取得成绩给予了高度评价和充分肯定，对林业信息化工作提出了新的更高要求。这一切都给林业信息化发展带来了新机遇。通过这次会议，大家感到信心十足，干劲倍增。4 个首批示范省的典型发言，各具特色，经验宝贵，充分反映了各地林业信息化发生的深刻变化，让大家看到了希望，坚定了信心。大家认为，只要我们上下一心，团结一致，坚定不移地按照既定的思路抓下去，就一定能够实现林业信息化的快速发展，为全面推进现代林业科学发展做出新的更大贡献。

总之，这次会议的规格高、内容实、形式新、效果好，大家交流了经验，沟通了感情，明确了任务，增进了感情，提出了很多很好的意见和建议，会议达到了预期的目的，取得了圆满成功。

二、认真传达学习汇报落实会议精神

（一）认真传达学习会议精神。各单位要向本单位全体职工认真传达学习会议精神，深刻领会精神实质，充分认识当前林业信息化面临的新形势、遇到的新挑战、肩负的新使命，全面系统地理解和把握当前和今后一个时期林业信息化工作的总体要求，切实把林业信息化建设者的思想认识统一到会议精神上来，按照《全国林业信息化建设纲要》、《全国林业信息化建设技术指南》、首届全国林业信息化工作会议及这次座谈会精神，认真落实各项工作。各地各单位一定要有所作为，勇做林业信息化工作的倡导者、宣传者和推动者，按照会议精神，科学谋划林业信息化工作。

（二）及时向省区市林业厅局主要负责同志汇报。回去以后，要及时将会议精神向本厅局主要负责人和分管负责人汇报，争取各级领导，特别是一把手的支持与重视。从全国各地林业信息化工作来看，凡一把手亲自抓，林业信息化工作就做得好，做得有成效，凡一把手不重视、不支持的单位，林业信息化工作就难有起色、难有发展。当前林业信息化正处在一个十分关键的时期，抓住机遇就能实现更大发展，错失机遇就会越加落后。越是关键时期，越需谋取更加充分的发展机遇。只有这样，才能尽快把林业信息化建设全面推向新的发展阶段。

（三）狠抓会议精神的贯彻落实。各地各单位要在认真学习领会会议精神的基础上，紧密结合各自实际，研究制定贯彻落实的具体措施和实施步骤，将会议的各项部署落到实处，变成广大干部职工的具体行动，要发扬敢拼敢闯，死咬不放的精神，狠抓工作落实，引导各种生产要素向林业信息化建设流动，真正实现以外促内，以上促下，以下促上，全面促进当地的林业信息化工作，并将贯彻落实情况及时报国家林业局信息办。

三、抓好几项具体工作的落实

（一）进一步统一认识。实践证明，统一集中的管理模式是保障林业信息化健康、高效发展的关键。林业信息化必须打破条块分割，实行“五个统一”，即统一规划，统一标准，统一制式，统一平台，统一管理。各级信息化主管部门要树立主人翁意识，切实负起“五个统一”的职责，努力推进林业信息化又好又快发展。

（二）积极开展“十二五”规划编制。认真组织编制当地林业信息化建设“十二五”规划，要提出适合当地发展特点的、有针对性的林业信息化发展思路、建设目标、总体框架、建设内容、保障措施等，最迟于2011 年上半年正式出台。

（三）进一步抓好示范省建设。第一批示范省要继续努力，多出成果，快出成果。示范省建设将采取“可上可下”的原则，被确立为“林业信息化示范省”3 年后，我局组织有关专家进行现场复查，对复查不合格者将提出警告，警告整改后仍不合格者，将取消其“林业信息化示范省”荣誉称号。2011 年上半年将启动第二批示范省建设。各申报单位要对照林业信息化示范省 6 个条件进行分析，凡符合条件的可积极申报。其中，有无独立机构是申报示范省必须具备的条件，对此将实施一票否决制。

（四）做好信息化工程立项工作。目前，“金林工程”和物联网应用示范工程立项工作已取得积极进展，各地也要结合各自实际，积极开展信息化项目立项工作，稳定林业信息化投资渠道，以大工程带动林业信息化大发展。

（五）加大资源整合力度。各地各单位要采取有效措施，进一步加大机房、应用系统和数据库整合力度，实现资源共建共享，确保有限的资金发挥最大的效益。

（六）积极推进网站建设。国家林业局将开展地方林业网站群、专业网站群、网络博物馆、网络博览会建设以及信息援藏工作。各省级林业主管部门也要支持帮助市县林业主管部门完善网站，门户网站是一个单位的形象和窗口，各级林业主管部门都要建立网站，力争做到全覆盖。通过双域名、加挂统一标识等手段，打造中国林业网门户网站群。各地要加快内网建设，尽快实现无纸化办公，这是服务行业内部，凸显信息化成果的关键平台。各地专网扩建时，要报我局备案，以免 IP 地址冲突。

（七）积极开展网站测评工作。从今年起，我局将按照《全国林业网站绩效评估标准（试行）》和《全国林业网站绩效评估办法（试行）》有关要求，积极开展网站评估工作并定期公布评估结果。在综合评估的基础上，要设立单项奖，包括信息量最大、访问量最大、更新最及时、服务功能最全、互动交流量最大、网页设计最漂亮、数量整合最广、网络覆盖面最广等。在网站测评的基础上，将进行信息化发展水平综合评估，评估指标包括网站建设、管理机构、投资情况和培训工作等。

（八）加强林业信息化培训工作。2011 年我们将与清华大学合作，启动林业信息化 CIO 高级研修班，加大林业信息化高端人才的培养力度。同时各地也要积极举办各类专题班、信息技术应用培训班，努力为林业信息化建设提供强大智力支撑。

（九）加强网络和信息安全。各地内外网必须实行物理隔离，同时要强化安全保密意识，确保网络及信息安全。

（十）加大林业信息化宣传力度。要通过各种渠道和形式，广泛宣传林业信息化的地位、作用、发展远景和建设成效，不断提升林业信息化的影响力，为林业信息化的快速发展营造良好氛围。同时，要大力宣传首批示范省的好经验、好做法，用榜样的力量凝聚人心，振奋精神，鼓舞士气，推动发展。

同志们，经过大家的共同努力，全国林业信息化示范省工作座谈会取得了圆满成功。在这里，我代表国家林业局信息办再次向所有为林业信息化事业做出贡献的信息办主任和所有同行们表示衷心的感谢和崇高的敬意！让我们共同努力，再接再厉，深入贯彻落实局党组关于“加快林业信息化，带动林业现代化”的战略决策和“五个统一”的工作思路，不断开创全国林业信息化工作新局面，为发展现代林业、建设生态文明、推动科学发展做出新的更大贡献！

中华民族的传统佳节——春节即将来临，借此机会，向在座各位并通过你们向全国林业信息化建设者表示亲切慰问，向长期以来关心、支持我国林业信息化事业发展的各界朋友表示衷心感谢！祝大家新春愉快，阖家欢乐，身体健康，万事如意！

国家林业局办公室关于印发《国家林业局移动办公管理办法（试行）》的通知

办发字〔2011〕10 号

国家林业局各司局、各有关直属单位：

为更好地提高我局办文办事效率，我局组织研制了国家林业局移动办公系统，作为国家林业局综合办公系统的补充和扩展。为规范移动办公的管理，切实发挥其应有的作用，我局研究制定了《国家林业局移动办公管理办法（试行）》，现印发你们，请认真执行，执行中有何意见与建议，请及时反馈局信息办。

附件：国家林业局移动办公管理办法（试行）

国家林业局办公室

二〇一一年一月二十一日

附件

国家林业局移动办公管理办法

（试行）

第一条 国家林业局移动办公系统是在国家林业局综合办公系统的基础上，为局领导和各司局、各有关直属单位负责人在外紧急签批公文和处理应急事件提供的移动办公服务。为规范其使用管理，根据有关规定，特制定本办法。

第二条 国家林业局信息办负责国家林业局移动办公系统的建设与管理工作。

第三条 国家林业局移动办公具有短信提醒功能，通过移动办公可审批公文、处理业务、收发邮件以及查看重要信息等，及时处理紧急事件。

第四条 国家林业局移动办公应用范围，目前为局领导和各司局、各有关直属单位（局院内）主要负责人。局领导目前设置手机和笔记本电脑两个终端，各司局、各有关直属单位主要负责人设置笔记本电脑一个终端。

第五条 通过国家林业局外网统一用户管理平台，登录国家林业局移动办公系统。

第六条 使用手机时通过用户名和密码进入国家林业局移动办公界面。使用笔记本电脑终端进入国家林业局移动办公界面，除通过用户名和密码外，还需持有数字身份证书，该证书是国家林业局移动办公身份认证的密钥。根据工作需要发放。

第七条 国家林业局内网的文件需要移动办公处理时，局领导的文件由秘书提交审核员（如秘书随局领导外出，由国家林业局办公室文书档案处有关人员提交审核员）；各司局、各有关直属单位的文件由本单位综合处长提交审核员；提交人应当按照保密要求认真审核，并对其安全性负责。

第八条 审核员由国家林业局信息办自动化管理处负责人担任，其负责及时将文件转交给刻盘人员。刻盘工作由国家林业局信息办自动化管理处干部承担，每个工作日 8 时、10 时、12 时、15 时、17 时分别刻一次盘，如遇紧急特殊情况，随时刻盘，由国家林业局内网倒入移动办公系统。

第九条 为加强保密管理，国家林业局移动办公遵循“直送直取、一步审批”的原则。文件在移动办公中，要求一步签批，不能横向签批。移动办公签批后，退回原提交人员。

第十条 局领导在国家林业局内网没有完成的重要文件，可以自主点击到移动办公系统继续办理，办结后，再点击退回到国家林业局内网原来位置。

第十一条 本办法由国家林业局信息办负责解释。

第十二条 本办法自印发之日起执行。

国家林业局办公室关于印发《国家林业局2011年信息化与电子政务工作要点》的通知

办发字〔2011〕16号

国家林业局各司局、各直属单位：

现将《国家林业局2011年信息化与电子政务工作要点》印发给你们，请结合工作实际，认真贯彻执行。

特此通知。

附件：国家林业局2011年信息化与电子政务工作要点

国家林业局办公室

二〇一一年二月十八日

附件

国家林业局2011年信息化与电子政务工作要点

2011年，林业信息化与电子政务工作的总体要求是：深入贯彻落实中央林业工作会议、全国林业厅局长会议、全国林业信息化工作会议、全国林业信息化示范省建设工作座谈会精神，紧紧围绕“发展现代林业、建设生态文明、推动科学发展”这个中心，按照“加快林业信息化，带动林业现代化”的总体思路和“统一规划、统一标准、统一制式、统一平台、统一管理”的要求，抓建设，抓应用，抓管理，努力加快林业核心业务信息化，大力拓展林业信息化应用领域，全面提升林业信息化应用水平，充分发挥林业信息化的引领带动和支撑保障作用，为全面推进现代林业建设做出新贡献。重点抓好四方面的工作。

一、综合工作方面

（一）认真贯彻落实中央林业工作会议、全国林业厅局长会议、全国林业信息化工作会议和全国林业信息化示范省建设工作座谈会精神，进一步统一思想，深化认识，全面加快林业信息化建设，为现代林业建设奠定坚实基础（责任单位：各司局、各直属单位）。

（二）召开第二届全国林业信息化工作会议，全面总结“十一五”林业信息化工作，深入分析当前林业信息化面临的新形势新任务，安排部署“十二五”全国林业信息化重点工作（责任单位：各司局、各直属单位）。

（三）继续组织相关大专院校、科研院所及知名IT企业专家开展中国林业信息化发展战略研究，共商林业信息化发展大计，正式发布《中国林业信息化发展战略研究报告》（责任单位：信息办、有关司局、有关直属单位）。

（四）印发《全国林业信息化发展“十二五”规划》，指导各省区市尽快出台本省区市林业信息化发展“十二五”规划，提出全国、各省区市“十二五”林业信息化的发展思路、建设目标、建设任务、保障措施等，作为指导林业信息化工作的纲领性文件（责任单位：计财司、信息办、有关司局、有关直属单位）。

（五）组织编发《中国林业信息化发展报告2011》、《国家林业局政府信息公开2011年度报告》（责任单位：办公室、信息办、有关司局、有关直属单位）。

二、项目建设方面

（一）实施林业资源综合监管服务体系试点建设项目，逐步将全国林地、沙地、湿地和生物多样性等基础性林业资源数据落实到山头地块，形成对“三个系统一个多样性”的全面有效监管（责任单位：信息办、计财司、资源司、保护司、服务局、治沙办、湿地办、场圃总站）。

（二）积极推进"金林工程"、物联网、等级保护、卫星应用、重点生态工程、灾害监控与应急等管理系统项目立项，带动全国林业信息化快速发展（责任单位：计财司、信息办、有关司局、有关直属单位）。

（三）加强国家重点信息库林业分中心管理，完成自然资源信息库一期建设任务，争取尽快启动二期项目（责任单位：信息办、规划院、有关司局、有关直属单位）。

（四）着手开展现有林业基础数据、重点数据库、应用系统摸底备案工作，积极推进信息资源整合共享。将各类林业数据库、应用系统、网站分别整合到国家林业局办公网（内网）和中国林业网（外网）两大平台上（责任单位：信息办、有关司局、有关直属单位）。

（五）实施好司局单位林业信息化工程，指导各地启动实施一批重点林业信息化项目（责任单位：信息办、有关司局、有关直属单位）。

（六）做好2009～2010年项目终验工作（责任单位：计财司、信息办、有关司局、有关直属单位）。

三、拓展应用方面

（一）积极拓展综合办公系统应用，正式上线国家林业局移动办公系统（责任单位：信息办、各司局、各直属单位）。

（二）以拓展应用为目标，完善内外网栏目设置，加强外网信息发布、在线办事、互动交流等板块和内网五大平台的内容更新工作。以中国林业网为平台，积极开展群众喜闻乐见的活动（责任单位：信息办、各司局、各直属单位）。

（三）建设森林公园、湿地公园、自然保护区、国有林场网站群，整合林业系统门户网站，形成更加完善的中国林业网站群（责任单位：信息办、场圃总站、湿地办、保护司）。

（四）建设中国林业网络博物馆、中国林业网络博览会（责任单位：信息办、有关司局、有关直属单位）。

（五）进一步完善中国林业网"林业产权交易服务平台"建设，推动建立统一的林权交易网，建设林业"淘宝网"。积极开展网络植树工作（责任单位：信息办、有关司局、有关直属单位）。

（六）组织开展与中国电信等电信运营商、清华大学等重点高校、微软等重点IT企业、国土资源部等国家部委的战略合作，拓展林业信息化应用领域，扩大信息化应用的覆盖面，全面提升信息资源共建共享和应用水平（责任单位：办公室、信息办、有关司局、有关直属单位）。

（七）做好2011年全国林业信息化发展水平和林业网站绩效评估工作，做好"十一五"时期林业10件大事和2010年林业信息化10件大事评选。积极开展"信息援藏"工作（责任单位：信息办、计财司）。

四、加强管理方面

（一）在总结第一批全国林业信息化示范省建设经验的基础上，评选出第二批全国林业信息化示范省，以点带面，充分发挥“点亮一盏灯，照亮一大片”的示范带动作用，全面促进林业信息化工作（责任单位：信息办、有关司局、有关直属单位）。

（二）按照中央和地方事权划分的原则，积极争取在国家、省级发展改革和财政部门设立林业信息化建设和运维专项，统一管理使用各项林业信息化建设资金，开辟信息化建设长期稳定的投资渠道（责任单位：计财司、信息办）。

（三）在以往工作的基础上，进一步修改完善并印发信息化各项工作制度（责任单位：信息办、有关司局、有关直属单位）。

（四）制定一批急需的林业信息化标准，加强林业信息化标准建设，为互联互通、资源共享奠定坚实基础（责任单位：信息办、有关司局、有关直属单位）。

（五）做好机房、网络及相关应用系统的运行维护工作及相关接入国家林业局内外网统一平台的应用系统的技术审查及相关工作，确保网络运行安全与信息安全。积极做好软件正版化相关工作（责任单位：信息办、各司局、各直属单位）。

（六）采取走出去、引进来等方式，与有关单位合作，举办数期林业信息化建设管理高级研修班和局内外网应用培训班（责任单位：信息办、各司局、各直属单位）。

（七）尽快充实国家林业局信息办工作人员，加强班子建设和党组织建设，引导地方林业信息化机构的充实完善，增强林业信息化机构的协调能力。组建林业信息化专家咨询机构和中国林业网编委会（责任单位：办公室、人事司、信息办）。

（八）积极开展林业信息化调研工作。深入开展赴有关部委、教学科研单位、IT企业和典型地区开展林业信息化调研工作（责任单位：信息办、有关司局、有关直属单位）。

国家林业局办公室关于组织编写《中国林业信息化发展报告 2011》的通知

办发字〔2011〕35 号

各省、自治区、直辖市林业厅(局)，内蒙古、吉林、龙江、大兴安岭森工(林业)集团公司，新疆生产建设兵团林业局：

2010 年，我国林业信息化建设取得重大突破，已成为现代林业建设的一大亮点。为展示 2010 年林业信息化建设成就，借鉴国际国内信息化发展经验，促进林业信息化建设健康发展，按照我局的统一部署和安排，经研究，决定组织编写《中国林业信息化发展报告 2011》。报告拟采用条目式撰写方法，即每章下分若干部分，每部分由若干条目组成，一事一条，每条 300 ~ 500 字。请各地区、各单位组织撰写本地区、本单位林业信息化发展报告(每单位 0.5 万字，重点记述当地当年发生的大事要事)，作为第二篇内容的组成部分，以正式文件于 5 月 30 日前通过国家林业局内网报国家林业局信息办。

联 系 人：冯峻极

联系电话：010 - 83223789

电子邮箱：zydfjjzlm@ sohu. com

zouyp@ forestry. gov. cn

特此通知。

附件：中国林业信息化发展报告 2011(提纲)

国家林业局办公室

二〇一一年三月十一日

附件

中国林业信息化发展报告 2011

（提纲）

第一篇　总论篇

（约 10 万字）

第一章　年度总报告

第二章　发展政策

　　第一节　重要会议

　　第二节　重要文件

　　第三节　示范省建设

第三章　发展规划

　　第一节　全国林业发展“十二五”规划

　　　　介绍信息化部分。

　　第二节　全国林业信息化发展“十二五”规划发展规划

　　第三节　国家林业局国家空间信息基础设施建设与应用“十二五”规划调研工作

第四章　战略研究

　　第一节　研究内容

　　第二节　研究方法

　　第三节　研究成果

第五章　工程建设

　　第一节　信息资源建设

　　第二节　基础平台扩容

　　　　包括数据处理、存储和备份

　　第三节　数据库建设

　　第四节　应用系统建设

　　　　包括综合应用支撑、其他系统

　　第五节　中国林业网络博物馆及网络博览会建设

　　第六节　森林公园等站群建设

第六章　运行维护

　　第一节　内网

　　第二节　外网

包括网络电视

第三节　专网

第七章　标准制度

第一节　标准

第二节　制度

第三节　规范

第八章　机构人员

第一节　机构

第二节　人员

第三节　培训

第二篇　地方篇

（约18万字，每单位0.5万字）

第一章　华北地区林业信息化

第一节　北京市

第二节　天津市

第三节　河北省

第四节　山西省

第五节　内蒙古自治区

第六节　内蒙古森工

第二章　东北地区林业信息化

第一节　辽宁省

第二节　吉林省

第三节　黑龙江省

第四节　吉林森工

第五节　龙江森工

第六节　大兴安岭

第三章　华东地区林业信息化

第一节　上海市

第二节　江苏省

第三节　浙江省

第四节　安徽省

第五节　福建省

第六节　江西省

第七节　山东省

第四章　中南地区林业信息化

第一节　河南省

第二节　湖北省

第三节　湖南省

第四节　广东省

第五节　广西壮族自治区

第六节　海南省

第五章　西南地区林业信息化

第一节　重庆市

第二节　四川省

第三节　贵州省

第四节　云南省

第五节　西藏自治区

第六章　西北地区林业信息化

第一节　陕西省

第二节　甘肃省

第三节　青海省

第四节　宁夏回族自治区

第五节　新疆维吾尔自治区

第六节　新疆生产建设兵团

第三篇　借鉴篇

（约 10 万字）

第一章　国际动态

第一节　政策法规

第二节　标准建设

第三节　发展状况

第四节　关键技术

第五节　典型案例

第二章　国内动态

第一节　政策法规

第二节　发展动态

第三节　项目建设

第四节　典型案例

第三章　地方动态

第一节　政策法规

第二节　标准建设

第三节　发展状况

第四章　新技术集萃

第一节　物联网

第二节　云计算

第三节　IPv6 技术

第四节　（略）

第五章　专家视点

重点介绍2010年有关公司、专家有关林业信息化的重要观点、论文或摘要等。

附录：大事记

2010年中国信息化大事记

2010年中国林业信息化大事记

国家林业局办公室关于召开全国林业信息化工作会议的通知

办发字〔2011〕40 号

各省、自治区、直辖市林业厅(局),内蒙古、吉林、龙江、大兴安岭森工(林业)集团公司,新疆生产建设兵团林业局,各计划单列市林业局,国家林业局各司局、各直属单位:

为认真落实中央林业工作会议和全国林业厅局长会议精神,系统总结“十一五”林业信息化工作成绩,科学分析林业信息化面临的新形势、新任务,全面展示近几年林业信息化建设新成果,科学谋划“十二五”林业信息化发展思路,安排部署 2011 年的林业信息化工作,努力提升林业信息化水平,为发展现代林业、建设生态文明、推动科学发展提供有力支撑保障,经研究,我局决定于 5 月上旬在辽宁沈阳召开第二届全国林业信息化工作会议。现将有关事项通知如下:

一、主要内容

(一)学习传达中央林业工作会议、全国林业厅局长会议精神和贾治邦局长 3 月 3 日为此次会议所作的重要批示,贯彻落实中央和国家林业局党组关于信息化建设的指示精神。

(二)回顾总结“十一五”时期林业信息化工作,研究分析林业信息化面临的新形势新任务,展示近几年林业信息化建设新成果,科学谋划“十二五”林业信息化发展思路,部署安排 2011 年的林业信息化工作。

(三)启动第二批林业信息化示范省。举办第二届林业信息化高峰论坛。

二、时间地点

5月8日报到，9日、10日开会，地点在辽宁沈阳。

三、参会人员

（一）中央有关部门负责同志及辽宁省政府、相关部门领导。

（二）各省区市林业厅局，四大森工集团、新疆生产建设兵团林业局，计划单列市林业局主要负责人和信息办（中心）负责同志各1名。

（三）国家林业局各司局、各直属单位主要负责人和信息化工作主管处室负责同志各1名。

（四）媒体记者和工作人员。

四、有关要求

（一）请首批林业信息化示范省实施单位以示范建设成果为主要内容，各准备一个时间为半小时的PPT作为典型发言材料，并于4月10日前将相关材料文字版和电子版报我局信息化管理办公室（以下简称信息办）。

（二）会议期间，拟举办一次全面反映全国林业信息化建设成就的展览，届时将以1米×2米的展板为单元，重点展示“十一五”时期林业信息化建设成果、信息化支撑现代林业建设情况及“十二五”林业信息化发展目标，并做到图文并茂、突出特点、形象直观。请各地各单位精心构思，认真设计，提出一块展板的设计草样，于4月10日前将草样电子版报我局信息办，由信息办统一修订制作。

联系人：邹亚萍，张会华
电　话：（010）84238649，84238625
邮　箱：zouyp@ forestry. gov. cn

特此通知。

国家林业局办公室
二〇一一年三月二十二日

国家林业局办公室关于印发《国家林业局2010年政府信息公开年度报告》的通知

办发字〔2011〕42号

国家林业局各司局、各直属单位：

现将《国家林业局2010年政府信息公开年度报告》（见附件）印发给你们，请按照《政府信息公开条例》及《国家林业局<政府信息公开条例>实施办法》有关要求，进一步做好此项工作，促进我局政府信息公开工作再上新台阶。

特此通知。

附件：国家林业局2010年政府信息公开年度报告

国家林业局办公室

二〇一一年三月二十二日

附件

国家林业局2010年政府信息公开年度报告

按照《政府信息公开条例》有关要求，现将我局2010年度政府信息公开情况公布如下：

一、基本情况

2010年，我局高度重视政府信息公开工作，采取了一系列重要措施，开展了大量卓有成效的工作，加大政府信息公开力度，充分发挥政府信息对人民群众生产生活和经济社会活动的服务作用。堪称“中国法治蓝皮书”的《中国法治发展报告(2011版)》近日发布第二次中国政府透明度年度报告，国家林业局信息公开工作在部委排名中列第2名。具体开展了以下几项工作。

(一)进一步拓展政府信息公开渠道。围绕社会广泛关注、事关群众切身利益的重大事项，除借助于新闻发布会、新闻媒体、各类公报等常规手段外，我局充分利用现代信息手段快捷高效、信息量大、覆盖面广的特点，将国家林业局政府网(中国林业网)作为信息公开的主渠道，主动公开我局产生的非涉密信息，切实加强与网民的交流互动，有效保障了社会公众的信息知情权。坚持先易后难、循序渐进的原则，积极稳妥地推进林业行政许可结果网上公开，进一步规范林业行政审批的运行，逐步实现林业行政审批全过程的动态公开，不断提高便民服务的层次和水平。强化政府信息公开目录编制和检索功能，为广大人民群众随时查询我局有关政府信息提供便利条件。同时，将我局门户网站与现有50多个司局和直属单位网站进行了有机整合，实行统一域名管理下的网站群管理模式，并增建繁体版和英文版，大大拓展了政府信息公开的广度和深度。通过组织策划开展“解读中央林业工作会议精神”等系列活动、“新中国林业60年”和局长在线访谈等专题，进一步丰富了信息公开的内容和形式，拉近了人民群众与政府之间的距离，树立了亲民爱民的政府形象。

(二)进一步强化依申请公开工作。依申请公开是政府信息公开的重要途径，是主动公开方式的延伸和补充。与主动公开不同，依申请公开是一种被动行为。一旦处理不当，将会给政府机关带来负面影响及不必要的麻烦。为此，我局始终高度重视依申请公开工作。为确保此项工作的顺利开展，我局健全了依申请公开机制，完善了依申请公开流程，认真受理人民群众的每一份政府信息公开申请，并在第一时间内做出积极响应，在法定的时限内予以答复，依法满足社会个体的合理需求，主动接受社会各界和人民群众对林业行政行为的监督和检查。

(三)进一步做好政府信息公开保密审查工作。按照《国家林业局〈政府信息公开条例〉实施办法》有关要求，我局及时修订并完善了公文发文稿头纸及相关文稿形式，将政府信息公开和保密审查作为重要内容列入公文运转程序中，建立健全了政府信息公开保密审查工作机制。在公文运转过程中，要求起草人员拟制公文、信息时，必须按照有关要求首先确定所办公文、信息是否涉密、能否公开，如果不涉密，就必须确定公开方式，明确“社会公开”或“内部公开”；各级领导审核公文、信息时，除对公文内容、公文格式进行审定外，还必须对其是否涉密、能否公开进行严格把关，做到责任分解，层层把关，风险共担，既防止借口保密而出现该公开的事项不公开或不及时、不全面公开等情况，也防止片面强调公开而发生失泄密。

(四)进一步推进林业重大事项的内部公开。在继续做好社会公开工作的基础上，加大力度，积极推进内部公开工作。对于我局在履行职能过程中产生的不宜向社会公众公开、但可让机关干部职工知晓的事项，以国家林业局办公网(内网)等形式在机关和直属单位内部公开，切实加强干部职工对权力运行的内部监控，防止少数人或个人滥用权力。逐步建立和完善内部公开工作机制，围绕机关干部职工关心的，如干部选拔任用、政府采购、基建工程、资金使用状况等问题，制定公开制度，加大公开力度，做到公开结果与公开过程相结合。

二、政府信息公开情况

(一)主动公开方面。

1. 本年度，我局在国家林业局政府网共发布政府信息67294条(外网46945条，内网20349条)，其中公文1255条(外网174条，内网1081条)，其他政府信息66039条(外网46771条，内网19268条)；印发《国家林业局公报》4期。

2. 本年度，我局共举办各类新闻发布会10场，内容涉及第二届中国绿化博览会安徽吉祥物主题口号、中国森林生态服务评估研究成果、中国(温州)森林旅游节、西安世界园艺博览会、集体林权制度改革进展情况、春季造林绿化情况、国新办退耕还林发展生物质能源造林绿化新闻吹风会、全国林地保护利用规划、绿化长江重庆行动、国新办中小河流治理和山洪地质灾害防治等方面。

3. 本年度，共办理林业行政许可事项197725件(准予许可188976件，不准予许可8749件)。其中，按具体承担单位计：国家林业局机关办理许可4880件(准予许可4823件，不准予许可57件)；植物检疫机构准予许可23件；濒管系统办理许可61003件(准予许可60996件，不准予许可7件)；国家林业局内蒙古专员办办理许可27976件(准予许可27918件，不准予许可58件)；国家林业局长春专员办办理许可27053件；国家林业局黑龙江专员办办理许可55223件(准予许可47133件，不予许可8090件)；国家林业局大兴安岭专员办办理许可21567件(准予许可21030件，不予许可537件)。

(二)依申请公开方面。本年度，我局共接到3份依申请公开申请。对此，我局均按照《政府信息公开条例》有关要求，依法按期作了答复。

(三)申请行政复议及提起行政诉讼方面。本年度，我局未接到涉及信息公开的行政复议申请和行政诉讼。

(四)收费及减免情况。考虑到我国目前尚未出台政府信息公开收费具体标准等，我局本年度在公开政府信息工作方面未收取任何费用。

下一步，我局将以林业信息化建设为契机，加大力度，切实加强政务公开工作，不断提高政府信息公开工作效率和质量，确保社会公众政府信息知情权的有效落实。

国家林业局关于印发《全国林业信息化发展“十二五”规划（2011 ~ 2015 年）》的通知

林规发〔2011〕58 号

各省、自治区、直辖市林业厅（局），内蒙古、吉林、龙江、大兴安岭森工（林业）集团公司，新疆生产建设兵团林业局，各计划单列市林业局，国家林业局各司局、各直属单位：

为认真贯彻落实中央林业工作会议、全国林业厅局长会议以及全国林业信息化工作会议精神，按照《全国林业信息化建设纲要 2008 ~ 2020 年》（以下简称《纲要》）和《全国林业信息化建设技术指南 2008 ~ 2020 年》（以下简称《指南》）要求，我局组织编制了《全国林业信息化发展“十二五”规划（2011 ~ 2015 年）》（以下简称《规划》）。现印发给你们，并就有关事宜通知如下：

一、各地各单位要进一步深化对林业信息化规划重要性的认识。林业信息化是一个整体性、系统性很强的工作。研究制定科学、完善的林业信息化发展规划，有利于逐步建立起功能齐备、互通共享、高效便捷、稳定安全的林业信息化体系，促进林业决策科学化、办公规范化、监督透明化、服务便捷化，为建设现代林业奠定扎实基础。各地各单位要加强领导，采取有效措施，“统一标准、统一制式、统一平台、统一管理”，把《规划》落到实处。

二、各地要在前期工作的基础上，按照《规划》总体框架的要求，以《纲要》及《指南》为指导，根据本地的实际情况，搞好本地林业信息化“十二五”规划的完善修编工作。明确建设目标、细化建设任务，落实重点内容和主要项目，制订切实可行的保障措施。规划既要立足当前又要着眼长远，既要突出重点又要兼顾全局，确保科学性、前瞻性和可行性，使林业信息化建设高起点、高标准、高水平。

三、各地要将林业信息化"十二五"规划于2011年上半年报我局备案，同时各地各单位要争取将林业信息化规划纳入国家和地方信息化总体发展规划，最大限度地争取各级政府的支持，以保障林业信息化建设又好又快发展。

特此通知。

附件：全国林业信息化发展"十二五"规划(2011~2015年)(略)

国家林业局
二〇一一年三月二十五日

国家林业局信息办关于认真做好全国林业信息化工作会议直播工作的通知

信综发〔2011〕17 号

各省、自治区、直辖市林业厅(局)，内蒙古、吉林、龙江、大兴安岭森工(林业)集团公司，新疆生产建设兵团林业局，各计划单列市林业局：

国家林业局定于5月9～10日上午在辽宁沈阳市召开第二届全国林业信息化工作会议，各省区市林业主管部门，4个森工(林业)集团，新疆生产建设兵团林业局，各计划单列市，国家林业局各司局、各直属单位的主要领导和主管信息化工作的处长参加会议，国家林业局贾治邦局长等领导班子成员出席会议，会议还邀请中编办、发改委、工信部、科技部等部门有关领导出席。届时，中国林业网(国家林业局政府网)和辽宁省政府网将全程(共一天半)直播会议内容，国家林业局视频会议系统将全程直播会议全过程。为进一步做好会议直播工作，请各地林业厅(局)做好如下工作：

一、在本单位视频会议室设立分会场，统一挂“第二届全国林业信息化工作会议×××分会场”条幅，组织本单位班子成员、各处室主要负责人、办公室和信息办(中心)全体人员参加。

二、通过本单位门户网站链接“中国林业网”直播页面，转播本次会议的全部内容，并在网站首页醒目位置做好“点击进入”提示。

三、拍摄本地分会场现场观看照片，统计5月9日本厅(局)门户网站访问量(点击量)，并于5月9日报国家林业局信息办网站管理处。

联系人：朱艳

电　话：010－84238303

E-mail：wangzhanchu@forestry.gov.cn

国家林业局信息化管理办公室

二〇一一年五月三日

国家林业局关于启动第二批全国林业信息化示范省建设工作的通知

林办发〔2011〕112 号

各省、自治区、直辖市林业厅(局)，内蒙古、吉林、尤江、大兴安岭森工(林业)集团公司，新疆生产建设兵团林业局：

2011 年 3 月，《国家林业局办公室关于开展第二批全国林业信息化示范省建设工作的通知》(办发字〔2011〕24 号)下发后，各地按照通知要求，对照《林业信息化示范省(区、市)主要指标》，积极进行了全国林业信息化示范省(区、市)(以下简称示范省)的申报工作。在认真审核和现场考察的基础上，经认真研究，我局确定了第二批示范省。现将有关事项通知如下：

一、示范省及实施单位

按照办发字〔2011〕24 号文件要求，经各地申报、我局初审。现场复审和综合评定等环节，按照点面结合、各具特色、分期分批和可上可下等原则，我局确定第二批示范省为：

北京市：实施单位为北京市园林绿化局。

山西省：实施单位为山西省林业厅。

内蒙古：实施单位为内蒙古自治区林业厅。

江西省：实施单位为江西省林业厅。

山东省：实施单位为山东省林业局。

河南省：实施单位为河南省林业厅。

广东省：实施单位为广东省林业局。

陕西省：实施单位为陕西省林业厅。

沈阳市：实施单位为沈阳市林业局。

二、示范省重点建设内容

根据现有信息化工作基础和特点，每个示范省确定了示范主题。各示范省要在全面推进林业信息化建设的基础上，按照示范主题进行重点攻关，尽快推出国际先进、国内领先的示范成果，以推动全国林业信息化建设又好又快发展。

北京市园林绿化局示范主题：网格化管理及统一数据库建设。

山西省林业厅示范主题：森林远程视频监控和集体林权信息采集管理系统建设。

内蒙古自治区林业厅示范主题：信息化技术在林业主体业务管理中的应用。

江西省林业厅示范主题：林权交易电子商务平台建设。

山东省林业局示范主题：市县林政资源管理和基本建设投资项目动态跟踪系统建设。

河南省林业厅示范主题：基于空间数据分析技术的营造林管理系统和林业综合执法管理平台建设。

广东省林业局示范主题：核心业务系统建设。

陕西省林业厅示范主题：省市县三级林业电子政务建设。

沈阳市林业局示范主题：终端入户辐射带动信息服务。

三、示范省建设要求

各示范省要采取有效措施，创经验、出成果，努力保持荣誉，真正起到示范带头作用，为全面推进林业信息化建设做出更大贡献。

（一）尽快编制实施方案。各示范省要提出林业信息化示范省建设工作思路，认真组织编制林业信息化示范省建设实施方案，突出示范主题，明确示范范围、示范内容和保障措施。6 月 30 日前将实施方案报我局。

（二）切实加强组织领导。各示范省要成立由实施单位主要负责同志任组长、有关部门负责同志参加的林业信息化示范省建设工作领导小组，统一领导本省区市的林业信息化示范省建设工作，为示范工作提供组织保障。

（三）加大支持保障力度。各示范省要在资金、政策、技术和人才等方面加大对林业信息化的扶持力度，确保示范省建设顺利进行。

（四）及时总结示范经验。各示范省要及时将工作中积累的好经验、好做法认真整理，每年一次报送我局，以推向全国，真正起到示范作用。

各地要以示范省为榜样，强化危机意识，积极行动起来，主动向示范省学习，学习他们的好经验、好做法，不断改进工作，推动本地林业信息化工作又好又快发展。

联系人：国家林业局 高尚仁

联系电话：010－84238966

特此通知。

国家林业局

二〇一一年五月五日

国家林业局办公室关于印发《全国林业信息化发展水平评测报告》的通知

办信字〔2011〕70号

各省、自治区、直辖市林业厅(局)，内蒙古、吉林、龙江、大兴安岭森工(林业)集团公司，新疆生产建设兵团林业局，各计划单列市林业局，国家林业局各司局、各直属单位：

为从整体上把握全国各地林业信息化发展变化情况，指导“十二五”林业信息化建设工作，实现以评促建和以评促用，推动林业信息化快速协调发展，支撑现代林业建设，我局组织开展了首次全国林业信息化发展水平评测工作。现将《全国林业信息化发展水平评测报告》(见附件)印发给你们，请各地各单位结合实际，进一步采取有效措施，提高林业信息化水平，推动全国林业信息化快速协调发展，为发展现代林业、建设生态文明、推动科学发展做出新贡献。

特此通知。

附件：全国林业信息化发展水平评测报告

国家林业局办公室

二〇一一年五月五日

附件

全国林业信息化发展水平评测报告

一、评测目的意义

林业信息化是我国现代林业建设的重要组成部分，是推动林业快速发展的重要支柱。“十一五”期间，国家林业局和各地各单位对林业信息化建设高度重视，投入大量资金和人力物力，积极开展林业信息化建设，取得了一系列可喜成绩，已成为当前发展现代林业、建设生态文明、推动科学发展的一大亮点。国家林业局将林业信息化发展水平作为一项重要指标，纳入现代林业发展水平考核范畴，充分体现了林业信息化在现代林业发展中的重要地位和作用。

为了从整体上把握全国各地林业信息化发展变化情况，指导“十二五”时期林业信息化建设工作，实现以评促建和以评促用，推动现代林业建设又好又快发展，国家林业局组织开展了首次全国林业信息化发展水平评测工作，对 2008 年和 2009 年各地林业信息化发展水平进行了综合评测。

二、评测方法步骤

（一）制定评测标准

以《全国林业信息化建设纲要》和《全国林业信息化工作管理办法》为指导，按照全国林业信息化工作领导小组对林业系统信息化工作的有关要求，结合当前全国各地林业信息化发展的实际情况，按照“建设、应用、保障”三个方面，制定了能够真实反映全国各地林业信息化发展水平的指标体系，包括 3 个一级指标，16 个二级指标，46 个三级指标（表 1）。

表 1　全国林业信息化发展水平评测标准表

一级指标	二级指标	分值
林业信息化建设水平（40 分）	林业专网覆盖情况	7.0
	机房建设情况	5.5
	电脑普及情况	5.5
	数据库建设情况	7.0
	应用系统建设情况	7.0
	内外网网站建设情况	8.0
林业信息化应用水平（30 分）	已建成数据库的使用情况	6.0
	已建成应用系统的使用情况	6.0
	数据库和应用系统支撑核心业务情况	6.0
	OA 系统使用情况	5.0
	内外网使用情况	7.0

（续）

一级指标	二级指标	分值
林业信息化保障水平（30分）	机构建设情况	6.0
	队伍建设情况	6.0
	信息化投资额	6.0
	制度标准建设情况	6.0
	信息安全保障情况	6.0

（二）确定评测范围

评测范围包括全国31个省区市、4个森工（林业）集团、新疆生产建设兵团和5个计划单列市，共计41个单位。

（三）评测数据采集与整理

2011年1月，国家林业局向各省区市印发了《“十一五”林业信息化建设基本情况调查表》、《全国各省区市2008～2009年林业信息化发展水平调查表》等。3月15日前，各地报送了本次调查的数据。3月16日至4月10日，国家林业局组织对各地报送的数据进行审核，并对照评测标准，对各省区市上报的调查表进行了综合评分，评测结果报有关专家和领导审定后，得出了2008年和2009年全国林业信息化水平评测结果。

三、评测结果

（一）总体评测结果

2008年全国各地林业信息化水平平均总得分58.76分，最高得分91.60分（湖南），最低得分20.36分（西藏）。排名前10名的省区市①分别为湖南、辽宁、北京、福建、山东、广东、浙江、江西、吉林森工和河南；排名后10名的省区市分别为西藏、内蒙古森工、甘肃、新疆兵团、云南、贵州、天津、龙江森工、宁波和海南，信息化水平得分在60分以上的有18个，达到了43.9%（表2）。

表2　2008年全国林业信息化水平评测结果

省区市	排名	总得分	省区市	排名	总得分
湖　南	1	91.60	深　圳	22	58.28
辽　宁	2	87.84	大　连	23	57.99
北　京	3	87.56	河　北	24	56.50
福　建	4	79.37	江　苏	25	55.45
山　东	5	77.26	广　西	26	54.27
广　东	6	77.09	黑龙江	27	51.16
浙　江	7	75.37	安　徽	28	50.64

① 本文中省区市特指评测范围内的全国31个省（自治区、直辖市）、4个森工（林业）集团、新疆生产建设兵团和5个计划单列市。

（续）

省区市	排名	总得分	省区市	排名	总得分
江　西	8	74.96	新　疆	29	50.60
吉林森工	9	73.73	重　庆	30	50.39
河　南	10	70.63	厦　门	31	49.61
陕　西	11	70.08	海　南	32	46.62
山　西	12	68.00	宁　波	33	44.85
内蒙古	13	67.80	龙江森工	34	44.84
上　海	14	62.70	天　津	35	44.40
湖　北	15	61.76	贵　州	36	41.88
宁　夏	16	60.93	云　南	37	40.25
吉　林	17	60.90	新疆兵团	38	38.70
大兴安岭林业	18	60.20	甘　肃	39	33.64
青　海	19	59.82	内蒙古森工	40	32.98
四　川	20	59.10	西　藏	41	20.36
青　岛	21	58.95	平　均		58.76

2009年全国各地林业信息化水平平均得分61.28分，比2008年增长2.52分，最高分93.09分(辽宁)，最低分22.00分(西藏)。排名前10名的省区市分别是辽宁、湖南、北京、福建、广东、浙江、山东、江西、吉林森工和河南。排名后10位的分别是西藏、内蒙古森工、甘肃、新疆兵团、海南、天津、贵州、宁波、厦门和新疆。信息化发展水平得分在60分以上的有20个，比2008年增加2个，达到了48.8%(表3)。

表3　2009年全国林业信息化水平评测结果

省区市	排名	总得分	省区市	排名	总得分
辽　宁	1	93.09	四　川	22	59.60
湖　南	2	92.71	青　岛	23	58.95
北　京	3	87.80	黑龙江	24	56.88
福　建	4	86.00	青　海	25	56.54
广　东	5	81.61	广　西	26	54.82
浙　江	6	80.51	安　徽	27	54.64
山　东	7	79.76	江　苏	28	53.45
江　西	8	76.00	龙江森工	29	52.61
吉林森工	9	74.80	重　庆	30	52.53
河　南	10	74.52	云　南	31	51.75
陕　西	11	74.27	新　疆	32	51.61
山　西	12	69.80	厦　门	33	49.61

（续）

省区市	排名	总得分	省区市	排名	总得分
内蒙古	13	69.54	宁　波	34	45.85
上　海	14	66.20	贵　州	35	43.90
吉　林	15	64.10	天　津	36	43.56
深　圳	16	63.82	海　南	37	43.05
湖　北	17	63.74	新疆兵团	38	42.60
宁　夏	18	62.43	甘　肃	39	38.73
大　连	19	61.41	内蒙古森工	40	37.72
河　北	20	60.04	西　藏	41	22.00
大兴安岭	21	59.90	平　均		61.28

2009 年与 2008 年相比，大部分省区市的林业信息化发展水平稳步推进，各区市平均分增长 4.29%。从得分对比图中可以看出，有 34 个省区市的信息化水平呈现出进步态势，其中黑龙江、云南、甘肃、内蒙古森工、龙江森工和新疆兵团的进步幅度较大，两年得分差值均在 10% 以上。详见 2008 年、2009 年全国各地林业信息化水平评测对比图。

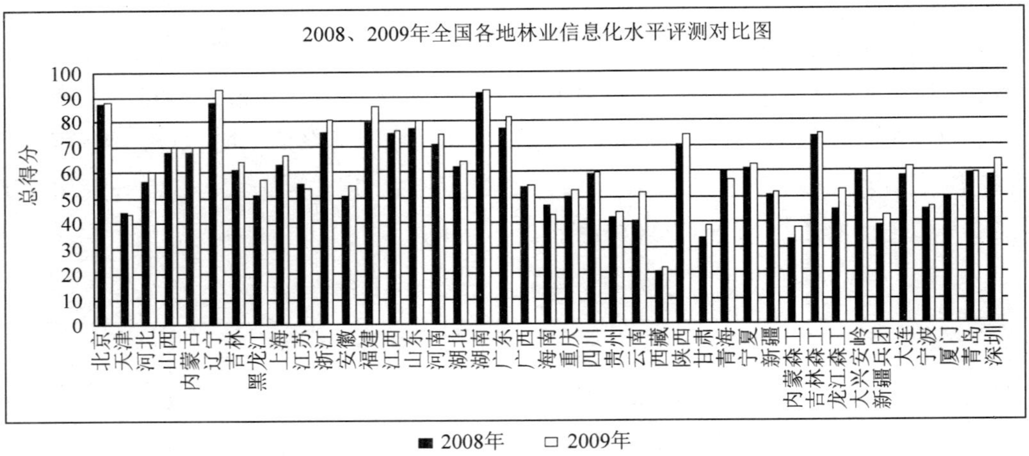

（二）分项评测结果

在分项指标评测方面，2009 年与 2008 年相比，大部分地区的三大指标项得分都有所提高，特别是加大了信息化建设力度，全国信息化建设水平平均分值增加了 1.34 分，得分率增加 3.3 个百分点。

1. 2008 年分项评测结果。林业信息化建设情况。2008 年林业信息化建设平均得分 21.35 分，得分率为 53.4%，排名前三的省区市为湖南、辽宁和北京。在具体指标项中，10 个省区市的专网建设较好，得分在 5 分以上，基本覆盖了地市级或县级林业局，27 个省区市实现了内外网物理隔离。37 个省区市建有独立的机房，但机房面积在 50 平方米以下的居大多数。各地区配备外网电脑数量情况比较乐观，29 个省区市外网电脑数量大于等于在职人员数量，但内网专用电脑的使用情况还未大范围推开。在数据库和林业应用系统建设方面，全国各省区市普遍比较重视，特别是林业重点省份，结合重点工程建设，建成了多个数据库和应用系统，其中湖南省的建设数量已经达到了指标项的满分要求。在网站建设方面，除了西藏自治区和甘肃省，其余省区市都已建成了自己的林业门户网站，许多地级市或县级林业局也建设有自己的门户网站。

林业信息化应用情况。2008 全国林业信息化应用水平平均得分 21.03，得分率相对较高，为 70.1%，山东、湖南和福建的应用情况评测结果排名靠前，其中山东省的信息化应用情况良好，基本达到了评测标准的最高分。各省区市数据库和应用系统的使用情况普遍较好，已建数据库和应用系统都能够良好应用的省区市达到 73.2%。在支撑业务方面，有 12 个省份在数据库和应用系统支撑业务领域方面达到了 10 个以上，几乎涉及林业主体业务的各个方面，但也有近 30% 的省份支撑业务领域范围较窄。在 OA 系统应用方面，辽宁等 16 个省区市实现无纸化办公，并能够将绝大部分文件的办理在网上流转，但各地应用情况差距较大。在外网使用方面，95% 以上的门户网站信息更新及时到位，但普遍存在在线办事和互动交流较少的问题。

林业信息化保障情况。2008 全国林业信息化保障水平平均得分 16.38，平均得分率为 54.6%，保障水平排名前三的省市分别是北京、湖南和辽宁。广东等 25 个省区市设有独立工作的信息化机构和人员队伍，占评测总数的 61%。2/3 以上的省份用于信息化工作的经费投入连年增加。北京、辽宁、浙江等省区市制度健全、运行规范。系统和网络安全运行的意识和措施较强，保障了信息化成果稳定运行和良好使用。2008 年分项得分前 10 名的单位见表 4。

表 4　2008 年分项得分前 10 名的单位

建设水平（满分 40 分）		应用水平（满分 30 分）		保障水平（满分 30 分）	
省区市	得分	省区市	得分	省区市	得分
湖　南	34.42	山　东	30.00	北　京	29.00
辽　宁	34.24	湖　南	29.18	湖　南	28.00
北　京	30.65	福　建	28.87	辽　宁	27.00
福　建	30.50	北　京	27.91	深　圳	27.00
吉林森工	29.73	辽　宁	26.60	广　东	26.50
浙　江	29.24	广　东	26.59	吉林森工	23.00
河　南	28.13	浙　江	26.13	江　西	21.50
陕　西	28.08	江　西	26.00	山　东	20.50
内蒙古	27.80	青　岛	25.35	山　西	20.50
江　西	27.46	青　海	24.97	福　建	20.00

2. 2009 年分项评测结果。2009 年，各地加大了林业信息化建设与应用的力度，建设、应用和保障三大指标项的得分，较 2008 年相比显著提高。信息化在支撑林业主体业务、推进现代林业科学发展方面的作用日益凸现。

林业信息化建设情况。2009 年林业信息化建设向纵深发展，平均得分 22.69 分，得分率为 56.7%，辽宁、湖南和福建排名靠前。专网建设在 2008 年的基础上，有更多的省区市连通至市县级，实现内外网物理隔离的省区市有所增加，达到 28 个。39 个省区市拥有独立机房，达到全部评测单位的 95.1%，云南等部分省区市的机房面积有所扩大。平均外网和内网电脑普及率进一步提高。在国家或省区市信息化工程的带动下，北京、上海、湖南、内蒙古等省区市数据库和林业信息系统建设水平大幅度提高。网站建设成为政府对外交流的窗口，越办越好。许多地市或县级林业局高度重视门户网站建设，林业网站数量显著增加。

林业信息化应用情况。2009 全国林业信息化应用水平平均得分 21.91 分，得分率达到 72.9%，应用情况排名前三的省份分别是福建、山东和湖南。江西、陕西、河南等省份加大了数据库和林业信息系统的应用力度，在林业资源监管等重大事项管理中，积极使用已经建成的数据库，数据库和应用系统支撑林业主体业务能力明显增强，56.1% 的省区市得分达到了满分。在 OA 系统应用方面，上海、厦门等 16 个省区市基本上实现了无纸化办公，但全面使用的省份依旧不多。在外网使用方面，以网站为平台的政府信息公开继续被各级林业主管部门重视，信息发布较 2008 年明显增加，在线办事和互动交流引起各方面重视。

林业信息化保障情况。2009 全国林业信息化保障水平平均得分 16.68，平均得分率为 55.6%，较 2008 年略有提高。排名前三的省市分别是辽宁、湖南和北京。与 2008 年相比，信息化保障情况变化不太明显。2009 年分项得分前 10 名的单位见表 5。

表 5　2009 年分项得分前 10 名的单位

建设水平（满分 40 分）		应用水平（满分 30 分）		保障水平（满分 30 分）	
省区市	得分	省区市	得分	省区市	得分
辽　宁	37.39	福　建	30.00	辽　宁	29.00
湖　南	35.29	山　东	30.00	湖　南	28.00
福　建	35.00	湖　南	29.42	北　京	28.00
浙　江	32.36	浙　江	28.15	广　东	26.50
北　京	31.67	北　京	28.13	吉林森工	23.00
吉林森工	29.80	广　东	27.10	深　圳	23.00
河　南	29.47	辽　宁	26.70	山　东	22.00
内蒙古	29.04	江　西	26.50	江　西	21.50
陕　西	28.27	陕　西	26.50	福　建	21.00
广　东	28.01	青　岛	25.35	上　海	21.00

四、评测结果分析

（一）林业信息化发展特点

从评测结果来看，全国各地认真贯彻落实首届全国林业信息化工作会议精神，严格按照《全国林业信息化建设纲要》和《全国林业信息化建设技术指南》的有关要求，不断扩展信息化建设范围，逐步提升林业信息化综合能力，在机构建设、工程实施、经费投入和制度建设等方面取得了显著成绩。

1. 各级领导高度重视。随着全球信息时代的发展与推进，林业信息化得到了各级领导的高度重视。各省区市林业厅（局）以全国林业信息化工作会议精神为指导，纷纷召开本省区市林业信息化工作会议，86% 以上成立了以厅（局）长为组长的林业信息化工作领导小组，60% 以上组建了林业信息化专门机构，80% 以上增加了林业信息化专项经费和基建投入，并将信息化工作业绩纳入中层干部的考核指标。

2. 基础建设不断加强。2009 年与 2008 年相比，北京、辽宁、上海等 60% 的地区，对本地区的网络设施进行了扩容和升级改造。福建、深圳等 39 个省区市建立了独立的计算机房，云南等地扩大了机房面积和网络服务器等。各地电脑普及程度大大提高，70% 以上的省份外网电脑使用数量多于在职人员总数，内网专用电脑数量比 2008 年平均多出 10%，林业信息化基础建设得到进一步加强。

3. 数据库和应用系统建设不断深化。这两年来，各省区市以信息化工程建设带动数据库和应用系统建设向林业主体业务的各个方面扩展，数据库和应用系统数量逐年增加，建设质量不断提升。辽宁、北京、湖南等信息化发展领先的省份，建立了综合信息平台、资源目录管理系统、网上办公系统、网上审批系统、财务集中管理系统、决策信息服务平台等 10 多个应用系统和数据库，将建设成果应用在森林、湿地、荒漠资源和生物多样性监管，森林防火、森林病虫害防治等应急管理，林业资金、人才和档案管理等各个方面，并将林业资源数据整合在统一平台上，实现了在线办公、在线办证、在线审批等多项行政业务的网上办理，为社会各界提供了及时、准确的信息服务。

4. 信息化队伍不断壮大。随着林业信息化建设任务的不断加大和信息化重要地位的不断提高，从事林业信息化工作的人数逐年增加，学历和能力不断提高。80% 以上的人员拥有本科学历，75% 以上的人员获得了中级以上职称。高素质的人才队伍对于高科技的信息化建设，是基础中的基础，也是信息化发展水平提高的原动力。

5. 制度规范和安全管理不断完善。为了有力监控林业信息化建设，规范信息化管理，各地相继制定了一系列管理制度、技术规范、建设标准和安全防范对策等，大部分地区设有网络安全防火墙以及网络防病毒安全网关，许多省份设有信息安全专职人员，对机房等进行 7 ×24 小时值班，保障了信息网络和仪器设备安全运行和正常使用。

（二）林业信息化发展不足

通过本次评测可以看出，全国各地林业信息化发展取得了显著成绩，但还存在许多不足之处。

1. 区域信息化发展差距较大。2009 年评测得分高与低的最大差距达到了 71.09 分。经济发达地区，如北京、辽宁、福建、湖南等地，林业信息化综合水平明显高于经济欠发达地区。西藏、甘肃等西部地区计算机使用尚未全面普及，发展速度缓慢。

2. OA 办公系统普及度普遍不高。目前只有北京、湖南、上海、福建、浙江、山东等 10 多个省区市的 OA 办公系统能够良好应用，其他地区的 OA 系统使用并未成为在职人员主要的办公方式，对纸质办公依赖程度较高，制约了林业信息化发展。

3. 林业专网延伸不够。多数省份没有将林业专网延伸至县级林业单位，文件或信息传递到省级单位后难以快速下发，无法全面实现在线办事和在线技术指导。

4. 资金投入增长缓慢。从本次评测情况来看，尽管大多数省份的信息化投入在逐年增长，但每年财政和基建资金用于林业信息化所占的比重并不高，许多省份没有林业信息化专项事业费，信息化发展的资金渠道不够多元化，难以满足信息化建设需要。

国家林业局办公室关于成立全国林业信息化专家咨询委员会的通知

办信字〔2011〕71号

各省、自治区、直辖市林业厅(局)，内蒙古、吉林、龙江、大兴安岭森工(林业)集团公司，新疆生产建设兵团林业局，各计划单列市林业局，国家林业局各司局、各直属单位，各有关单位：

林业信息化是支撑现代林业大厦的三大支柱之一，“加快林业信息化，带动林业现代化”是国家林业局在新时期做出的重要部署。近年来，在国家林业局党组的正确领导下，林业信息化建设取得了明显成效，已成为推动现代林业科学发展最活跃的力量，但与国家的总体要求以及现代林业建设的实际需求相比，建设任务仍然十分艰巨。同时，林业信息化建设涉及面广、专业性强，是一项宏大而复杂的系统工程，要实现全面加快发展的战略目标，必须进一步发挥各方面人员的作用，特别是充分听取有关专家的意见和建议。经研究，我局决定成立全国林业信息化专家咨询委员会(以下简称“专家委”)，现就有关事宜通知如下：

一、专家委组成

专家委由来自我国政策、制度、管理、技术等领域信息化方面的专家组成(详见附件1)。

二、专家委工作制度

为保证专家委科学、有序开展工作，发挥出应有的作用，我局研究制定了《全国林业信息化专家咨询委员会章程》(详见附件2)。

特此通知。

附件：1. 全国林业信息化专家咨询委员会名单

2. 全国林业信息化专家咨询委员会章程

国家林业局办公室

二〇一一年五月六日

附件1

全国林业信息化专家咨询委员会名单

主　　　任：范本尧　中国工程院院士、航天五院研究员
常务副主任：李世东　国家林业局信息化管理办公室(信息中心)主任、教授级高级工程师
副　主　任：唐守正　中国科学院院士、中国林业科学研究院研究员
　　　　　　梅　宏　北京大学信息科学技术学院院长、软件研究所所长、教授
委　　　员：(按姓氏笔画排序)
　　　　　　于海波　信息安全共性技术国家工程研究中心副主任、研究员
　　　　　　王　茜　西安未来国际信息股份有限公司总裁、博士
　　　　　　王继龙　清华大学信息网络工程研究中心主任、教授
　　　　　　宁家骏　国家信息中心原总工程师、研究员
　　　　　　冯记春　科技部高新技术发展及产业化司原司长
　　　　　　杜伟成　农业部信息中心副主任、研究员
　　　　　　杨冰之　国脉信息化发展研究中心主任、研究员
　　　　　　吴保国　北京林业大学信息学院教授
　　　　　　吴晓松　国家发展改革委农村经济司副司长
　　　　　　张宏科　北京交通大学下一代互联网互连设备国家工程实验室主任、教授
　　　　　　陈　军　国家基础地理信息中心总工程师、教授级高级工程师
　　　　　　郑　磊　复旦大学国际关系与公共事务学院副教授
　　　　　　姜奇平　中国社科院信息化研究中心秘书长、研究员
　　　　　　顾大伟　国家发展改革委高技术产业司副司长
　　　　　　顾炳中　国土资源部信息中心总工程师、教授级高级工程师
　　　　　　徐　愈　工业和信息化部信息化推进司司长
　　　　　　褚利明　财政部农业司副司长

专家委下设秘书处，挂靠在国家林业局信息化管理办公室(信息中心)。秘书长由温战强同志担任。

附件2

全国林业信息化专家咨询委员会章程

第一条　全国林业信息化专家咨询委员会是全国林业信息化工作领导小组的咨询机构。英文名称为 Advisory Committee for National Forestry Informatization，英文简称 ACNFI。

第二条 全国林业信息化专家咨询委员会(以下简称专家委)的宗旨是增进全国林业信息化战略决策的科学化和民主化，积极有效地推动林业信息化发展进程，为现代林业建设提供支撑和保障。

第三条 专家委的职责是按照全国林业信息化工作领导小组(以下简称领导小组)的要求，就提交领导小组审议的重要文件进行会前咨询评议；负责组织有关专家，接受领导小组的咨询，就我国林业信息化发展中的重大问题提出建议；根据国家林业局信息中心(信息化管理办公室，以下简称信息中心)的委托，对全国林业信息化发展战略、政策和规划提出意见与建议；对国内外林业信息化问题进行跟踪和前瞻性研究；积极促进中外专家、教学科研单位、政府机构、非政府组织等与林业信息化部门之间的交流与合作。

第四条 专家委设主任 1 名，常务副主任 1 名，副主任 2 名。

第五条 设立专家委秘书处，承担专家委的日常事务。秘书处挂靠在信息中心技术合作管理处。秘书处根据工作需要设秘书长 1 名，副秘书长若干名，工作人员若干名。

第六条 专家委委员是全国林业信息化发展政策与战略制定工作中的高级顾问，应具备较高的专业理论水平、丰富的实践经验和广泛的社会联系，是政策、制度、管理、技术等领域信息化方面的专家，关心和热爱我国林业事业。

第七条 专家委主任和副主任人选，由秘书处根据本章程第六条规定提名，报领导小组批准。

第八条 专家委委员人选，由秘书处根据上述原则和工作需要，组织对专家委委员候选人进行提名，经征求各有关方面意见后，报领导小组批准。

第九条 专家委委员由领导小组颁发聘书，每届任期 3 年，可以连任。

第十条 专家委委员的基本权利包括：在专家委内部，委员有畅所欲言、充分发表自己意见和提出建议的权利；可以使用专家委提供的经费进行林业信息化重大问题调研；经批准，参加或者列席有关全国林业信息化问题的工作会议，获取有关资料。

第十一条 专家委委员应履行的义务包括：参加专家委组织的会议和重要活动，积极提出意见和建议，及时完成交付的研究和咨询任务，对有关事宜承担保密义务。

第十二条 专家委委员屡次不履行其义务或者严重违背本组织章程的，经秘书处提议，全体会议通过，可以取消其委员资格。

第十三条 专家委采取统一部署、分工协作、集中与分散相结合、以独立研究为主的工作方法，发挥委员个人专长和集体智慧。通过每年安排林业信息化重大问题调研，增进委员对林业及林业信息化工作的了解，为委员履行咨询义务创造条件。

第十四条 秘书处不定期编发《林业信息化简报》，向领导小组报告林业信息化战略问题研究成果，反映委员提出的重要意见和建议。

第十五条 专家委全体会议每年举行 1 ~ 2 次，由主任或者常务副主任负责召集。必要时，可以就咨询评议的问题举行专门会议。

第十六条 全体会议应提出需要研究的重大问题，听取委员的意见和建议。

第十七条 根据需要，专家委可以通过国家林业局政府网(中国林业网)，向全社会征求有关意见和建议。

第十八条 专家委秘书处的事业经费按国家林业局有关规定办理。

第十九条 本章程自印发之日起执行。

国家林业局办公室关于深入贯彻落实第二届全国林业信息化工作会议精神的通知

办发字〔2011〕87 号

各省、自治区、直辖市林业厅(局)，内蒙古、吉林、龙江、大兴安岭森工(林业)集团公司，新疆生产建设兵团林业局，各计划单列市林业局，国家林业局各司局、各直属单位：

2011 年 5 月 9 ~ 10 日，我局在辽宁沈阳成功召开了第二届全国林业信息化工作会议。会议认真总结了“十一五”全国林业信息化工作，全面展示了林业信息化建设新成果，学习借鉴了辽宁省和沈阳市等林业信息化建设经验，科学分析了林业信息化发展面临的新形势，安排部署了“十二五”及 2011 年林业信息化工作。会上，国家林业局党组书记、局长贾治邦发表重要讲话(见附件 1)，国家林业局党组成员、副局长张永利主持会议并作总结讲话(见附件 2)。请各地各单位按照会议要求，结合工作实际，认真组织学习，深刻领会精神，全面贯彻落实。现将有关事项通知如下：

一、认真学习领会会议精神，切实增强做好林业信息化工作的责任感和紧迫感

林业信息化是现代林业建设的重要支撑。没有林业的信息化，就没有林业的现代化。继首届全国林业信息化工作会议两年之后和“十二五”规划起步之年，国家林业局召开专门会议，对林业信息化工作再次进行全面动员部署，充分体现了国家林业局对做好林业信息化工作的高度重视和坚定决心。贾治邦局长的重要讲话主题突出，内容丰富，观点新颖，回顾总结全面客观，分析形势准确到位，工作部署操作性强，有突破，有创新，充分体现了科学发展观的要求。张永利副局长的总结讲话，对会议的评价客观真实，对下一步贯彻

落实工作的部署准确到位，对做好林业信息化工作具有很强的指导意义。各地各单位一定要充分认识这次会议和加快信息化建设的重要意义，认真学习、深刻领会、吃透弄懂会议精神，用世界眼光和战略思维，认真审视加快信息化发展这一重大历史课题，积极做好林业信息化工作的再宣传再动员再部署，切实增强做好这项工作的责任感和紧迫感，积极顺应时代潮流，勇敢迎接面临挑战，紧紧抓住历史机遇，采取有力措施，加大工作力度，全面推进全国林业信息化建设快速发展。

二、采取有力措施，全面完成会议确定的各项工作任务

会议在认真借鉴国内外信息化发展成果并结合林业工作实际的基础上，提出了围绕“一个中心”，按照“一个思路”，坚持“五个统一”，采取“五项措施”的今后一个时期林业信息化发展总体要求。围绕“一个中心”，即紧紧围绕“发展现代林业，建设生态文明，推动科学发展”这个中心。按照“一个思路”，即按照“加快林业信息化，带动林业现代化”这个思路。坚持“五个统一”，即坚持“统一规划，统一标准，统一制式，统一平台，统一管理”。采取“五项措施”，即坚持工程带动，强化应用服务，推进资源整合，拓展工作领域，完善体制机制。会议确定了“十二五”时期林业信息化发展的总体目标和任务，即努力实现“五个 80% 目标”以及“十二五”时期要重点抓好的三项重点工作。“五个 80% 目标”，即实现 80% 的省级林业主管部门建成信息化基础平台，80% 的省级单位建成上下互联互通的林业电子政务传输网络，实现核心业务信息化覆盖率达到 80% 以上，省级以上林业主管部门无纸化办公率达到 80% 以上，在线处理行政许可项目达到 80% 以上。三项重点工作，即全面加快业务系统建设，着力推进支撑系统建设，突出抓好基础建设。各地各单位要认真按照会议确立的总体思路、工作目标任务和重点工作，调整完善本地、本单位的工作部署，确保林业信息化统一推进，协调发展。

三、加强组织领导，全面提升林业信息化建设保障能力

各地各单位要按照会议要求，尽快完善林业信息化工作领导机制，建设“一把手”工程。各级林业主管部门领导干部，特别是主要负责同志，要进一步解放思想，切实提高对林业信息化工作的认识，加强对林业信息化工作的领导，主要负责同志要亲自调查研究，亲自动员部署，亲自协调督促，亲自检查验收。要加强学习，带头做一个学习、使用、宣传、推动林业信息化的现代领导干部。加快组建林业信息化管理机构，切实承担起林业信息化的具体职责。已经建立信息化管理机构的省级林业主管部门，要进一步充实加强人员，履行好管理职责；尚未独立组建信息化管理机构的，要加大与当地编办的沟通协调力度，争取尽早成立。要积极督促市级林业主管部门组建信息化管理机构，县级确定专人负

责。尽快形成国家、省、市、县林业信息化管理网络，这项工作争取 2 年内完成。今后，将把有无独立信息化机构作为安排“金林工程”项目、评选先进的必备条件，实行一票否决。要通过设立林业信息化建设专项资金、按比例提取林业建设投资用于信息化建设、整合信息化建设资金、吸纳社会资金、自筹经费等渠道，建立长效的经费投入和使用机制，加大林业信息化投资力度，大力推进信息化工作。

四、牢固树立一盘棋思想，进一步加大协作与配合力度

林业信息化事关现代林业发展大局，事关各部门各单位利益。各地各单位要认真落实会议确定的“五个统一”要求，强化大局意识，牢固树立一盘棋思想，主动沟通，全力配合，坚决打破资源分散、数据封闭和信息垄断状况，实现资源优化配置和有效共享，进一步提升林业信息化建设与应用水平。已建数据库、应用系统和网站整合工作，要尽快整合到统一平台上。今后新建的各类信息化项目，必须建在统一平台上，否则项目一律不予批复、不予投资、不予验收。要加强与有关部门的沟通协调，积极争取支持，密切协作配合，不断优化林业信息化发展环境。各级林业主管部门信息办或信息中心要做好统一牵头管理，同级各业务部门要积极配合、密切协作。要坚持走出去、请进来的办法，学习借鉴国外、外部门先进经验和技术，加强与高等院校、科研院所、重点 IT 企业的战略合作，拓宽林业信息化应用领域，全面提升信息资源共建共享和应用水平。要建立健全林业信息化应用推广机制，加快推进物联网、云计算等先进技术在林业信息化建设中的应用，尽快推出一批示范成果。要结合实际，加强实用技术培训，特别是要结合集体林权制度改革后广大农民致富愿望迫切的实际，积极开展林业信息化应用培训，广泛开展林业信息技术培训，帮助林农尽快走上信息兴林致富的道路。

五、充分发挥典型示范的带动作用，推进林业信息化健康发展

在认真总结首批全国林业信息化示范省建设经验的基础上，按照点面结合、各具特色、分期分批、可上可下等原则，我局又确定了北京、山西、内蒙古、江西、山东、河南、广东、陕西、沈阳为第二批全国林业信息化示范省（区、市）。各示范省要尽快成立由实施单位主要负责同志任组长、有关部门负责同志参加的林业信息化示范省建设工作领导小组，统一领导本地的林业信息化示范省建设工作，并加大资金、政策、技术、人才等方面的扶持力度。要明确林业信息化示范省建设思路，认真组织编制林业信息化示范省建设实施方案，突出示范主题，明确示范范围、示范内容和保障措施。要围绕示范主题，加大攻关力度，尽早推出一批国际先进、国内领先的示范建设成果，真正发挥“点亮一盏灯，照亮一大片”的典型示范带动作用，引领和带动全国林业信息化建设持续健康快速发展。

各地要积极组织开展林业信息化示范市、示范县建设，树立典型，培养典型。要及时总结示范省建设中的好经验、好做法，强化推广应用，整体推进林业信息化工作。第二批示范省建设实施方案请于6月30日前报我局批复后组织实施。

各地各单位要制定切实可行的会议精神贯彻落实工作方案和具体措施，突出重点，层层分解，落实责任。对每项工作要提出质量要求，明确完成时限，加强督促检查，确保各项任务按时保质保量完成，并于6月30日前将贯彻落实会议精神初步情况报送我局信息办。

特此通知。

附件：1. 加快林业信息化　带动林业现代化——贾治邦局长在第二届全国林业信息化工作会议上的讲话

2. 张永利副局长在第二届全国林业信息化工作会议结束时的讲话

国家林业局办公室
二〇一一年六月七日

附件 1

加快林业信息化　带动林业现代化

——在第二届全国林业信息化工作会议上的讲话

贾 治 邦

（2011 年 5 月 9 日）

这次全国林业信息化工作会议，是继 2009 年首届全国林业信息化工作会议之后召开的第二届会议。时隔两年，我们对林业信息化工作进行全面总结和部署，充分体现了国家林业局党组对林业信息化工作的高度重视和全力推动这项工作的坚定决心。会议的主要任务是：认真总结"十一五"全国林业信息化工作，全面展示林业信息化建设新成果，学习借鉴辽宁省和沈阳市等林业信息化建设经验，科学分析林业信息化发展面临的新形势，安排部署"十二五"及 2011 年林业信息化工作，充分发挥林业信息化的带动作用，为推进现代林业科学发展做出新贡献。

下面，我讲 4 点意见。

一、认真总结"十一五"工作，全国林业信息化取得突破性进展

"十一五"以来，各级林业部门深入贯彻中央决策部署，认真按照发展现代林业、建设生态文明、推动科学发展的总体要求，扎实推进林业信息化建设，取得了突破性进展。特别是 2009 年首届全国林业信息化工作会议以后，各地各单位高度重视，迅速行动，认真落实"加快林业信息化，带动林业现代化"的重要部署，掀起了全面加快林业信息化发展的新高潮。林业信息化呈现出持续快速发展、全面健康推进的良好态势，为全面推进现代林业建设做出了重大贡献。

（一）首抓顶层设计，科学谋划了林业信息化发展蓝图。适应当今信息时代的新变化和现代林业科学发展的新要求，顺应广大林农更多更快更好信息服务的新期待，"十一五"期间，我们经过周密谋划，集中全行业、全社会的智慧，首先组织开展了全国林业信息化顶层设计，创造性地提出了林业信息化建设思路，科学谋划了林业信息化发展蓝图。一是制定颁布了《全国林业信息化建设纲要》及《技术指南》，提出了"四横两纵"总体框架，明确了"八大行动计划"建设任务，形成了指导当前和今后一个时期全国林业信息化工作的纲领性文献。二是组织召开了首届全国林业信息化工作会议，确立了"加快林业信息化，带动林业现代化"的发展思路，对加快推进林业信息化做出了全面动员部署，标志着林业信息化建设开始步入全面加快发展的新阶段，在林业信息化发展史上具有里程碑意义。三是精心编制了《全国林业信息化发展"十二五"规划》，明确了建设目标、重点任务和保障措施，

绘就了今后 5 年林业信息化的发展蓝图。四是超前开展了中国林业信息化发展战略研究，深入分析了林业信息化的发展趋势、机遇挑战，提出了中长期林业信息化发展的科学方略。这一系列工作的开展，准确把握了林业信息化发展规律，紧密结合了发展现代林业实际需求，充分吸纳了国内外信息化先进成果，既立足当前又着眼长远，既突出重点又兼顾全局，具有很强的科学性、前瞻性和可操作性，确保了顶层设计的高起点、高标准、高水平。

（二）加强基础建设，建成了全国林业信息高速公路主干网。一是全国林业专网节点由 37 个增至 72 个，联通了全国各省级林业部门和国家林业局京内外直属单位，建成了集传输文字、视频、语音等各类信息数据的高标准信息高速公路，规模之大，位居中央和国家各部委前列。辽宁、江西、福建、浙江和吉林森工将专网延伸到林场和乡镇林业站，实现了林业系统的全覆盖。二是各级林业部门加快办公内网建设，内部网络联通率显著提高。国家林业局完成办公内网升级改造，实现与互联网的物理隔离、京内外各单位的互联互通。吉林、江苏、山西、陕西等 16 个省级林业部门已建成内网。林业系统在较短时间内基本形成了上下贯通、左右互联的信息高速公路主干网。三是各地各单位多渠道筹措资金，加大了机房标准化建设力度，集中购置了服务器、计算机和安全监控等设备，明显改善了运行环境和发展条件。北京、黑龙江、山东、云南等省市对机房实施了改造扩建，有的还达到了国家 A 级标准。

（三）强化政务应用，林业开始迈入无纸化办公时代。各级林业部门以电子政务建设为重点，加快推进办公自动化进程，显著提高了工作效率，降低了行政成本。2010 年 6 月 1 日，国家林业局正式启用综合办公系统，形成了集工作、信息、学习、生活和交流五大平台于一体的网络化办公大平台，实现了办文、办会、办事等政府机关主要工作的在线办理。2011 年初，国家林业局移动办公系统又正式上线运行，彻底打破了传统办公方式的时空界限，实现了随时随地办公的新模式，获得中央移动办公二类成果奖。过去 1 份文件从起草到送达全部运转过程一般需 3 周时间，现在仅需 1 周。过去召开 1 次会议要支出差旅等各种费用几十万元，现在通过视频会议系统只需支付少许网络租赁费，而且大家足不出户即可参加全国性会议，仅此 1 项，国家林业局 1 年就可节支 1000 多万元。2009 年国家林业局因此荣获“电子政务管理效能提升奖”。辽宁、湖南、吉林等 16 个省级林业部门也实现了无纸化办公。据统计，辽宁林业系统省、市、县三级网上协同办公、行政审批、资源管理等，每年可节约支出 8700 万元。湖南省林业厅通过无纸化办公，1 年可节约纸 800 多万张，折合木材 190 立方米。全国林业系统如果都实现网上办公，每年可节约财政支出 35 亿元，节约纸 100 亿张，折合木材 24 万立方米，相当于吸收 44 万吨 CO_2，释放 39 万吨 O_2。

（四）狠抓网站整合，打造了中国林业统一的对外服务窗口。针对林业信息化过去存在的各自为政、重复建设、更新滞后等突出问题，各级林业部门实行有效整合、统一管理，有力提升了网站共建共享水平。国家林业局对原有50多个司局、直属单位网站和36个省级林业部门、5个计划单列市的林业网站进行了有机整合，新建了森林公园等网站群，同时链接国家部委等有关网站，形成了以中国林业网主站为龙头，以司局直属单位和省级林业部门网站为两翼，以数百个子站为主体的中国林业网大规模网站群，打造了中国林业"网上航空母舰"。建设了中国林业网络博物馆、中国林业网络博览会，向全社会奉献一个内容丰富、形式多样、永不落幕的林业展示盛会。中国林业网经过大规模升级改版，科学构建了信息发布、在线办事、互动交流、林业展示四大版块，增建了繁体版和英文版，设立了中国林业网络电视台，全面提升了信息发布和社会服务功能。在2011年中国政府透明度报告中，国家林业局信息公开在中央部委中名列第二。网站功能不断拓展，部分行政审批、数据统计等工作实现了网上办理。开通了我国首个网络森林医院，提供了网络植树平台。实现了在线访谈、在线直播、在线交流常态化，赢得全社会的广泛关注和普遍称赞。国家林业局政府网在中央部委排名中，由2006年的第23名跃升至2010年的第11名，年访问量突破1.5亿人次，荣获中央部委"优秀政府网站"和"中国政府网站领先奖"。各省级林业部门网站建设水平不断提高，共获得各类奖励57项。

（五）优化资源配置，基本建成共建共享的统一平台。一是实施了国家自然资源和地理空间数据库、国家林业局内外网整合改造等重点项目，新建了林业标准、科技成果、林业专家、电子图书馆等一批重点数据库，整合改造了100多个林业重点数据库，初步实现了省级以上林业专业数据集中管理和跨部门数据共享。二是启动实施林业资源监管体系建设项目，新建了森林资源、湿地资源、荒漠化资源、生物多样性资源监管信息系统以及林业基本建设管理等重点应用系统，升级完善了森林防火指挥系统、林业行政执法人员管理系统等。三是建设了集基础数据交换、空间数据管理和信息发布于一体的内外网平台，为林业数据库和应用系统整合打造了统一平台。北京、上海、山西、云南等省市投入大量资金用于业务应用系统建设。福建建成了全省林业应急视频会商指挥系统，实现了视听到村、会商到乡。湖南实施"测土配方平台建设"工程，实现了对森林资源档案数据的动态管理。江西开发了林权交易系统，打造了统一的电子商务平台。吉林森工自主研发的经济运行系统、森林防火监控系统，达到国际先进水平。广东积极开展林权管理等业务系统建设，基本实现了信息化与林业核心业务的有效融合。

（六）积极争取支持，取得了金林工程立项等重大突破。积极协调有关部门，认真谋划推进"金林工程"，目前已经得到立项。"金林工程"是推进林业信息化的龙头工程、全局工程，总投资为100多亿元，其中一期工程就达3亿多元，计划用2～3年完成一期建设任务。工程的实施，必将把林业信息化发展推向一个崭新的阶段，必将有力地带动现代林业大踏步向前迈进。同时，我们紧紧抓住信息化从"互联时代"到"物联时代"发展的良好契机，在国家发改委等部门的大力支持下，国家林业局成为"国家物联网应用示范工程"首批6个试点部委之一，这也是林业信息化建设取得的一项重大成果。国家林业局还坚持点面结合、各具特色、分期分批的原则，确定了辽宁、福建、湖南和吉林森工为首批全国林业信息化示范省。各示范省高度重视，采取强有力措施，加大投资力度，按照示范主题，进行重点攻关，取得了一大批示范成果。辽宁投资9720万元、福建投资1.25亿元、湖南投资5000万元、吉林森工集团投资1.41亿元用于示范省建设。

（七）完善保障体系，形成了林业信息化良好的运行机制。一是组织机构取得突破。成立了全国林业信息化工作领导小组，国家林业局各司局各直属单位、各省级林业部门主要负责同志为领导小组成员。经中央编办批准成立了国家林业局信息中心，负责组织、协调、指导、监督、管理全国林业信息化建设和电子政务工作，与国家林业局信息化管理办公室两块牌子一套人马。河北、河南、甘肃、龙江森工等2/3的省级林业部门设立了独立信息化机构，专职人员达到295人。湖南14个市级林业部门全部成立了信息化工作领导小组，组建了专门管理机构。二是资金投入得到加强。据初步统计，“十一五”期间，全国各级林业主管部门共投入林业信息化建设资金12.6亿元，平均每年2.5亿元，其中，山西、内蒙古、辽宁、浙江、福建、湖南、广东、广西、吉林森工集团等9省区总投入均超过5000万元。三是制度标准不断健全。制定了《全国林业信息化工作管理办法》、《中国林业网管理办法》等10多项制度，重庆、四川、贵州、宁夏、新疆等29个省（自治区、直辖市）制定了145项制度，实现了重要事项有规可依、有章可循。成立了全国林业信息化标准委员会。认真梳理了300多个现行标准，提出了154个推荐使用标准和117个参考使用标准。研究制定了8个急需的基础性标准。江苏、福建、辽宁、湖北等省制定了27个省级林业信息化标准，规范了全省林业信息化建设。四是信息安全保障不断完善。新建了漏洞扫描、安全审计等一批软硬件安全设施。对机房、网络、服务器及应用系统进行7×24小时监控。定期开展信息系统安全检查和应急演练。五是合作交流进一步加强。国家林业局与有关部委、高等院校、科研单位、重点IT企业等建立了良好的合作交流关系，有力促进了资源共享、优势互补、互利双赢。六是管理方法不断创新。发布了首部《中国林业信息化发展报告》，开展了首次全国林业信息化发展水平评测和林业网站绩效评估，组织了年度林业信息化10件大事评选，征集评选了林业信息化标识，举办了首届全国林业信息化高峰论坛，召开了首次全国林业信息化示范省建设工作座谈会，组织了多种形式的信息化培训。

总的来看，“十一五”时期林业信息化建设取得了突出成绩，实现了大步跨越，发生了翻天覆地的变化，呈现出快速发展的良好态势。林业信息化已成为现代林业建设的一大亮点，成为展现林业部门良好形象的一张名片，许多部委和单位纷纷来国家林业局交流学习，对林业信息化取得的成绩给予了充分肯定和高度评价，有力地提升了林业的地位和社会影响力，大大改变了过去林业落后保守的形象。当前，林业已逐渐成为一个信息林业，信息技术正在成为促进现代林业发展最强劲的驱动力量。这些成绩的取得，是中央有关部门大力支持的结果，是林业系统密切配合的结果，是全体信息化工作人员不懈努力的结果。在此，我代表国家林业局党组向所有关心、支持、参与林业信息化建设事业的同志们表示衷心的感谢！

虽然林业信息化取得了突出成绩，但我们也清醒地看到，当前林业信息化仍面临着一些突出问题：一是有些单位特别是领导同志对林业信息化工作的认识还不到位，重视程度还不够，思想上认为信息化工作可轻可重，行动上对信息化工作时抓时放。二是资源整合进展较慢，一些单位只看到自身利益，配合不积极，或讲条件，或有抵触情绪，影响了林业信息化的顺利推进。三是应用系统不健全，制式不统一，与林业核心业务的要求还有较大差距。四是基础建设薄弱，基本投资不足，不少地方网络体系不健全，设施设备落后或缺失，网络安全防范能力不强，有些单位还未建成统一基础平台。这些问题都是前进中的问题，对于这些问题，各地各单位要给予高度重视，认真加以解决。

二、科学分析当前面临的新形势，牢牢抓住加快林业信息化发展的历史机遇

21 世纪是信息化的世纪。迅猛发展的信息技术，已经并将更为深刻地影响人类社会，更为剧烈地改变整个世界。我们必须用世界眼光和战略思维，认真审视信息化发展这一重大课题，深刻认识加快信息化发展的重大意义，积极顺应时代潮流，切实抓住历史机遇，有力推进林业信息化的发展。

（一）从人类文明发展历程看，加快信息化是建设生态文明的必然趋势。人类社会的发展离不开技术进步，重大的技术革命使人类文明发展呈现出阶段性的特征。回顾人类文明发展历程，先后出现了原始文明、农业文明和工业文明 3 个阶段，目前正在向生态文明迈进，也先后经历了农业革命、工业革命、信息革命 3 次重大的技术革命。大约 5500 年前，人类以发明“犁”为标志，开始使用耕种工具，引发了农业革命，人类由居无定所的游牧社会开始进入定居发展种植业的农业社会，人类文明也由原始文明进入农业文明。1775 年，人类以发明“蒸汽机”为标志，拉开了工业革命的序幕，机械工具的广泛使用，将人类从简单的体力劳动中解放出来，极大地释放了生产力，推动着人类社会由农业文明进入工业文明。从实质上看，每一次文明的更迭，都是一次生产力的飞跃，而每一次生产力的飞跃，又都缘于一场深刻的技术革命。每一次新的技术革命的发生，都是建立在其发生之前人类文明创造的发展成果基础之上的，都是对前一次技术革命的升华。当前，人类社会已经进入后工业文明时代，以消耗资源、破坏生态、牺牲环境为代价的传统发展模式暴露出种种弊端，越来越不适应经济社会可持续发展的要求。在深刻反思工业文明发展方式的基础上，人类社会做出了建设生态文明的新选择，开始摒弃过去主要依靠消耗资源、牺牲环境来换取经济增长的发展方式，推动社会走上循环经济、绿色经济、低碳经济的发展新路。而伴随生态文明出现的新技术革命是信息革命。以 1946 年第一台电子计算机出现为标志的信息革命，构成了新的最活跃的生产力，并以巨大的变革力量推动着全球经济社会的发

展。工业革命的核心是资源，信息革命的核心是信息。资源的大量消耗会造成生态破坏，而信息却不会。工业革命的特点是资源独享，而信息革命的特点是资源共享。工业革命延伸的是人类自然力中的体力，而信息革命延伸的是人类自然力中的脑力。人类社会活动无一不用脑，信息化也就无处不在，这正是信息化的生命力之所在。总地来看，以信息技术和信息资源为核心，以数字化、智能化和网络化为特征的信息革命，产生的巨大生产力远远超越了工业革命，特别是解决了工业革命造成的恶果，成为推动生态文明建设的主要技术力量。我们必须深刻认识这一社会发展规律，顺应人类社会发展趋势，加快推进信息化发展，充分发挥信息技术在生态文明建设中的独特作用。

（二）从世界各国发展现状看，加快信息化已成为决定一个国家前途命运的战略选择。 信息化的发展以其极强的渗透力和催化力，对人类社会的经济、政治、社会、文化、军事等各层面产生了极为深刻的影响，成为一个国家在未来全球化激烈竞争中赢得生存空间和发展优势的决定性因素。一是对经济发展起着决定性作用。当今世界，信息资源已成为最活跃的生产要素，信息化发展创造了新的经济活动、新的产业部门和新的就业机会。2011年初，美国《时代》周刊评选出的2010年全球十大最佳技术产品全部是信息技术产品。世界银行认为，“发达”与“不发达”的概念将要和“联网国家”与“未联网国家”，“信息富国”与“信息穷国”的概念联系在一起。当前，信息产业已成为全球发展速度最快的新的经济增长点，西方发达国家的信息产业增加值已占国民生产总值的一半或一半以上。同时，信息技术已广泛渗透于各个行业各个领域，使生产效益和工作效率实现了几倍、几十倍以及成百上千倍的提升，对整个国民经济发挥了“倍增器”的重要作用。二是对国家政治产生着深刻影响。国际著名政治学者约瑟夫·奈认为：“一个领导着世界信息革命的国家注定比任何国家都有力量”。在信息时代，信息技术的应用水平和控制能力已成为国家竞争力的重要标志。信息技术的发展为提升治国理政能力创造了机遇，更提出了挑战。特别是互联网的快速发展，推进着治国理政过程的重构，影响着政治力量的再分配，已经成为一个政党或政府必须直面的新情况。绝大多数政党和政府都高度重视这种影响，积极转变执政方式，抢占网络阵地，建立网上政府，扩大网络影响力，提高执政能力。美国总统奥巴马竞选期间建立了专题网站，为他竞选成功起到了关键性作用，赢得了首位“网络总统”的美誉。我国网民已达到4.5亿，互联网普及率也已超过30%的世界平均水平。党和国家领导人高度重视信息网络，胡锦涛总书记、温家宝总理身体力行，多次上网与网民在线交流。“直通中南海”2010年上线运行，拓宽了网民参政议政的渠道。“网络问政”、“微博问政”渐已成为政府执政的新趋势之一。会用网络、善用网络已经成为当代领导干部的基本要求之一。当今世界，离开信息化，不可能有一个现代化的政府；而一个不重视信息化的政府，也不可能领导和建设一个走向现代化的国家。政府信息化已成为政府执政建设中一件具有根本意义的任务，也是政府执政能力建设中最重要的一个时代特征。三是对改善社会民生发挥着重要作用。信息技术已走进千家万户，信息服务也丰富多样，深刻改变着人们的思维方式、行为方式和生活方式，成为人们日常生活、工作不可或缺的重要组成部分。现在，离开手机、电脑、网络，人们将无所适从。过去交费、购物、办证需花费大量时间，现在足不出户就可轻松完成。过去获取信息需多方打听，现在鼠标一点就能详细了解。过去参加会议需跑来跑去，现在通过视频系统就可随时随地召开。特别是随着远程教育、远程医疗的快速发展，人们只要坐在家里就可上课学习、问诊看病。四是对文化传播有着巨大的助推作用。信息技术的发展开创了人类文化交流和思想融合的新时代。在信息技术迅猛发展的今天，互联网的快速发展，紧密连接了世界，突破了文化传播的传统方式，加快了传播速度，扩大了文化影响，促进了不同文化之间的交流、共享、融合，使各种文化在广泛传播中得到发展。事实证明，在现代信息社会中，谁将信息网络运用得最好，充分发挥其容量大、速度快、覆盖广的特点，谁就能最大限度地扩大影响力，抢占文化和思想阵地的制高点。五是对国防安全具有制胜的关键作用。网络空间是继海、陆、空之外的第四块战略要地。现代战争就是信息战争、网络战争。在信息时代，战争由“硬战争”扩展到“软战争”，武器由“硬武器”扩展到“软武器”，而且“软战争”更为激烈，“软武器”更具威力。充分发挥信息优势，牢牢掌握“制信息权”已经成为各个国家竭力追求的战略目标。

党中央、国务院对信息化在提升综合国力中的重要作用高度重视，将实现信息化与工业化、城镇化、市场化、国际化一起，作为我国现代化建设的必由之路，摆到了十分重要的战略位置。2011 年“两会”刚刚通过的我国国民经济和社会发展“十二五”规划，用一个整章描绘出“全面提高信息化水平”的路线图，同时提出把信息产业作为重点培育的战略性新兴产业，把发展新一代信息技术作为科技创新的重点突破口，把信息服务业作为调整国家产业结构的一个重点内容，其篇幅之大、力度之强、措施之实，都前所未有。“十二五”规划的实施，必将使我国迈入一个信息化推动国家现代化的新时代。

(三)从建设现代林业大局看，加快信息化是推动林业科学发展的迫切要求。当前，发展现代林业正面临着四大任务。完成这四大任务，对林业信息化建设提出了新的更高要求。一是实现“双增”目标的要求。胡锦涛主席提出的“双增”目标，是林业部门必须完成的首要政治任务。实现这个目标，一方面要加强现有森林资源保护，最大限度地减少资源损失；另一方面要加快植树造林步伐，扩大森林面积。这两方面都需要现代信息技术来支撑。只有充分利用现代信息技术，建立起林业资源监管系统，解决好“资源分布在哪里”的问题，才能彻底根治乱砍滥伐、乱征滥占等顽症，保证现有资源不减少；只有建立起营造林监管系统，科学回答“林子造在哪里”的问题，才能从根本上解决传统手段长期以来难以根除的重复造林、“年年造林不见林”等痼疾，保证造林绿化成果，从而确保“双增”目标的顺利实现。二是全面深化集体林权制度改革的要求。在集体林权制度主体改革进程中，信息技术就已在四至勘界、林权档案管理、林权交易、证件办理管理等方面发挥了重要作用。集体林改涉及千家万户，关系亿万林农切身利益。信息贫穷导致物质贫穷，我国山区林区之所以落后，一个重要原因就是林农获取信息的手段落后。所以，改变林农贫穷落后的状况，关键的一条就是要大力发展林业信息化，解决好农民获取信息的问题。集体林权制度改革后，农民迫切需要先进实用的林业科学技术，需要了解消费需求、供求走势等市场信息，提高生产经营水平，增强发家致富能力。推进林业信息化，搭建服务林农网络平台，可以把先进实用的科学技术送到林农身边，实现林农与专家的零距离接触；可以为林业企业、林农群众提供价格、交易和物流信息服务，及时调整生产走向，准确把握市场商机，有效解决农民、商户之间的信息不对称问题，实现双方的对接，切实增加农民的收入；可以为林农提供多媒体教育、现代远程教育和虚拟现实教育，提供就业信息，提高农民素质和技能，促进农民就业增收。三是积极应对气候变化的要求。信息技术产业是低碳经济的最佳体现者，利用信息技术改造传统产业，是一种可实现直接减排又不影响 GDP 增长的有效手段。信息技术本身是清洁的、绿色的，通过应用信息技术，能够实现生产过程在时间和空间、数量和质量上的精确控制，大大提高生产效率效益，减少资源消耗、空间占用和 CO_2 排放。据全球气候组织和可持续发展组织预测，到 2020 年，通过信息技术应用可减少全球碳排放量 15% 即 78 亿吨，节约 6000 亿欧元的成本。特别是信息技术的广泛应用，推进了无纸化进程，节约了大量纸张等物质资源，从而减少了木材消耗，有效保护了森林资源，增加了森林碳汇，发挥了应对气候变化的独特作用。四是加快转变林业发展方式的要求。加快转变林业发展方式，就是要通过林业的科学化、信息化、机械化，推动林业由粗放型向集约型、由外延式扩张向内涵式提高、由速度数量型向质量效益型转变。根据当前林业实际，“三化”中最有潜力、最有可能、能最快体现成效和发展水平的是信息化。这是因为，长期以来，与其他行业相比，林业信息化应用水平还处于相对落后状态，发展空间还很大。同时，信息化具有典型的“后发优势”特征，只要我们下大力气去抓，就能在较短时间内达到全国乃至全球先进水平，快速提升林业现代化水平。实践证明，没有林业的信息化，就不可能实现林业发展方式的转变，也就没有林业的现代化。即将出台的全国林业发展“十二五”规划，将信息化单独列章，做出“加快推进林业信息化”的战略部署。这意味着我们已将林业信息化与林业核心业务摆在了同等重要的位置，也表明未来 5 年我们要下更大的决心、用更大的力度，加快林业信息化，带动林业现代化。

放眼世界，信息化发展日新月异。着眼当前，宝贵机遇稍纵即逝。在信息化发展的滚滚浪潮中，我们如逆水行舟，不进则退，只有迎难而上，顺势而为，才能牢牢抓住千载难逢之机遇，争取更大更好之作为，不辜负时代赋予我们的历史使命。

三、准确把握“十二五”林业信息化总体要求，扎实推进各项重点工作

根据对林业信息化发展形势的分析判断，“十二五”时期林业信息化建设的总体要求

是：高举中国特色社会主义伟大旗帜，围绕“发展现代林业、建设生态文明、推动科学发展”这个中心，按照“加快林业信息化，带动林业现代化”的总体思路，坚持工程带动，强化应用服务，推进资源整合，拓展工作领域，完善体制机制，努力形成“统一规划、统一标准、统一制式、统一平台、统一管理”的建设格局，大力提升林业信息化水平，为加快转变林业发展方式、全面推动现代林业科学发展做出新贡献。

“十二五”时期林业信息化建设的总体目标是：完善国家级林业信息化基础平台，80%的省级林业部门建成信息化基础平台，80%的省级林业单位建成国家、省、市、县四级上下互联互通的林业电子政务传输网络；完善信息技术在林业核心业务中的应用，核心业务信息化覆盖率达到80%以上，省级以上林业部门无纸化办公率达到80%，在线处理行政许可项目达到80%以上；建成全国林业信息资源目录与交换体系、安全管理体系，建立健全林业信息化标准规范体系，实现林业信息化与林业业务的全面融合，力争让林业建设的每个层面、每个阶段、每个环节都置于有效监控之下，基本实现林业业务网上办理，为全面实现林业信息化奠定坚实基础。

“十二五”时期林业信息化建设的基本原则：一是坚持统一规划。林业信息化是一项复杂的系统工程，其内部关系相互交织，建设程序环环相扣，实际应用互联互通，整体性、系统性都很强。必须立足全局，通盘考虑，统一规划，分步实施，从基础建设向应用推进，从简单应用向主体业务应用推进，建设一个成功一个，切实发挥应有作用。全国林业信息化发展“十二五”规划已经出台，各地各单位都要在统一规划指导下开展工作，共同抓好规划的落实。二是坚持统一标准。统一标准是林业信息化实现互联互通、资源共享的根本前提。标准不统一，必然形成“信息孤岛”，造成林业信息的破碎化。必须统一建设标准，统一数据采集规范，统一交换模式，为实现基础平台、应用系统的互联互通奠定基础。三是坚持统一制式。制式不统一，各层级、各系统之间就会存在壁垒，林业系统就无法形成完整统一的平台。林业应用软件系统，必须最大限度地统一研究开发，统一升级完善，做到上下统一，有效对接，避免同一业务用多种制式、互不兼容的软件来支撑。四是坚持统一平台。建立统一平台是实现业务融合、资源共享、协调同步的重要基础。基础平台不统一，权限管理不统一，必然造成严重浪费，安全隐患增多。必须统一设计模式，统一权限管理，统一建设平台。只有在统一平台上，才能形成一个完善、规范、可控、高效的信息管理系统。五是坚持统一管理。统一管理是提高效率、规范操作的重要要求。必须树立长远的观点、全局的观点、统一的观点，坚决打破司局、部门、条块的界限和封锁。林业信息化建设要做到统一项目管理，统一数据管理，最终实现数据的快速交换、高效传递，真正实现互联互通、信息资源共享，减少管理和运维成本，提高信息化建设成效。

按照林业信息化发展思路和“五个统一”的要求，“十二五”时期要重点抓好三项工作：

（一）全面加快业务系统建设。以“金林工程”为龙头，全面推进林业核心业务的信息化，重点实施好五大工程：一是林业资源监管系统建设工程。加快建立健全林业资源监管系统，继续强化森林公安警务综合管理系统、国家重点数据库林业分中心建设，完成自然资源数据库一期任务，启动二期项目。逐步将全国林地、湿地、沙地和生物多样性等基础性资源数据落实到山头地块，形成对“三个系统一个多样性”的全面有效监管，从根本上解决“资源分布在哪里”的问题，形成全国林业资源一张图。二是营造林管理系统建设工程。加快建设营造林管理系统，对营造林各环节实行一体化管理，从根本上解决好“林子造在哪里”的问题。继续完善林木种苗管理系统，加快建设林业应对气候变化管理系统，为科学决策提供支撑。三是林业灾害监控与应急系统建设工程。升级森林防火监控和应急指挥系统，完善沙尘暴灾害监测系统，优化林业有害生物防治管理系统，改造野生动物疫源疫病监测管理系统。四是林业产业发展与林业经济运行系统等建设工程。建设木材经营加工管理、重点企业运行监测、林产品市场动态监测等系统，提高林业产业发展市场动态监控和预测预警能力。建设集体林改信息系统，为改革健康顺利推进提供保障。五是生态文化与教育培训系统建设工程。加快现代林业远程教育培训、行业教育培训信息管理与应用、数字图书馆与网络电视等系统建设，积极推进生态文化体系建设。

（二）着力推进支撑系统建设。加快林业信息化发展，必须把支撑系统建设作为重点，与应用系统建设同步规划、同步推进、同步建设，切实提高支撑系统的建设水平和管理水平。一是应用支撑系统。要针对系统难互通、操作难协同、数据难共享等问题，集中有关力量，加大先进成熟技术应用和技术协同攻关力度，争取尽快推出一批符合林业业务特点、技术先进过硬的应用支撑产品，优先解决应用系统开发中基础的、公共的、急需的支撑软件。二是呼叫中心系统。通过功能的科学集成，及时响应服务请求，提升系统应急处置能力。三是监控管理系统。实现林业信息化各系统多方位、全天候监控，进一步增强监控数据的分析与管理能力，及时判断和排除故障隐患。四是服务流程管理系统。建立科学、合理的运维服务流程体系，为林业信息化各业务系统提供统一的维护管理服务。五是数据库管理系统。为数据的有效提取、顺利交换、可靠安全提供支撑，实现高效优质服务。六是完善网站内容保障机制。充分调动各单位积极性，切实搞好内外网内容保障，促进网上办事和互动交流，办出特色、办出水平，努力建设一流政府网站。

（三）突出抓好基础建设。基础建设是林业信息化快速发展的基石，要突出抓好五项工作：一是数据库建设。要进一步抓好林业信息的采集、标准化、建库、更新等工作，确保数据准确、翔实、权威。要根据各级应用需求和管理特点，分别建立国家级数据库和省级数据库。优先建立公共基础数据库、林业基础数据库、林业专题数据库。二是卫星遥感系统建设。加快国家卫星林业遥感应用平台建设，建立国家林业局与国产遥感卫星运行管理单位之间数据获取机制，提高林业遥感监测能力与决策支持能力。加快推进北斗卫星导航林业应用系统建设。三是网络及运行环境建设。加快机房标准化建设，省级林业部门要在

2012年年底前全面完成。推进网络系统建设，及时扩展各级出口带宽。完成视频会议系统升级改造，加快涉密网建设立项并组织实施。四是标准规范建设。按照"面向应用、采标优先、突出重点、轻重缓急"的原则，认真研究国际国内先进标准，积极采用适合我国林业信息化建设需要的标准，抓紧修订和编制林业信息化急需的、共性的、基础性和关键性的标准和规程，尽快形成较为科学合理的林业信息化标准体系。五是安全系统建设。建立系统病毒防范体系和主动防御体系，提升网络系统的自我防御能力。积极推进网络安全等级认证，加快灾备中心建设，确保林业信息数据和系统安全。

四、切实加强组织领导，全面提升林业信息化建设保障能力

林业信息化是现代林业建设的重要组成部分，是推进林业科学发展的重要手段，是关系林业工作全局的战略举措和当务之急。各地各单位一定要高度重视，认真对待，积极行动，狠抓落实，确保林业信息化建设各项任务全面完成。

（一）提高认识，统一思想。信息化是一场技术变革，更是一场思想变革。当前，阻碍林业信息化发展的最大问题仍然是认识问题。各级林业部门领导干部，特别是主要领导同志，要解放思想，切实提高对林业信息化工作的认识，切实把林业信息化作为带动林业现代化的关键和突破口，加强对林业信息化工作的领导。实践证明，林业信息化必须作为"一把手"工程，才能扎实有效推进。各地各单位主要领导同志对此必须亲自调查研究，亲自动员部署，亲自协调督促，亲自检查验收。要加强学习，带头做一个学习、使用、宣传、推动信息化的现代领导干部。

（二）强化机构，健全队伍。林业信息化建设情况复杂、涉及面广、难度很大，必须有专门的机构和健全的队伍来推进。各地各单位要加强林业信息化管理机构的组建，切实承担起林业信息化的具体职责。已经建立信息化管理机构的省级林业主管部门，要进一步充实加强人员，履行好管理职责；尚未独立组建信息化管理机构的，要加大与当地编办的沟通协调力度，争取尽早成立。要积极督促市级林业主管部门组建信息化管理机构，县级确定专人负责。尽快形成国家、省、市、县林业信息化管理网络，这项工作争取2年内完成。今后，将把有无独立信息化机构作为安排"金林工程"项目、评选先进的必备条件，实行一票否决。

（三）加大投资，积极支持。林业信息化是一项长期的系统工程，必须建立长效的经费投入和使用机制，加大投资力度，确保信息化建设所需。一是各级林业部门要主动协调，积极争取将林业信息化建设纳入本级信息化总体规划，并在同级发改、财政部门设立林业信息化建设专项，形成长期稳定的投资渠道。二是在现有林业建设项目总投资中，力争拿出1%左右的经费，集中用于信息化建设。三是加大现有林业建设项目中信息化投资整合力度，实行统一管理，统筹安排，专款专用，确保资金落到实处。四是在市场效益明显的

领域，积极吸纳社会投资，加快推进林业信息化建设步伐。当前，各地各单位要广开资金渠道，积极通过自筹资金，鼓励林业科研教育部门、企事业单位积极申请课题和项目，扩大建设经费来源，加快推进信息化工作。

(四)充分协作，密切配合。林业信息化事关现代林业发展大局，事关各部门各单位利益。各地各单位要牢固树立一盘棋的思想，主动沟通，全力配合。一是加快信息资源整合。国家林业局各司局各直属单位已建的数据库、应用系统和网站，年底之前必须整合到局内外网统一平台上；今后新建的各类信息化项目，必须建在统一平台上，否则项目一律不予批复、不予投资、不予验收。省级林业部门也要打破条块分割，加大整合力度，确保明年底前完成整合。二是强化协作配合。各级林业部门要加强与有关部门的沟通协调，积极争取支持，密切协作配合，不断优化林业信息化建设环境。国家林业局在搞好顶层设计的同时，加大对省市县政策和技术指导服务力度。地方林业部门要主动配合，按照“五个统一”的要求，抓好贯彻落实。各级林业部门信息办或信息中心要做好统一牵头管理，同级各业务部门要积极配合、密切协作。三是加强对外合作交流。坚持走出去、请进来的办法，学习借鉴国外、外部门先进经验和技术，加强与高等院校、科研院所、重点IT企业的战略合作，拓宽林业信息化应用领域，全面提升信息资源共建共享和应用水平。

(五)科技引领，强化培训。加快林业信息化建设，科技创新是动力，强化应用是关键。各地、各单位要坚持产学研结合，加大林业信息技术应用与创新力度，建立健全林业信息化应用推广机制，加快推进物联网、云计算等先进技术在林业建设中的应用，尽快探索出一批示范成果。要结合各地实际，加强实用技术培训，努力形成人人学、个个懂、全员用信息技术的良好氛围。结合集体林权制度改革后广大农民致富愿望迫切的实际，积极实施林业信息化应用培训工程，广泛开展林业信息技术培训，帮助林农尽快走上信息兴林致富的道路。

(六)典型示范，整体推进。积极开展林业信息化示范省建设，尽早推出一批国际先进、国内领先的示范建设成果，真正发挥“点亮一盏灯，照亮一大片”的典型示范带动作用。要加强示范省建设的动态化管理，对复查不合格者予以警告，直至取消示范省资格。要积极组织开展林业信息化示范市、示范县建设，树立典型，培养典型。要及时总结示范省、示范市县建设中的好经验、好做法，强化推广应用，整体推进林业信息化工作。

同志们，艰辛成伟业，奋斗铸辉煌。让我们紧密团结在以胡锦涛同志为总书记的党中央周围，高举中国特色社会主义伟大旗帜，以邓小平理论和“三个代表”重要思想为指导，深入贯彻落实科学发展观，抓住机遇，密切协作，开拓进取，扎实工作，全面提升林业信息化水平，为发展现代林业、建设生态文明、推动科学发展做出新的更大贡献。

附件 2

在第二届全国林业信息化工作会议结束时的讲话

张 永 利

（2011 年 5 月 9 日）

全国林业信息化工作会议即将完成议定议程，马上就要结束了。

刚才，大家参观了全国林业信息化建设成果展览，相信定有不少收获和启发。会上，工信部钟世龙副司长发表了很好的讲话，对我们做好林业信息化工作给予了精心指导。辽宁、湖南、福建、吉林森工集团等第一批林业信息化示范省介绍了主要做法和示范成效，讲得都很好，大家一定要认真学习、充分借鉴。今天上午，我们举行了全国、辽宁省、沈阳市三个层次的林业信息化建设成果演示，辽宁省邴志刚副省长发表了热情洋溢的致辞，启动了第二批全国林业信息化示范省，发布了首次全国林业信息化发展水平评测报告，开通了森林公园等网站群，重点聆听和学习了贾治邦局长的重要讲话。明天上午，还要举办第二届全国林业信息化高峰论坛。受贾治邦局长委托，我代表国家林业局就这次会议作个总结，讲 3 点意见，供大家参考。

一、关于这次会议的特点和收获

在全体与会代表的共同努力下，这次会议取得了丰硕成果，达到了预期目的，开得很成功。总结一下，可以用 4 个明显特点、5 个重要收获来概括。

（一）会议具有 4 个明显特点。

一是内容丰富，主题突出。这次会议紧紧围绕“加快林业信息化，带动林业现代化”这个主题，共安排了 12 项议程，既有图文并茂的展览，又有现场生动的演示，既有典型单位的经验交流，又有专家云集的高层论坛，既举行了示范省授牌仪式，又举行了网站群开通仪式，既发布了信息化发展水平评测报告，又表彰了信息化建设先进单位，特别是贾局长亲临大会所作的重要报告，全面总结了成绩、分析了形势、部署了工作，为我们介绍了大量的新信息、新知识和新观点，提出了工作的新目标、新任务和新要求。整个会议内容非常丰富，主题非常突出，从多方面让大家学习了信息化、感受了信息化、掌握了信息化，为全面推进“十二五”林业信息化建设奠定了良好基础。

二是形式新颖，富有创意。这次会议是以信息化为主题的会议，也是充分利用信息化技术的会议，更是处处展示信息化成果的会议。声、光、电设备全副武装，高、新、尖技术轮番上阵，营造了一个十分浓厚的信息化氛围，呈现出一个让人耳目一新的信息化天地。会议报名全部采用电子公文传输系统网上报名，参会人员都配发了装有芯片的参会卡，自进入会场起就可自动读取并显示个人信息。会议还采用虚拟现实技术，让每位代表在享受林中漫步的乐趣中欣赏林业信息化的成果。同时，会议还全程采用文字、视频直播的方式，在全国36个省区市设立了分会场，在会议代表名额有限的情况下，让数万人同时收听、收看了会议实况。创造了让会议代表置身信息化世界来了解信息化、感受信息化、掌握信息化的新模式，开创了林业部门开会的先河。

三是设计科学，安排紧凑。会议进行了精心筹备，每个环节和细节都巧妙勾连。会议议程全盘统筹，各种活动巧妙穿插，在短短一天时间内完成了大量的内容，流程顺畅，环环紧扣，效率高，效果好。辽宁省林业厅、沈阳市林业局本着节约、低碳、舒适的原则，热情安排了各位代表的食宿和交通，给大家提供了良好的生活条件，赢得了各位代表和嘉宾的好评。

四是气氛热烈，参会踊跃。这次会议，各省区市林业厅(局)主要负责同志和国家林业局各司局各直属单位主要负责同志都亲自参加，体现出大家对林业信息化工作的高度重视。会议期间，与会代表个个精神饱满，精力集中，参观展览时仔细看，用心听，观看演示时静心思、深入想，聆听报告时认真记、投入学。与会代表表现出的这种专心致志开会，如饥似渴学习的良好风貌，十分可贵。

(二)会议取得5个重要收获。

一是总结了成绩，分享了林业信息化的最新成果。会议从顶层设计、基础建设、外网整合、内网改造、数据库建设、工程建设、组织保障等7个方面，认真总结了"十一五"期间特别是2009年首届全国林业信息化工作会议以后，全国林业信息化建设取得的巨大成绩，使各位代表了解了全国林业信息化工作取得的重大突破。同时，会议通过展览和演示，又让各位代表现场感受了林业信息化发展的最新成果，让各位代表多角度、全方位观摩了林业信息化的先进技术，把握了林业信息化的发展现状和趋势。

二是统一了思想，深化了对林业信息化的认识。会议对加快林业信息化面临的形势做了科学分析，特别是贾局长的讲话，从人类文明发展历程、世界各国发展的现状和建设现代林业大局等方面深刻阐明了加快林业信息化发展的重大意义，用翔实的数据和生动的事例，科学分析了当今世界信息化发展状况和趋势，结合林业实际工作深入剖析了"没有林业信息化，就没有林业现代化"的科学论断，让大家开阔了眼界，增长了见识，更新了观念，解放了思想，形成了共识，在感受备受鼓舞、催人奋进的同时，也感受到了巨大的压力和强大的动力。

三是明确了总体要求，形成了引领全国林业信息化发展的工作方针。会议在认真借鉴国内外信息化发展成果并结合林业工作实际的基础上，提出了今后一个时期林业信息化发展的总体要求。概括起来，就是围绕"一个中心"，按照"一个思路"，坚持"五个统一"，采取"五项措施"。围绕"一个中心"，即紧紧围绕"发展现代林业，建设生态文明，推动科学发展"这个中心。按照"一个思路"，即按照"加快林业信息化，带动林业现代化"这个思路。坚持"五个统一"，即坚持"统一规划、统一标准、统一制式、统一平台、统一管理"。

采取“五项措施”，即坚持工程带动，强化应用服务，推进资源整合，拓展工作领域，完善体制机制。这个总体要求，充分体现了现代林业建设对林业信息化工作的最新要求，符合中央林业工作会议和全国林业厅局长会议的最新精神，理论性、指导性和可操作性都很强，必将引领我国林业信息化发展迈上新台阶。

四是提出了目标任务，描绘了林业信息化发展的光明前景。会议确定了“十二五”时期林业信息化发展的总体目标和任务，也就是努力实现“五个 80% 目标”以及“十二五”时期要重点抓好的三项重点工作。“五个 80% 目标”，即实现 80% 的省级林业部门建成信息化基础平台，80% 的省级单位建成上下互联互通的林业电子政务传输网络，实现核心业务信息化覆盖率达到 80% 以上，省级以上林业部门无纸化办公率达到 80% 以上，在线处理行政许可项目达到 80% 以上，为全面实现林业信息化奠定坚实基础。三项重点工作，即全面加快业务系统建设，着力推进支撑系统建设，突出抓好基础建设。实现上述目标，完成上述任务，林业信息化必将发生全新变化，提升到一个崭新的水平。

五是开展了多项交流，促进了各地各单位之间的相互学习。会议安排辽宁、湖南、福建和吉林森工集团 4 个首批林业信息化示范省进行了经验介绍。这些示范省的做法具有很强的典型性，贴近实际，可借鉴性很强，让各地学有榜样，做有目标。会议通过举办展览，将各省林业信息化发展情况集于一堂，互相交流，相互促进。会议还请高级专家参加会议，与代表零距离接触，为代表答疑解惑。通过这次会议，为各地各单位之间搭建了一个相互交流沟通的桥梁，也为各地各单位与科研院所、IT 企业构筑了一个相互了解合作的平台。

应该说，这次会议既是一次总结成绩、展示成果的会议，也是一次分析形势、统一思想的会议，还是一次交流经验、部署工作的会议，更是一次深入动员、鼓劲加油的会议。会议开得很好，很成功，很圆满。

二、关于这次会议给予我们的几点体会

信息化是当今社会最具有时代特征、最引领发展潮流的一项新生事物。参加这次会议，也是一次很好的学习。特别是上午听了贾局长的重要讲话之后，我深切地感受到，这次会议开得非常及时，非常重要，也非常必要。为什么在首届林业信息化工作会议之后，时隔两年，国家林业局又要如此高规格、大规模地召开这次会议？怎么理解和领会局党组的意图？这需要各位代表认真思考、深刻体会。贾局长上午从人类文明发展历史、世界发展现状和建设现代林业等角度作了论述，阐发非常精辟，分析非常透彻，见解非常独到，对此大家都深有感触。认真学习和领会贾局长的重要讲话精神，我个人有以下 5 点体会。

（一）全面加快林业信息化发展，非常需要各地各单位齐助力。这次会议，与其说是一个工作会议，不如说是一个学习性质的会议，开完之后，感触很深，感慨很多，发人深思，催人奋进。我想讲 3 层意思：一是对信息化怎么认识都不过分。刚才坐在这个地方，

我想了两句话。第一句，信息化：看似离我们很近，实则离我们很远。就是说，我们虽然接触“信息化”这个事物多年，但信息化将会为我们的工作、生活、学习带来怎样的影响，我们目前所知道的，仅是冰山一角。前段时间，我在中央党校学习时，工信部苗圩部长曾作过一个报告。这个报告虽然并未对信息化未来将会带给我们什么进行全面、深刻、系统的阐述，但我从始至终有一个强烈的感受，那就是信息化将会全方位地、多角度地，并且大力度地、深刻地改变我们的生产方式、改变我们的生活方式。这种改变，绝不是一般意义、一般性质上的改变，而是一种革命性的、彻底的改变。现在国家提出，要实现“信息化和经济社会发展的深度融合”。这个“深度融合”之后所产生的效果，肯定不是1+1=2的概念，绝对是一个乘数效应。几年前，曾有一则权威信息讲到，现在是一个知识爆炸的时代，知识创新步伐之快、成果之多，令人无法想象！它说，20年之后人类知识总和中的百分之八九十都是我们现在所不知道的。可以肯定，信息化将会对我们未来的工作、生活、学习带来颠覆性的革命。第二句话，信息化：看似离我们很远，实则离我们很近。就是说，发展信息化有如历史潮流，滚滚向前，势不可挡，谁都回避不了，谁也躲不过去。因此，我们必须顺应潮流，迎接挑战，自觉投身到信息化发展的洪流中来。二是对信息化怎么重视都不过分。信息化涉及我们生产生活的方方面面，并必将非常深刻地影响各个方面。因此，必须搞好总体设计，搞好顶层设计，必须整合资源，必须统筹规划。非如此，这个事情就做不成、做不好。信息办这些年来顶着重重阻力，克服重重困难，组织开展了大量卓有成效的工作，而且取得了这么突出的成绩，成为现代林业建设的亮点之一，非常不容易！人心都是肉长的。要知道，他们开展这项工作，绝非为了他们个人，而是为了发展现代林业、建设生态文明、推动科学发展这个大局。“没有林业信息化，就没有林业现代化”的重要判断，已成为全行业的共识。三是对信息化工作怎么支持都不过分。既然信息化如此重要，抓好信息化又是如此急迫，那么，作为一个现代领导干部，都应该重视、关心、支持信息化。否则，就辜负了局党组给我们的重托，就辜负了时代赋予我们的历史责任，就配不上做一个现代人，尤其是现代领导干部。各地各单位一定要立足现代林业发展全局，彻底摈弃门户之见，多一点换位思考、多一点设身处地，更多地支持、关心、爱护林业信息化事业。

（二）林业信息化发展正处于攻坚阶段，非常需要各地各单位再给力。我国林业信息化发展过去起步很早，但由于种种原因，有一段时间发展得慢了，进入新世纪以后，我们还处于远远落后的位置。贾治邦局长到国家林业局后，十分重视林业信息化建设，亲自担任信息化领导小组组长，亲自抓信息化工作，经过短短两三年的努力，林业信息化发展取得了长足进步，已经成为现代林业建设的一大亮点。但是，我们也要清醒地看到，与信息化整体发展的状况相比，与林业建设的巨大需求相比，林业信息化仍处于奋起直追、攻坚克难的阶段。在信息技术日新月异的今天，林业信息化发展如逆水行舟，不进则退。当前，如果我们再加把劲，再努把力，就能巩固好成果，推动林业信息化快速健康发展。如果稍有放松和懈怠，林业信息化就会停滞不前，就会出现滑坡，甚至前功尽弃。面对信息化发展新形势，适应现代林业发展新需求，国家林业局党组审时度势，决定召开这次会议，对林业信息化进行再动员、再部署，充分体现了国家林业局党组对全力推动林业信息化工作的坚定决心和必胜信心，这必将引领林业信息化加快迈向新的更高阶段。

（三）圆满完成当前各项林业重点任务，非常需要林业信息化强发力。林业面临着十分艰巨、十分迫切的任务，完成这些任务，离不开林业信息化发展，急需林业信息化建功助力。一是集体林权制度改革。主体改革完成后，农民要依靠山林发家致富，最为迫切需要的就是信息，包括科技信息、市场信息、就业信息等。而且林改越深入，农民对信息服务的需要就越迫切。满足农民的信息需求，缩小信息差距，必须加快发展林业信息化，把网络铺到山区，把信息送到林农手里，把服务延伸到千家万户。二是实现林业“双增”目标。提高造林设计水平，合理布局林业建设任务，避免重复造林，解决好“林子造在哪里”等问题，迫切需要加快林业信息化；实现林业资源数据共享，提高资源监管效率，解决好“资源分布在哪里”等问题，也迫切需要加快林业信息化。三是林业应急管理。森林火灾、重大沙尘暴灾害、野生动植物疫病、林业有害生物入侵等突发事件，要实现第一时间处置，第一时间知情，都必须借助信息化手段，让林业信息化强劲发力，在较短的时间内显著提高林业的服务水平和管理效率。

（四）加快转变林业发展方式，非常需要林业信息化增推力。转变林业发展方式是“十二五”林业发展的主线。目前，林业采用的仍然是粗放的、落后的和传统的发展方式，具体体现在：造林营林手段落后，森林资源质量和效益不高；林业产业比例不协调，产业效益不高；科技成果转化滞后，科技创新驱动力不强。这与林业的属性密切相关。林业具有两个显著特点，一是覆盖千山万水，分布地域广，绝大多数地处偏远，交通不便，靠传统的人力生产、经营和管理日益困难。二是涉及千家万户，事关亿万农民切身利益。农民发展林业产业分散而低效，信息技术作为提高效率的重要手段，能在较短时间内发挥“倍增效应”。通过信息技术在生态建设中的运用，可以大幅度提高植树造林质量、森林经营水平，提高生态建设的科学含量。通过信息技术在林业产业发展中的运用，可以优化生产流程，提高资源利用率，大幅度增加产业效益。通过信息技术在科技领域的运用，也可以促进科技创新和成果研发，大幅度提高林业的科技创新能力。加快转变林业发展方式，构建林业三大体系，保护和建设好“三个系统一个多样性”，就必须加快发展林业信息化，充分发挥信息化的助推作用。

（五）争取和引导社会力量支持和参与林业建设，非常需要林业信息化广施力。信息技术的发展将人类引进了信息时代和信息社会。与过去相比，现在每天产生的信息呈几何级增长。信息随手可得，信息无处不在。过去是人找信息，现在是信息找人。面对海量的、良莠不分的信息，如何提高林业的声音，树立林业的形象，扩大林业的影响，团结和吸引更多力量参与林业建设？就必须加强我们的信息化建设。我们本来就是一个弱势行业，如果连一个像样的网站都没有，或者有网站而信息不多，就等于在网络上没有声音，没有阵地，那又靠什么在这个信息时代宣传好林业，扩大林业影响，提高林业地位，发挥林业作用？实践证明，谁能够赢得网络上更多的主动权和话语权，谁就最能抢占思想舆论阵地的制高点。现在已经进入微博时代，即时新闻时代，每一个人都可以成为信息传播者。信息传播已经打破传统方式，呈现出立体化、人人化的特征。这些变化都要求我们必须高度重视林业信息化发展，强化林业信息平台建设，进一步丰富林业信息网络内容，切实增强林业网络的吸引力、传播力、影响力，只有这样，林业在将来才会有更广天地，才会有更强生命力。

总之，我们一定要深刻领会国家林业局党组的战略意图，把握时代脉博，紧跟时代步伐，顺应时代要求，切实把思想统一到这次会议精神上来，统一到国家林业局党组的安排部署上来，加快推进林业信息化工作。

三、关于切实抓好会议精神的贯彻落实

会议效果好不好，关键在于落实抓得怎样。各地各单位一定要高度重视，认真研究部署，下实心，出实招，办实事，求实效，切实抓好这次会议精神的贯彻落实。

（一）及时传达会议精神。各地各单位一定要充分认识这次会议的重要意义，及时传达学习会议情况，深刻领会贾局长的重要讲话精神。参加会议的同志，要把会议精神原汁原味带回去，把会议内容完整无缺地传达给大家，切实提高全行业对林业信息化工作的认识，增强推进林业信息化工作的自觉性和主动性。各地各单位要通过召开会议等形式，对林业信息化工作进行再动员、再部署，让上下左右都迅速行动起来，形成全国一盘棋加快推进林业信息化的局面。

（二）切实加强组织领导。对于信息化工作，各地各单位主要负责同志要亲自抓、分管同志要具体抓，尽快建立起完善的林业信息化工作领导机制。要按照这次会议要求，切实加强林业信息化管理机构，还没有机构的要争取在两年内建成，已有机构但人员不足的，要进一步充实力量。要加大与发改、财政等部门的沟通协调力度，争取林业信息化发展的资金支持。要梳理一批林业信息化工作中的突出问题，集中精力在“十二五”期间予以解决。

（三）狠抓各项任务落实。各地各单位要认真按照这次会议确立的总体思路，调整完善本地、本单位的工作部署，确保林业信息化统一推进。要制定切实可行的工作方案和具体措施，突出重点，层层分解，落实责任。对每项工作要提出质量要求，明确完成时限，加强督促检查，确保各项任务按时保质保量完成。对各地各单位落实会议精神情况，信息办要做好跟踪，督导工作。各地各单位要及时将贯彻落实会议的情况报告国家林业局。

（四）积极搞好协调配合。信息化工作需要统一协调、整体推进。搞好林业信息化建设的协调配合，是当前的一个难点和重点。不但内部要协调配合好，而且对外也要协调配合

好。各地各单位特别要认真落实贾局长讲话提出的“五个统一”的要求，强化大局意识，相互配合支持，坚决打破资源分散、数据封闭和信息垄断状况，实现资源优化配置和有效共享，进一步提升林业信息化水平。信息化管理部门要进一步强化林业信息化建设项目前期工作，做好项目分析，明确各单位应用需求，主动提供服务，及时解决问题。

这次会议马上就要结束了。在此，我谨代表国家林业局、贾治邦局长、全体与会人员，向给予这次会议大力支持的辽宁省政府和省林业厅、沈阳市政府和市林业局表示衷心的感谢，向出席会议的有关部门的负责同志和新闻界的朋友们表示衷心的感谢，向为这次会议付出辛勤劳动的辽宁移动、辽宁大厦等各有关单位和全体工作人员表示衷心的感谢!

明天上午，还要举行林业信息化高峰论坛，请继续参加活动的同志集中精力，认真学习，确保论坛圆满成功。

会议到此结束，谢谢大家。

国家林业局信息办关于举办森林公园等网站群信息维护培训班的通知

信项发〔2011〕28号

各有关省、自治区、直辖市林业厅(局),龙江、大兴安岭森工(林业)集团公司:

按照国家林业局信息化建设领导小组的统一安排,2010年国家林业局信息办与保护司、场圃总站共同协商,并征求相关省区市林业厅局业务处室的意见,选择信息化基础较好的森林公园、国有林场、种苗基地、自然保护区统一建设了网站群。目前网站群已完成开发工作,并陆续部署上线运行。为使网站信息维护人员能够熟练掌握发布系统的使用方法,保证各相关网站及时加载信息、更新数据,国家林业局信息办拟举办森林公园等网站群信息维护培训班。现将有关事宜通知如下:

一、培训内容

网站群信息发布系统的操作使用。包括信息加载、数据维护等。

二、时间地点

(一)时间:2011年7月5~6日,7月4日报到。

(二)地点:国家林业局管理干部学院(北京市大兴林校北路8号)。

三、参加人员

请各相关单位办公室(信息办、信息中心)通知以下单位各派1名信息加载工作人员参加培训。

中国林科院：亚热带林业实验中心油茶良种基地。

天津市林业局：九龙山国家森林公园。

河北省林业局：木兰围场国有林场管理局，塞罕坝机械林场，沧县国家枣树良种基地。

山西省林业厅：太岳山国家森林公园，中条山国有林场管理局，吕梁山国有林管理局，吕梁林管局上庄国家油松良种基地。

内蒙古自治区林业厅：额济纳胡杨国家森林公园，兴安盟五岔沟林业局，呼伦贝尔市巴林林业局，克什克腾旗桦木沟林场。

辽宁省林业厅：清原县大孤家林场国家落叶松良种基地。

吉林省林业厅：拉法山国家森林公园，汪清林业局国家红松、云杉良种基地。

黑龙江省林业厅：茅兰沟国家森林公园，林口县青山国家落叶松良种基地。

江苏省林业局：常熟市虞山林场，泗洪县陈圩林场国家杨树良种基地。

浙江省林业厅：竹乡国家森林公园，淳安县姥山林场国家马尾松良种基地。

安徽省林业厅：黄山市黄山区黄山公益林场。

福建省林业厅：福州国家森林公园，旗山国家森林公园，洋口林场国家杉木良种基地，漳平市五一林场国家马尾松良种基地。

江西省林业厅：铜钹山国家森林公园，景德镇枫树山林场。

山东省林业局：淄博市原山林场，冠县国有苗圃国家杨树良种基地。

河南省林业厅：云台山国家森林公园，郏县国有林场国家侧柏良种基地。

湖北省林业厅：神农架国家森林公园。

湖南省林业厅：九龙江国家森林公园，黄丰桥国有林场，浏阳市国家油茶良种基地。

广东省林业厅：新丰江国家森林公园，台山市红岭国家湿地松、杂交松良种基地，南岭国家级自然保护区，车八岭国家级自然保护区，内伶仃岛－福田国家级自然保护区，湛江红树林国家级自然保护区，象头山国家级自然保护区，珠海淇澳－担杆岛省级自然保护区，龙门南昆山省级自然保护区，曲江罗坑省级自然保护区，海丰鸟类省级自然保护区，英德石门台省级自然保护区。

广西自治区林业厅：国营七坡林场，国营高峰林场，天峨县国营林朵林场，东门林场国家桉树良种基地。

海南省林业厅：吊罗山国家森林公园。

重庆市林业局：仙女山国家森林公园。

四川省林业厅：九寨国家森林公园，米仓山国家森林公园，措普国家森林公园，卧龙国家级自然保护区，蜂桶寨国家级自然保护区，龙溪－虹口国家级自然保护区，瓦屋山国家级自然保护区，美姑大风顶国家级自然保护区。

贵州省林业厅：百里杜鹃国家森林公园，龙里林场，黎平县东风林场国家杉木良种基地。

云南省林业厅：西双版纳国家森林公园。

陕西省林业厅：桥山林业局国家油松良种基地，佛坪国家级自然保护区，长青国家级自然保护区，太白山国家级自然保护区，青木川国家级自然保护区，桑园国家级自然保护区。

甘肃省林业厅：白龙江林业管理局洮河林业局冶力关林场，小陇山林业实验局党川林场，庆阳市合水林业总场连家砭林场。

青海省林业局：马珂河林业局。

宁夏回族自治区林业厅：中宁县国家枸杞良种基地。

新疆自治区林业厅：阿克苏实验林场国家核桃、枣树良种基地。

黑龙江森工集团：雪乡国家森林公园。

大兴安岭林业集团：技术推广站国家樟子松、落叶松良种基地。

四、培训费用

培训班收取培训资料费300元/人，食宿统一安排，食宿费自理。

五、其他事项

(一)请参加培训人员认真填写培训班报名回执(见附件)，并于6月28日之前以电子邮件或传真报国家林业局管理干部学院。

(二)本培训班通知将在中国林业教育培训网(www. lypx. cn)上登载。

(三)联系方式

国家林业局信息化管理办公室：

高尚仁　010－84238966

徐　前　010－84238311

国家林业局管理干部学院：

石　焱　010－60282309

陈双双　010－60282407

E－mail：shiyan@ forestry. gov. cn

传真：010－60282309

特此通知。

附件1：网站群信息维护培训班报名回执表(略)

附件2：国家林业局管理干部学院交通路线图(略)

国家林业局信息化管理办公室

二〇一一年六月二十日

国家林业局信息办关于报送《林业信息化工作总结及工作安排》的函

信综函〔2011〕29 号

办公室：

根据国家林业局办公室办发字〔2011〕89 号文件要求，现将林业信息化 2011 年上半年工作总结及下半年工作安排简要报告如下：

一、工作总结

在局党组的高度重视、正确领导和亲切关怀下，在各地各单位的大力支持和共同努力下，今年上半年林业信息化工作取得了重要突破。

（一）成功召开第二届全国林业信息化工作会议。5 月 9～10 日，我局在辽宁沈阳成功召开了第二届全国林业信息化工作会议，国家林业局党组书记、局长贾治邦发表了题为《加快林业信息化，带动林业现代化》的重要讲话，国家林业局党组成员、副局长张永利主持会议并作总结讲话，认真总结了“十一五”全国林业信息化工作，全面展示林业信息化建设新成果，学习借鉴了辽宁省和沈阳市等林业信息化建设经验，科学分析了林业信息化发展面临的新形势，安排部署了“十二五”及 2011 年林业信息化工作。会议举办了第二届全国林业信息化高峰论坛和第二届全国林业信息化成果展，开通了森林公园等网站群。这是林业系统覆盖面最广、科技含量最高、内容最为丰富、衔接最为紧凑、反响最为强烈的一次专门会议。一是规模宏大，覆盖面广。来自国务院有关部门，各省级林业主管部门、国家林业局各司局、各直属单位，人民日报等新闻媒体和有关 IT 企业等 300 余名代表出席了会议。通过视频会议系统，各省区市设立了 36 个分会场，参会代表达 1500 余人。同时，通过全程直播，全球有数万人同时收看了会议全程。二是关注度高，反响强烈。这次会议的召开，在全社会引起了强烈反响。500多家媒体连日撰文报道会议盛况、林业信息化建设成果及会议精神落实情况，共40000多条。中国林业网的访问量同比增加40%以上，网站点击数成倍增加。许多IT企业密切关注林业信息化建设，主动要求利用自身优势参与和支持林业信息化建设。三是科技含量高，冲击力强。这次会议充分利用现代信息技术手段，营造了一个十分浓厚的信息化氛围，声、光、电设备全副武装，新、高、尖技术轮番上阵，向与会代表呈现出了一个让人耳目一新、极为震撼的信息化视觉盛宴，开创了林业部门开会的先河。四是内容丰富，安排紧凑。这次会议共安排了12项议程。整个会议内容丰富，主题突出，节奏紧凑。五是政策突破，亮点频现。会议明确提出，要逐步健全机构，配备专门人员，尽快形成国家、省、市、县林业信息化管理网络，并争取2年内完成。积极争取设立林业信息化建设专项，形成长期稳定的投资渠道。在现有林业建设项目总投资中，力争拿出1%左右的经费，集中用于信息化建设。加大现有林业建设项目中信息化投资整合力度。这一系列重大举措的提出，将为林业信息化发展奠定坚实基础。

会后，各地各单位立即行动起来，及时组织传达学习会议精神，大力宣传会议盛况及会议精神。河南、黑龙江等组织召开了全省林业信息化工作会议，许多单位成立了机构建设领导小组，内蒙古、山东等省区正式成立了信息中心，江西等开展本地本单位《林业信息化发展"十二五"规划》修订完善工作，山西、"三北局"等大力推进信息化工程建设。各示范省纷纷成立示范省建设项目工作领导小组，编制示范省建设实施方案，加快推进示范省建设，争取尽早取得一批示范成果。

（二）加快推进林业信息化工程建设。一是正式启用移动办公系统，积极拓展综合办公系统应用，打破传统办公的时空界限，实现随时随地办公的新模式。二是实施林业资源综合监管服务体系试点建设项目，逐步形成对"森林生态系统、湿地生态系统、荒漠生态系统和生物多样性"的有效监管。三是积极推进"金林工程"、国家云计算平台林业试点示范建设项目和森林物联网项目立项。多次协调有关部门争取项目加快审批，并争取今年安排部分资金启动。四是积极推进中国林业网络博物馆、中国林业网络博览会、森林公园、湿地公园、自然保护区、国有林场网站群、网络植树项目建设，整合省级林业系统门户网站，形成更加完善的中国林业网站群。加强软件正版化工作。

（三）启动实施第二批全国林业信息化示范省建设。在认真总结首批林业信息化示范省建设经验的基础上，按照点面结合、各具特色、分期分批、可上可下等原则，我局又确定了北京、山西、内蒙古、江西、山东、河南、广东、陕西、沈阳为第二批林业信息化示范省（市）。按照有关要求，各示范省纷纷成立由实施单位主要负责同志任组长、有关部门负责同志参加的林业信息化示范省建设工作领导小组，统一领导本省区市的林业信息化示范省建设工作，并加大资金、政策、技术、人才等方面的扶持力度。进一步明确了林业信息化示范省建设思路，认真组织编制林业信息化示范省建设实施方案，突出示范主题，明确示范范围、示范内容和保障措施。围绕示范主题，加大攻关力度，力争尽早推出一批国际先进、国内领先的示范建设成果，真正发挥“点亮一盏灯，照亮一大片”的典型示范带动作用，引领和带动全国林业信息化建设健康快速发展。在大力推进示范省建设的基础上，积极组织开展林业信息化示范市、示范县建设。

（四）不断加强林业信息化科学化、规范化管理。一是印发《全国林业信息化发展“十二五”规划》（以下简称《规划》），提出了“十二五”时期林业信息化建设的发展思路、建设目标、建设任务和保障措施等，绘就了今后5年林业信息化的发展蓝图，为促进林业决策科学化、办公规范化、监督透明化、服务便捷化奠定了扎实基础。《规划》的出台，标志着林业信息化建设开始步入规范化、整体化发展的新阶段。二是发布首部《中国林业信息化发展报告》，系统总结林业信息化发展历程，全面展示林业信息化建设成就，充分借鉴国际国内信息化发展经验，促进林业信息化建设又好又快发展，为林业信息化建设与发展提供有益的经验借鉴。三是发布全国林业信息化水平评测报告。研究制定了全国林业信息化发展水平评测指标体系，并将其作为一项重要指标，纳入现代林业发展水平考核范畴。全国林业信息化发展水平评测指标体系包括“林业信息化建设水平”、“林业信息化应用水平”和“林业信息化保障水平”三方面的内容，具体包括3个一级指标，16个二级指标，46个三级指标。在全国范围内组织开展了首次全国林业信息化发展水平评测工作，经过各地申报、数据审核、综合评定等环节，形成了《全国林业信息化发展水平评测报告》，实现以评促建和以评促用，带动全国林业信息化快速发展。四是着力开展林业信息化标准制定、修改、推广和应用工作，为互联互通、资源共享、业务协同等奠定坚实基础。研建标准建设项目储备库。

（五）大力加强林业信息化支撑保障工作。一是按照中央和地方事权划分的原则，加大协调办度，积极争取在国家、省级发展改革和财政部门设立林业信息化建设和运维专项，统一管理使用各项林业信息化建设资金，开辟信息化建设长期稳定的投资渠道。二是按照我局的统一部署和安排，组织开展了信息办工作人员选拔考试工作，经笔试、面试、民主测评和综合考察等组织程序，选拔出6名工作人员充实到信息办，有力地加强了林业信息化队伍建设。三是积极开展林业信息化培训工作。连续举办2期局内外网应用技能培训班，重点培训信息加载、OA系统使用、移动办公系统使用等方面的内容。累计培训人员116人。组织开展赴澳大利亚林业信息化培训。四是积极推进技术合作交流。国家林业局与中国电信集团正式签署战略合作框架协议，贾治邦局长、祝列克副局长亲自出席和有关司局、有关单位主要负责人参加了签字仪式。五是修改完善了《国家林业局信息办（信息中心）工作规则》、《国家林业局信息办（信息中心）行政公文处理细则》等8项制度，进一步加强信息办机关建设，规范机关运作程序，提高工作效率和工作质量。六是加大网络运行维护工作和网站内容保障工作。优化网络运行维护工作流程，不断提高网络运行维护规范化水平。加强国家林业中心机房安全管理及维护，为中国林业网、国家林业局综合办公网、林业专网的正常运行提供坚实保障。不断优化中国林业网和国家林业局办公网功能与栏目设置，结合林业重点工作新增热点专题栏目9个。通过中国林业网发布各类政务信息30000余条，通过国家林业局办公网加载信息15800多条，举办8次在线访谈和在线直播活动。

二、工作安排

根据全国林业厅局长会议和第二届全国林业信息化工作会议精神，对照《国家林业局2011年信息化与电子政务工作要点》，下半年主要开展以下六项工作：

（一）进一步做好在建项目建设和新项目争取工作。一是加快推进在建项目实施。对照项目实施合同，把握进度，严明奖惩，督促承建方尽快全面完成建设内容。加强国家自然资源和地理基础信息库项目，即林业数据分中心、网络电视（台）设备购置建设项目的监管。理顺林业基础数据管理机制，推动林业资源数据异地备份、同步更新。二是在实施好现有建设项目的基础上，加强沟通衔接，积极推进“金林工程”、国家云计算平台林业试点示范建设项目、森林物联网、等级保护项目、卫星应用、林业资源多层次时空信息服务平台研究与示范应用项目立项，多渠道争取林业信息化项目，全面加快建设步伐。三是积极与国际组织、其他部委、科研院所等开展项目合作。做好视频会议系统升级改造、保密网建设、灾备中心建设项目立项前期工作。完成林业信息化运维定额标准制定工作。

（二）进一步加强林业信息化机构队伍建设。督促各地各单位加强林业信息化管理机构的组建，切实承担起林业信息化的具体职责。已经建立信息化管理机构的省级林业主管部门，进一步充实加强人员，履行好管理职责；尚未独立组建信息化管理机构的，加大与当地编办的沟通协调力度，争取尽早成立。积极督促市级林业主管部门组建信息化管理机构，县级确定专人负责。尽快形成国家、省、市、县林业信息化管理网络，这项工作争取2年内完成。今后，将把有无独立信息化机构作为安排“金林工程”项目、评选先进的必备条件，实行一票否决。进一步加强国家林业局信息办自身队伍及文化建设。

（三）进一步加大林业信息化投资政策突破工作力度。一是主动协调国家有关部门，积极争取将林业信息化建设纳入本级信息化总体规划，并在发改、财政部门设立林业信息化建设专项，形成长期稳定的投资渠道。二是在现有林业建设项目总投资中，力争拿出1%左右的经费，集中用于信息化建设。三是加大现有林业建设项目中信息化投资整合力度，实行统一管理，统筹安排，专款专用，确保资金落到实处。四是在市场效益明显的领域，积极吸纳社会投资，加快推进林业信息化建设步伐。

（四）进一步强化协作配合工作。牢固树立一盘棋的思想，主动沟通，全力配合。一是加快信息资源整合。我局已建的数据库、应用系统和网站，年底之前必须整合到局内外网统一平台上；今后新建的各类信息化项目，必须建在统一平台上，否则项目一律不予批复、不予投资、不予验收。同时要求省级林业部门也要打破条块分割，加大整合力度，确保2012年年底前完成整合。二是强化协作配合。要求各级林业部门加强与有关部门的沟通协调，积极争取支持，密切协作配合，不断优化林业信息化建设环境。国家林业局在搞好顶层设计的同时，加大对省市县政策和技术指导服务力度。地方林业部门要主动配合，按照"五个统一"的要求，抓好贯彻落实。三是加强对外合作交流。坚持走出去、请进来的办法，学习借鉴国外、外部门先进经验和技术，加强与高等院校、科研院所、重点IT企业的战略合作，拓宽林业信息化应用领域，全面提升信息资源共建共享和应用水平。

（五）进一步加强科技培训和标准建设工作。坚持产学研结合，加大林业信息技术应用与创新力度，建立健全林业信息化应用推广机制，加快推进物联网、云计算等先进技术在林业建设中的应用，尽快探索出一批示范成果。要结合各地实际，加强实用技术培训，努力形成人人学、个个懂、全员用信息技术的良好氛围。结合集体林权制度改革后广大农民致富愿望迫切的实际，积极实施林业信息化应用培训工程，广泛开展林业信息技术培训，帮助林农尽快走上信息兴林致富的道路。举办林业CIO高级研修班。发布2009年林业信息化标准，做好2010和2011年林业信息化标准建设工作，争取2012年标准立项。

（六）进一步推进林业信息化示范等工作。积极开展林业信息化示范省建设，尽早推出一批国际先进、国内领先的示范建设成果。加强示范省建设的动态化管理，对复查不合格者予以警告，直至取消示范省资格。积极组织开展林业信息化示范市、示范县建设，树立典型，培养典型。及时总结示范省、示范市县建设中的好经验、好做法，强化推广应用，整体推进林业信息化工作。完成《中国林业信息化发展战略研究》工作。发布《2011年中国林业信息化发展报告》和《2010年全国林业信息化发展水平评测报告》。完成首届全国林业信息化工作会议、第二届全国林业信息化工作会议、全国林业信息化示范省建设工作座谈会文件材料和林业信息化发展规划等汇编工作，认真做好《林业信息化》、《今日网情》编发工作。

特此函报。

国家林业局信息化管理办公室
二〇一一年六月二十四日

国家林业局信息办关于印发《国家林业局信息办工作规则(试行)》的通知

信综发〔2011〕33 号

各处室:

为确保国家林业局信息办(信息中心，以下简称信息办)高效履责，协调运转，保证质量，根据《国家林业局工作规则》，结合信息办工作实际，经认真研究，组织制定了《国家林业局信息办工作规则(试行)》。现印发给你们，请认真贯彻执行。

附件：国家林业局信息办工作规则(试行)

国家林业局信息化管理办公室

二〇一一年七月一日

附件

国家林业局信息办工作规则

（试行）

第一章　总　则

第一条　为确保国家林业局信息办（信息中心，以下简称信息办）高效履责，协调运转，保证质量，根据《国家林业局工作规则》，结合信息办工作实际，制定本规则。

第二条　全体工作人员应认真贯彻执行党的各项方针政策、国家各项法律法规、国家林业局各项规章制度、信息办各项工作制度，做到政令畅通、廉洁勤政、忠于职守、努力工作。

第三条　信息办实行主任负责制，各处实行处长负责制。

主任领导信息办全面工作，副主任协助主任开展工作。

处长领导所在处室全面工作，副处长协助处长开展工作。

第二章　办文制度

第四条　综合处是公文处理的主管处室，负责信息办行政公文的收发、分办、核稿、传递、编号、用印、立卷、归档和销毁工作。

第五条　信息办行政公文种类主要为：请示、报告、通知、函、便函、签报等。分下行文、上行文和平行文三类。下行文编号由“发”字结合各处核心业务代字构成，即“信综发”、“信站发”、“信网发”、“信项发”、“信技发”和“信自发”。上行文编号由“字”字结合各处核心业务代字构成，即“信综字”、“信站字”、“信网字”、“信项字”、“信技字”和“信自字”。平行文编号由“函”字结合各处核心业务代字构成，即“信综函”、“信站函”、“信网函”、“信项函”、“信技函”和“信自函”。

第六条　以国家林业局或国家林业局办公室名义印发的各类文件，由主办处室通过局综合办公系统拟稿，按程序经副处长、处长、综合处核稿并报分管主任审核同意后报主任或由主任委托的副主任签字，经综合处发送局办公室按程序办理。

第七条　以国家林业局信息办名义印发的各类文件，由主办处室通过局综合办公系统拟稿，经副处长、处长、综合处核稿报分管主任审核后，由主任或主任委托的副主任签发，由综合处编号、用印、分发、归档，制版时使用“国家林业局信息办文件”、“国家林业局信息办”或“国家林业局信息中心文件”、“国家林业局信息中心”红头纸。

第八条　起草文件时，要围绕中心思想表达清楚，各层级之间不能交叉。发文红头纸所涉及内容，均应认真填写齐全。呈送领导批示时，除主件外，要将相关说明材料、背景材料，包括花脸稿附上，便于领导全面把握情况。清稿时，所有文稿的修改标记，要认真核对，做到一个符号、一个标点均准确无误。所有文件均应按照公文标准格式排版和装订。

第九条 发往与国家林业局内网未联通单位的文件，主办处室通过综合办公系统履行完相关程序后，由办公自动化处印制定量纸质稿，由主办处室发送指定单位。

第十条 国家林业局各司局或中央国家机关各部门要求信息办反馈意见的材料，经主任或主任委托的副主任批示后，由主办处室研究提出意见，经分管主任审核、报主任审定同意后由综合处报出。反馈国家林业局各司局的材料通过综合办公系统发送，反馈中央国家机关各部门的材料以纸质形式报送。

第十一条 综合处负责文件、材料的接收、登记、传递工作。传递时，结束一个环节的传递收回后再传下一个环节。传递到某一环节时，相关领导或处室一般应在 2 个工作日内阅完交还综合处。文件传递顺序为：主任、副主任、综合处、网站处、网络处、项目处、技术处、自动化处。对有办领导批示需相关处室办理的文件，由综合处交主办处室办理。

第十二条 办领导在审批公文时，除做具体批示外，对于一般报告性公文，圈阅表示“已阅知”；对于有具体请示事项的公文，圈阅则表示“同意”请示的事项。如批示为“阅酌”的文件，意为阅知即可；如批示为“研办”或“研处”，意为相关处室必须办理，办后必须回馈。如为重大事情，除结果反馈外，还要反馈阶段性成果；如批示为“研提意见”，意为相关处室要提出书面意见并按来文途径反馈；如批示为“分别提出意见”，意为相关处室分别提出意见后上报；如批示为“某处商某处研提意见”，意为由排在首位的处室牵头，商有关处室形成统一意见后反馈。

第十三条 所有文字材料必须经处长签字后报主任或副主任，做到层层负责，层层把关。

第三章　办会制度

第十四条 信息办会议包括主任会议、常务会议、党政联席会议、每月例会等内部会议和信息化工作行业会议。

主任会议。主任、副主任为会议成员。根据议题，有关处室负责人可列席会议。由主任召集并主持。主要任务是：讨论决定林业信息化工作重要事项；讨论决定各处室请示的重要事项；讨论决定其他重要事项。

常务会议。主任、副主任和各处处长为常务会议成员。副处长根据需要可列席会议。会议由主任或受主任委托的副主任召集并主持。主要任务是：传达贯彻党中央、国务院和国家林业局的重要指示、决定；研究部署信息办重要工作；分析林业信息化工作形势，通报林业信息化建设情况；审议通过代拟的重要局文、局领导讲话；研究需要常务会议审议的其他重要事项。

党政联席会议。党支部书记、副书记、支部委员、办领导班子成员为会议成员。由党支部书记决定并主持召开。主要任务是：研究有关机关建设、思想建设、廉政建设的重要工作；讨论决定人事奖惩等有关事项；讨论研究需由党政联席会议决定的其他事项。

每月例会。由主任或主任委托的副主任主持，每月初召开一次。全体人员参加。主要任务是：传达党中央、国务院的有关重要会议、文件精神；传达局党组、局领导的重要指示、决定精神；通报重要工作情况；传达常务会议有关议定事项；回顾总结上月工作，安排部署本月工作；部署其他事项。

信息化行业工作会议。信息化工作行业会议包括以国家林业局名义召开的全国性会议，以信息办名义召开的全国性、区域性专题会议，以及由信息办举办的各类研讨班、培训班等。

第十五条　信息办内部各类会议的组织、记录和会议纪要的起草工作由综合处负责。会议纪要由主持会议的信息办领导签发。

第十六条　各处需提请内部会议讨论议定的事项，会前需请示分管领导和主要领导，并准备好相关待议材料。对提交会议研究的事项，凡涉及几个处室职责范围的，提交议题的相关处室应事先与有关处室协商沟通一致。

第十七条　既定参加内部会议的成员因故不能出席会议时，要提前向会议主持人请假，需请其他同志代为出席的要事先征得会议主持人同意。

第十八条　召开行业性工作会议时，凡属综合性会议领导讲话、相关文字材料起草以及会议经费预算，由综合处牵头负责；凡属信息化各专题会议领导讲话、相关文字材料起草由相关处室牵头负责，经费预算由相关处室事先拟定计划，会同综合处协商解决；凡属培训班、研修班等领导讲话、相关文字材料起草工作由技术处会同相关处室负责，经费预算由技术处事先制订计划，会同综合处协商并报人事司审批落实。相关材料和经费预算，会前需经分管主任审核后报主任审定。会议结(决)算工作由综合处负责。

第十九条　筹备召开各种会议、各种活动，应做到谁主办，谁提前到达，并做好各项准备工作。其他人员也应按时或提前到达，形成良好的工作作风。

第二十条　各种会议、活动的安排要做到有计划、有实施方案，按照工作预案做好各项工作衔接，保证会议、活动的顺利进行。

第二十一条　每项会议、活动办理完毕后，应及时总结经验教训，重要的要形成签报上报领导，及时发消息，并配发图片。

第四章　办事制度

第二十二条　事先向局领导请示、报告的重大事项有：以局名义向上级领导机关上报的文件；与国务院其他部门商办的文件或活动；以局名义或局办名义向各地林业主管部门下达的信息化工作部署；发布林业信息化工作长远发展规划和林业信息化建设重大方针政策等；以局名义召开的林业信息化工作会议或专题会议；开展全国林业信息化先进单位、先进个人表彰工作；信息办内设机构调整、人员配备；办领导国内出差、出国；重要的新闻宣传报道；其他需请示报告的重要事项。涉及上述事项文字材料的起草、核稿、报送等，由相关处室负责。

第二十三条 事先向办领导请示报告的重要事项有：向局领导报送的文件、签报等；向上级有关部门和单位报送的文件、材料；与有关省级林业主管部门协调、会商的重要事项；以信息办或信息中心名义向各地林业主管部门或单位下达信息化工作部署；其他需请示报告的重要事项。涉及上述事项文字材料的起草、核稿、报送等，由相关处室负责。

第二十四条 凡涉及几个处室职责范围的工作，各处室之间要主动配合，相互协商，共同办理。不得把未经协商一致的问题上交办领导。对经协商后仍不能达成一致意见的，主办处室应列出各方理由，提出建设性意见报办领导进行协调或裁定。

第二十五条 综合处收到属督查督办事项的有关文件、批示、报告等公文，及时登记后送主任阅批。主任根据内容，区别不同情况，签批意见后送局领导批示，或直接批转有关处室办理。

第二十六条 主任或副主任在办内各类会议上部署的需重点督促检查的事项，会后由综合处按照会议纪要督办。

第二十七条 如来文单位和领导批示有规定办复时限的，主任或主任委托的副主任应按照时限要求，采取适当提前的原则，在批转文件时提出具体办理时限。如来文单位和领导批示中未明确办复时限的，凡属于征求意见、答复和解决问题类的事项原则上在7个工作日内办结；其他事项可根据情况酌情确定办结时限。

第二十八条 主办处室在收到交办事项后，应在规定办复时限或领导批示指定工作日内办理完毕，并及时向相关领导报告办理情况。协办处室也要指定专人配合。对办理时限较长的，要按要求适时向交办单位或交办人反馈办理情况，并报告相关领导。对不能在规定时限内办理完毕的，由经办人向相关领导以口头或书面形式提前说明情况。向领导呈送文件时，应做到谁做谁送，弄清背景。

第二十九条 综合处是督促检查工作的具体承担者，具体负责汇总掌握各重要工作事项及办理时限要求，及时了解并向相关领导报告交办事项的办理情况，并根据时限要求督查督办，对特急件重点督查督办。

第五章 印章制度

第三十条 信息办印章包括“国家林业局信息化管理办公室”印章、“国家林业局信息中心”印章、“国家林业局信息中心财务专用章”和法定代表人名章。

第三十一条 加盖印章必须经主任或主任委托的副主任同意。未经批准，不得使用。

第三十二条 各种印章的管理与用途：

信息办、信息中心印章由综合处处长保管。综合处处长出差时，由综合处副处长或指定人员保管。该章用于加盖以国家林业局信息办或信息中心名义发文、报送的各类报表、汇报材料、经济合同等。

财务专用印章、法定代表人名章由财务主管保管。该章用于加盖支票或有关财务资料。

第三十三条 加盖印章，印迹应端正、清晰、骑年压月或在指定位置。不得在空白信笺、表格上加盖印章。

第三十四条 印章用毕必须保存于保险柜或保密柜中。

第三十五条 因损坏或机构变动等原因停止使用的印章，交局办公室统一归档。

第六章 学习制度

第三十六条 党支部负责信息办学习组织工作。

第三十七条 坚持“三会一课”制度，即党小组会、支委会、全体党员大会和党课。

第三十八条 不定期组织信息化知识、林业知识、公文写作、行政管理等专题讲座。

第三十九条 有计划安排干部职工，特别是年轻干部参加局里组织的各类学习和培训。鼓励和支持干部职工在不影响工作的前提下，参加社会上组织的各类培训班、学习班。

第七章 请假制度

第四十条 因公出差是指因工作需要，工作人员离京参加调研、会议、考察等各项工作，或未离京，但需连续离开岗位2天以上的因公活动。因公出差须履行相关审批手续。

主任出差，按国家林业局有关规定办理。

副主任出差，经主任同意后，由综合处备案。

处长出差，填写《因公出差审批单》后经分管副主任签署意见后，报主任审批。

其他工作人员出差，填写《因公出差审批单》，经处长签署意见后报分管副主任审批。

第四十一条 出差前需向综合处提交有领导批示的相关通知、签报等材料，落实差旅费后方可出行。出差结束后，出具相关票据并履行相关手续后由财务结账。

第四十二条 财务报账时，应逐级审核。先送会计审核，再送综合处审核，最后送主任或主任委托的副主任签批。

第四十三条 出差结束1周内，应向办、处领导提交出差报告。

第四十四条 处级干部和副主任有事需请假半天或半天以上时间的，必须提前向主任请假；其他同志请假半天或半天以上的，必须向处长请假，超过1天必须报分管主任备案。

第四十五条 严格执行作息时间标准，并做到7×24小时保持通信畅通。

第八章 廉政制度

第四十六条 严格执行党中央、国务院及国家林业局制定的廉政建设规定。

第四十七条 实行领导干部“一岗双责”责任制，业务工作与廉政工作同步安排、同步落实、同步检查。

第四十八条 工程项目立项，资金安排，推荐干部晋升、出国等重大事项，由集体讨论决定，并严格程序办理。

第四十九条 严禁用公款大吃大喝。不准接受可能影响公正执行公务的宴请，禁止参加用公款支付的高消费娱乐活动；不准以调查、考察、检查、开会为名，用公款在国内外旅游。

第五十条 不准以任何形式和理由在基层单位或其他部门报销应由个人支付的费用；不准在林业基层单位为个人或小团体谋取私利。

第五十一条 禁止在公务活动中接受赠送的礼金、各种有价证券、信用卡及其他支付凭证。

第五十二条 禁止违反规定用公款安装私人住宅电话及超标准支付电话费用。

第五十三条 不准利用职权为子女、亲友及身边工作人员出国、经商、办企业、升学等提供方便，谋取利益。

第五十四条 不准在任何经营性实体中兼职以及从事有偿中介活动。

第五十五条 不得在国家规定不准召开会议的12个风景名胜区召开会议。召开各类会议，坚持按会议标准支付会议费用。

第九章　安保制度

第五十六条 严格遵守国家保密法律、法规、规章和国家林业局有关制度，不得泄露党和国家的秘密。认真履行领导干部保密工作责任制。主动接受并配合相关保密安全检查。

第五十七条 不得在无保密保障的场所阅办秘密文件、资料，不携带秘密文件、资料游览、参观、探亲、访友和出入公共场所。外出开会带回的国家秘密文件、资料等要及时交办公室或机要部门登记管理，阅办完毕的秘密文件、资料要及时按规定清退、归档，不得私自留存。

第五十八条 不得擅自复印秘密文件，如需复印，应由综合处处长向局机要室请示，获得批准后，由专人在保密复印机上复印，并严格控制复印数量。复印涉密文件，不得遮盖密级标识后复印。密件复印件视同正式密件管理。

第五十九条 发布信息前，按照国家保密法律法规，认真做好政府信息保密审查工作，确保涉密信息不上网，上网信息不涉密。

第六十条 办公文件柜钥匙要专人管理，不得随意放置，以防丢失文件或涉密文件被复制。办公室无人时，要随手锁门，不留外人滞留。发现可疑人员要及时报告局保卫部门。

第六十一条 严格遵守局机关用火、用电、用水等管理规定，办公场所不得吸烟。

第十章　考核制度

第六十二条 实行以平时考核为主，年终民意测评为辅的考核激励制度。

第六十三条 年初考核基准分为60分，凡被表扬一次加5分，批评一次减5分，年终统计最终得分。总得分最前几位为年度优秀工作人员并报局审批。

第六十四条 具备下列情况之一的，由信息办领导提出表扬：按时完成任务且质量较高的；提出合理化建议并被采纳的；获得各种奖项争得荣誉的；其他需要表扬的事项。

第六十五条 具备下列情况之一的，由信息办领导提出批评：未按时完成任务的；工作质量太差的；作风涣散影响集体荣誉的；其他应予批评的事项。

第六十六条 对违反本工作规则的工作人员，要及时提出警告，进行批评教育，对造成后果的应给予党、政纪律处分或法律处罚。

第十一章 附 则

第六十七条 本规则由国家林业局信息办负责解释。

第六十八条 本规则自印发之日起执行，《国家林业局信息化管理办公室工作制度(暂行)》同时废止。

中国林业网、国家生态网关于举办“首届全国生态作品大赛”的通知

信站发〔2011〕36 号

各省、自治区、直辖市林业厅(局)，内蒙古、吉林、龙江、大兴安岭森工(林业)集团公司，新疆生产建设兵团林业局，各计划单列市林业局，国家林业局各司局、各直属单位，各有关单位：

2011 年是联合国确定的国际森林年。为弘扬生态文化、倡导绿色生活、共建生态文明，引导广大人民群众关注森林、保护森林、参与林业建设，经研究决定，中国林业网、国家生态网将举办“首届全国生态作品大赛”。现将有关事宜通知如下：

一、大赛主题

弘扬生态文化、倡导生态文明

二、组织机构

该活动由中国林业网、国家生态网主办。主办方及有关单位组成大赛组委会，负责组织、评奖工作。

三、时间安排

作品征集时间：2011 年 7 月 11 日至 9 月 30 日

作品评选时间：2011 年 10 月 1 日至 10 月 30 日

四、作品要求

作品分文学、书法、绘画和摄影四类。

文学作品：体裁不限，诗歌 50 行以内，其他体裁篇幅 500 ~ 5000 字为宜。

书法作品：硬笔作品要求 16 开以上，软笔作品不小于 4 尺宣纸对开。

绘画作品：类型不限，画幅不小于 8 开。

摄影作品：彩色、黑白纸质版规格 7 ~ 12 寸均可，电子版不小于 3MB。

所有参赛作品均附电子版。

五、参赛要求

1. 参赛者不受年龄、地域、国籍等条件限制，个人、单位、团体均可参加。

2. 参赛作品实名投稿，参赛者须提供姓名、通信地址、电子邮箱、电话号码及参赛作品名称等资料。

3. 各参赛作品必须拟制标题，字数不超过 20 个汉字。如标题明显与作品内容不符，主办方有权取消其参赛资格。参赛者同时提供 300 字以内的作品描述，以表达创作意图。

4. 参赛作品必须为原创作品，不得侵犯他人著作权，如有侵权现象将取消参赛资格，并由参赛者承担所有法律责任。参赛作品的版权归作者和主办单位所有。

5. 主办单位对以上条款拥有解释权，凡参赛人员均视为接受本条款。

六、奖项设置

文学、书法、绘画和摄影作品均按成人组和少儿组进行评奖，每组设一等奖 1 名、二等奖 2 名、三等奖 3 名，优秀作品奖若干名。作品及获奖名单在中国林业网、国家生态网(http：//www. forestry. gov. cn)公布，主办单位将为获奖者颁发证书并给予适当奖励。

七、作品评选

大赛采用专家评选和网络大众评选相结合的方式进行，广大网友从 10 月 1 日起可登录中国林业网、国家生态网大赛活动窗口，为自己喜欢的作品投票。同时，大赛组委会将组织专家对各类参赛作品打分。参赛作品的最终得分由专家评分和网络投票结果共同决定(分别占 60% 和 40%)。评奖过程将邀请北京市东城区公证处全程公证。

八、作品提交方式及要求

作品提交可采用邮寄和网络两种方式，参赛作品投稿截止日期为2011年9月30日。以作品寄出日邮戳为准，主办方不接收超过截止日期后的任何参选作品。主办单位对延期送达，及在提交途中发生的损毁、丢失等不承担任何责任。提交的参赛作品不予退还，请自留底稿。

邮寄地址：北京市东城区和平里东街18号国家林业局信息办

邮　　编：100714

联 系 人：顾红波，王辉

联系电话：010－84239675，010－84238624

电子邮箱：wangzhanchu@forestry.gov.cn

国家林业局信息化管理办公室

二〇一一年七月十一日

关于举办林业信息化建设主管高级研修班的通知

信技发〔2011〕42号

各省、自治区、直辖市林业厅(局)，内蒙古、吉林、龙江、大兴安岭森工(林业)集团公司，新疆生产建设兵团林业局，国家林业局有关直属单位：

为深入贯彻落实第二届全国林业信息化工作会议精神，大力加强信息化教育培训，提高林业信息化主管人员的信息化意识、业务素质和管理能力，根据《国家林业局办公室关于印发2011年度面向地方林业部门业务培训班计划的通知》(办人字〔2011〕43号)，我办定于近期举办林业信息化建设主管(CIO)高级研修班，现将有关事宜通知如下：

一、研修内容

(一)国家信息化发展宏观政策、战略、形势等讲座。

(二)下一代互联网、物联网、云计算、北斗卫星等前沿信息技术讲座。

(三)RS、GIS、远程教育、信息资源整合共享等的行业应用经验介绍。

(四)国内外电子政务管理理论与实践讲座。

(五)林业信息化发展战略、政策、体制机制、示范省建设等专题研讨。

二、举办单位

(一)主办单位：国家林业局信息化管理办公室，清华大学教育研究院。

(二)承办单位：国家林业局管理干部学院。

三、时间地点

(一)时间：2011年7月25~31日，共计7天。7月24日(周日)报到。

（二）地点：清华大学。

四、参加人员

（一）各省、自治区、直辖市林业厅（局），内蒙古、吉林、龙江、大兴安岭森工（林业）集团公司，新疆生产建设兵团林业局信息化主管处室负责人各1名。

（二）林科院、规划院、设计院、林干院信息化主管处室负责人各1名。

（三）局有关司局特邀人员和信息办有关人员。

五、其他

（一）请研修班学员结合本省（本单位）林业信息化建设存在的实际困难和问题，就完善林业信息化发展政策和体制机制的议题准备一篇交流材料，于7月22日前将电子版发送至国家林业局信息办技术合作管理处。

（二）请将研修班学员回执表电子版于7月21日前发送至国家林业局信息办技术合作管理处。

（三）研修班不收取培训费，食宿统一安排，食宿费和往返交通费由派出单位负责。

（四）研修班不安排接送，请学员自行到北京海淀区五道口王庄路18号西郊宾馆前台报到（电话：010－62322288）。报到时交本人蓝色背景彩照一张（小二寸，48mm x 33mm），用于制作培训结业证书。

（五）联系方式：

国家林业局信息办　白莹

电话：010－84239222（传真）

邮箱：baiying@ forestry. gov. cn

清华大学教育研究院　赵砚

电话：010－62789900

国家林业局管理干部学院　石焱

电话：010－60282309

附件：林业信息化建设主管高级研修班报名回执（略）

国家林业局信息化管理办公室
二〇一一年七月十九日

国家林业局信息办关于开通西藏林业局网站的函

信综函〔2011〕54号

西藏自治区林业局：

为贯彻落实第二届全国林业信息化工作会议精神，提高西藏林业信息化水平，确保全国林业信息化建设全面快速协调发展，我局积极开展“信息援藏”工作。经与你局共同策划并组织实施，“西藏林业网”已于近日建成，如无异议，将于近期开通运行该网站。

请予复函确认。

国家林业局信息化管理办公室
二〇一一年十一月四日

国家林业局办公室关于印发《2010 年全国林业信息化发展水平评测报告》的通知

办信字〔2011〕184 号

各省、自治区、直辖市林业厅(局)，内蒙古、吉林、龙江、大兴安岭森工(林业)集团公司，新疆生产建设兵团林业局，各计划单列市林业局，国家林业局各司局、各直属单位：

为全面贯彻第二届全国林业信息化工作会议精神，认真落实《全国林业信息化建设纲要》、《全国林业信息化发展“十二五”规划(2011～2015 年)》确定的目标任务，进一步加快我国林业信息化发展步伐，实现以评促建和以评促用，在认真总结 2008 年、2009 年全国林业信息化发展水平综合评测工作经验的基础上，我局组织开展了 2010 年全国林业信息化发展水平综合评测工作并形成了《2010 年全国林业信息化发展水平评测报告》(见附件)，现印发给你们，请结合实际，保持成绩，寻找差距，进一步采取有效措施，推动全国林业信息化快速协调发展，为发展现代林业、建设生态文明、推动科学发展做出新贡献。

特此通知。

附件：2010 年全国林业信息化发展水平评测报告

国家林业局办公室
二〇一一年十一月七日

附件

2010 年全国林业信息化发展水平评测报告

随着信息化的快速发展，信息化建设绩效评估和发展水平评测成为促进发展的重要举措。林业信息化是我国现代林业建设的重要组成部分，是推动林业快速发展的重要支柱。为进一步加快我国林业信息化建设步伐，国家林业局组织开展了 2010 年全国林业信息化发展水平评测工作。这项工作经历了文件印发、数据采集、专家评测、结果分析、报告撰写等五大阶段，历时 3 个多月。评测报告从林业信息化建设水平、应用水平和保障水平三个方面，多角度、多视点地分析了各项指标的得分情况以及各地信息化发展影响分析。从评测结果来看，总体水平较高的 10 个省区市分别是：辽宁、湖南、北京、福建、浙江、广东、山东、安徽、上海和河南。2010 年全国各地林业信息化发展的特点是：党政领导高度重视，基础建设稳步推进，机构队伍明显加强，信息化应用全面展开，经费投入快速增加，筹资渠道明显拓宽。

一、评测目的

“十一五”期间，是林业信息化快速发展的重要时期，各地各单位高度重视，严格按照“加快林业信息化，带动林业现代化”的总体思路，认真贯彻《全国林业信息化建设纲要》，全面落实首届全国林业信息化工作会议精神，各项工作取得了显著成效。2011 年初，国家林业局组织开展了首次全国林业信息化发展水平评测工作，对 2008 年、2009 年各地林业信息化发展水平进行了综合评测，并将林业信息化发展水平指标纳入现代林业综合评价指标体系。评测结果公布后，引起了各省区市对林业信息化发展的关注与重视。之后，各地各单位以评测指标和评分标准为依据，对林业信息化建设、应用、保障等多个方面进行了整改和强化，推动全国林业信息化工作全面提升。为此，国家林业局考虑将此项评测工作作为信息化管理的日常工作，以便从整体上把握各地信息化发展情况，为“十二五”时期林业信息化建设决策提供依据。基于以上，国家林业局组织开展第二次全国林业信息化发展水平评测工作，对 2010 年各地林业信息化发展水平进行综合评测。

二、评测步骤

(一) 修订评测标准

为了保持与上年度评测结果的可比性，本次评测的指标体系基本上遵循了 2008 年和 2009 年的评测指标设定，即按照建设、应用和保障三个方面设定指标，包括 3 个一级指标，17 个二级指标，57 个三级指标(表 1)。

表1　2010年全国林业信息化发展水平评测标准表

一级指标	二级指标	分值
林业信息化建设水平（40分）	网络建设	7.0
	机房建设	5.5
	电脑等终端建设	5.5
	数据库建设	7.0
	应用系统建设	7.0
	网站建设	8.0
林业信息化应用水平（30分）	数据库应用	6.0
	应用系统使用	6.0
	数据库和应用系统支撑核心业务	6.0
	OA系统应用	5.0
	内外网应用	7.0
林业信息化保障水平（30分）	机构保障	10.0
	队伍保障	4.0
	资金保障	6.0
	制度标准保障	4.0
	信息安全保障	4.0
	管理保障	2.0

（二）确定评测范围

评测范围包括全国31个省区市、4个森工（林业）集团、新疆生产建设兵团和5个计划单列市，共计41个单位。

（三）评测数据采集与整理

2011年7月，国家林业局办公室以办信字〔2011〕100号文件向各省区市印发了《2010年度各地林业信息化发展水平调查表》。8月30日前，各省区市①报送本次调查的评测数据。9月1~15日，国家林业局信息办组织10多名工作人员对各省区市报送的数据进行审核，并对照评测标准，对各省区市上报的调查表进行综合评分，评测结果报有关专家和领导审定后，得出2010年全国林业信息化发展水平评测结果，并对各省区市的分项指标得分情况进行认真分析。9月15~25日，编写评测报告。

三、评测结果

（一）总体评测结果

2010年全国各地林业信息化发展水平平均总得分62.01分，最高得分95.19分（辽

①　本文中省区市特指评测范围内的31个省（自治区、直辖市）、4个森工（林业）集团、新疆生产建设兵力和5个计划单列市。

宁)，最低得分 24.88 分(西藏)。排名前 10 名的省区市分别为辽宁、湖南、北京、福建、浙江、广东、山东、安徽、上海和河南；排名后 10 名的省区市分别为西藏、新疆兵团、甘肃、厦门、天津、内蒙古森工、贵州、重庆、青岛和深圳，信息化发展水平得分在 60 分以上的有 24 个，达到 58.5%(表 2)。

表 2　2010 年全国林业信息化发展水平评测结果表

省区市	排名	总得分	省区市	排名	总得分
辽　宁	1	95.19	四　川	22	63.95
湖　南	2	94.05	江　苏	23	63.09
北　京	3	92.00	宁　夏	24	62.97
福　建	4	87.93	海　南	25	56.69
浙　江	5	86.53	大　连	26	55.03
广　东	6	83.19	新　疆	27	51.04
山　东	7	80.39	云　南	28	50.11
安　徽	8	78.10	龙江森工	29	49.96
上　海	9	75.12	广　西	30	48.41
河　南	10	74.63	黑龙江	31	48.40
陕　西	11	73.91	深　圳	32	47.08
江　西	12	73.89	青　岛	33	45.98
内蒙古	13	73.24	重　庆	34	44.94
大兴安岭	14	71.85	贵　州	35	41.46
吉林森工	15	71.18	内蒙古森工	36	40.87
湖　北	16	70.64	天　津	37	34.81
河　北	17	69.73	厦　门	38	33.54
吉　林	18	69.69	甘　肃	39	30.85
青　海	19	69.00	新疆兵团	40	26.32
宁　波	20	66.67	西　藏	41	24.88
山　西	21	65.30	平　均		62.01

(二)分项评测结果

林业信息化建设情况。2010 年林业信息化建设平均得分 25.01 分，得分率为 62.5%，排在前三名的为湖南、辽宁和北京，得分率分别达到 88.6%、92.8% 和 86.3%。35 个省区市建设有独立的机房，大多数地区机房面积扩展到 50 平方米以上。福建省和上海市基本连通了其管辖范围内的市、县、乡(镇)级林业单位网络。还有 20 个省区市的专网覆盖情况较好，得分在 5 分以上。各省区市的外网计算机数量大于在职人员数量，达到人均 1.08 台，内网专用计算机数量也较前两年有所增加。在林业数据库和应用系统建设方面，湖南、辽宁、北京 3 个地区的建设情况达到了满分要求标准。在网站建设方面，除了西藏自治区和甘肃省林业网站正在建设外，其余各省区市的省级门户网站建设质量逐步提高，网站功能明显增强。市级林业网站数量由 2009 年的 257 个增加到 370 个，增幅达到 44%。

2010 年各省区市信息化建设水平得分见表 3。

表 3　2010 年各省区市信息化建设水平得分表(满分 40 分)

省区市	得分	省区市	得分	省区市	得分
湖　南	37.12	大兴安岭	27.80	广　西	21.08
辽　宁	35.44	海　南	27.65	重　庆	20.64
北　京	34.50	吉　林	27.49	云　南	20.61
浙　江	34.23	上　海	27.12	新　疆	19.04
福　建	33.43	江　苏	27.09	深　圳	18.80
陕　西	31.91	河　北	26.16	贵　州	18.06
吉林森工	30.75	山　西	25.95	青　岛	17.99
广　东	30.69	宁　夏	25.57	黑龙江	17.50
湖　北	30.64	宁　波	25.39	厦　门	16.54
山　东	30.27	大　连	25.33	天　津	16.31
江　西	29.89	内蒙古	25.04	甘　肃	15.85
安　徽	28.66	内蒙古森工	23.37	西　藏	10.38
青　海	28.61	四　川	22.95	新疆兵团	9.82
河　南	28.13	龙江森工	21.65	平均得分	25.01

林业信息化应用情况。2010 年全国林业信息化应用水平平均得分 17.66 分，得分率为 58.9%。在应用方面，辽宁、北京和福建的应用水平相对较高，得分率分别达到 99.2%、93.1% 和 95%。各省区市数据库和应用系统的使用情况普遍较好，已建数据库和应用系统都能够完全实现良好应用的省区市有 9 个。在线办公系统(OA 系统)使用进一步扩展，山东等 13 个省区市将无纸化办公进行了全面推广与应用。但也有近 40% 的地区还未真正意义上实现办公自动化。数据库和应用系统支撑业务领域达到 10 个以上的省区市有 20 个，几乎涉及林业主体业务的各个方面。在外网使用方面，95% 以上的门户网站信息更新及时，信息质量显著提高，但普遍存在在线办事和互动交流较少的问题。2010 年各省区市信息化应用水平得分见表 4。

表 4　2010 年各省区市信息化应用水平得分表(满分 30 分)

省区市	得分	省区市	得分	省区市	得分
辽　宁	29.75	吉林森工	20.43	大　连	14.70
北　京	29.50	宁　夏	19.90	新　疆	13.50
福　建	28.50	青　海	19.39	云　南	12.50
安　徽	27.94	宁　波	19.28	重　庆	10.30
湖　南	27.93	湖　北	19.00	天　津	10.00
浙　江	26.30	陕　西	18.50	厦　门	10.00
山　东	26.12	海　南	18.04	内蒙古森工	9.00

（续）

省区市	得分	省区市	得分	省区市	得分
广　东	24.50	河　南	18.00	黑龙江	8.90
上　海	24.50	深　圳	17.28	广　西	8.83
内蒙古	22.70	四　川	17.00	贵　州	7.40
江　苏	22.00	山　西	16.35	甘　肃	6.00
江　西	21.50	青　岛	15.49	新疆兵团	5.50
河　北	21.07	吉　林	15.20	西　藏	5.50
大兴安岭	21.05	龙江森工	14.81	平均得分	17.66

林业信息化保障情况。2010年全国林业信息化保障水平平均得分19.34，平均得分率为64.5%，辽宁、湖南和河南信息化保障水平较高。吉林、河北、山西等32个省区市拥有独立的信息化机构和人员队伍，占78%。其中18个省区市信息化机构单批编制，具有独立法人资格。各地专职从事林业信息化工作的人员数量也在不断增加，平均人数由2009年的5.76人增加到6.54人。在经费保障方面，2010年林业信息化经费投入在1000万以上省区市达到13个，占31.7%，并年均增长率大于10%。在信息化制度规范和标准保障方面，各地在不断完善有关制度和运行规范，基本达到评测标准指标要求的省区市个数不断增加，标准化工作逐步加强。在信息安全保障方面，85%以上的省区市设有网络防火墙和网络防病毒安全网关，43.9%的省区市对软件系统和网络安全的保障措施较为有效，保障了信息化建设成果稳定运行和良好使用，减少了网络风险。2010年各省区市信息化保障水平得分见表5。

表5　2010年各省区市信息化保障水平得分表（满分30分）

省区市	得分	省区市	得分	省区市	得分
辽　宁	30.00	山　西	23.00	大　连	15.00
湖　南	29.00	江　西	22.50	江　苏	14.00
河　南	28.50	河　北	22.50	重　庆	14.00
北　京	28.00	宁　波	22.00	龙江森工	13.50
广　东	28.00	黑龙江	22.00	青　岛	12.50
吉　林	27.00	安　徽	21.50	海　南	11.00
福　建	26.00	湖　北	21.00	深　圳	11.00
浙　江	26.00	青　海	21.00	新疆兵团	11.00
内蒙古	25.50	吉林森工	20.00	甘　肃	9.00
山　东	24.00	新　疆	18.50	西　藏	9.00
四　川	24.00	广　西	18.50	内蒙古森工	8.50
上　海	23.50	宁　夏	17.50	天　津	8.50
陕　西	23.50	云　南	17.00	厦　门	7.00
大兴安岭	23.00	贵　州	16.00	平均得分	19.34

四、评测结果分析

(一)整体得分情况分析

2010年，各地林业信息化发展水平逐步提高，信息化发展平均得分62.01分，较2009年提高0.73分，最高分与最低分相差70.31分。80分以上的省区市7个，70~79分的9个，60~69分的8个，50~59分的4个，40~49分的8个，40分以下的5个。2010年各省区市林业信息化总体得分分布情况如图1所示：

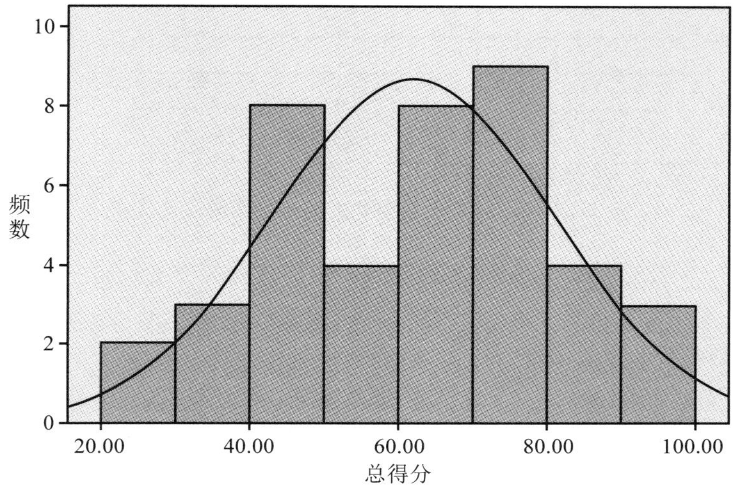

图1 总体得分频数分布

从总体得分频数分布图看出，分数居于40~50分，60~80分的省区市数量居多，而其他分数段的省区市数量相对较少。具体见各分数段省区市个数(图2)。

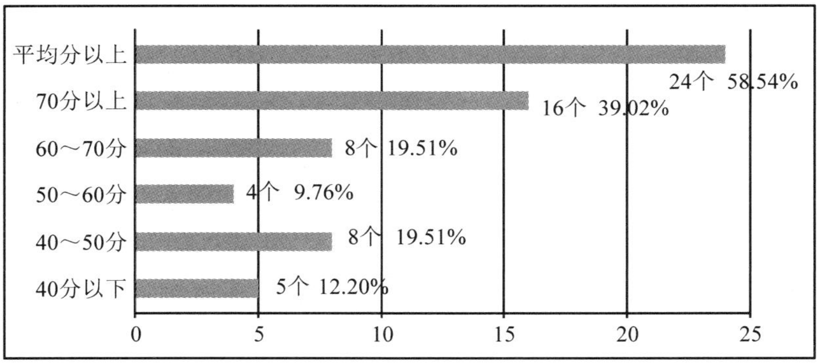

图2 各分数段省区市个数

(二)各省区市林业信息化水平离散程度

各省区市林业信息化发展水平差异较大，尤其是信息化应用水平差异程度比较明显，离差值达到1。各地信息化建设水平和保障水平得分高的占多数，离差值较小。各地离散程度分析如图3所示。

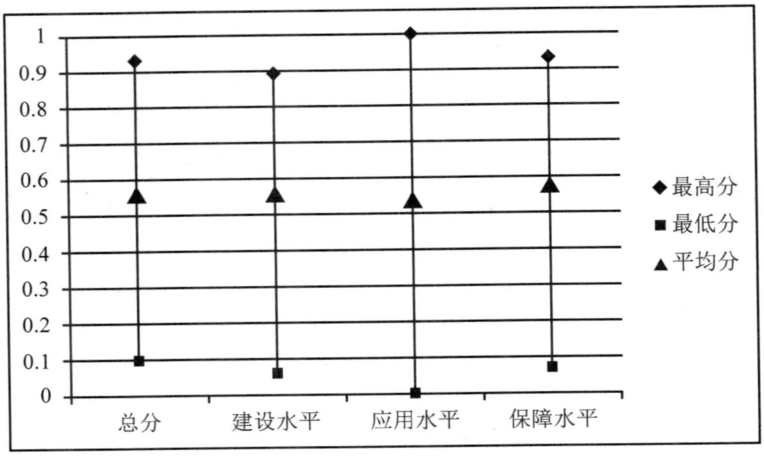

图3　各省区市林业信息化发展水平离散程度分析

（注：线条长度表示离散程度，线条越长，离差越大，离散程度越高，发展水平差距越大。离差＝最高绩效指数－最低绩效指数。）

（三）不同区域林业信息化发展水平比较

评估结果显示，东部地区林业信息化发展水平平均绩效指数为0.68，中部地区为0.58，西部地区为0.47，受区域经济水平、思想认识、人员素质、技术水平等常规发展因素制约，不同区域的得分指数差距较大。广东福建、山东、浙江、上海等东部沿海地区的发展水平明显好于内陆省份，西部地区明显落后于中东部地区。不同区域林业信息化发展水平表现如图4所示。

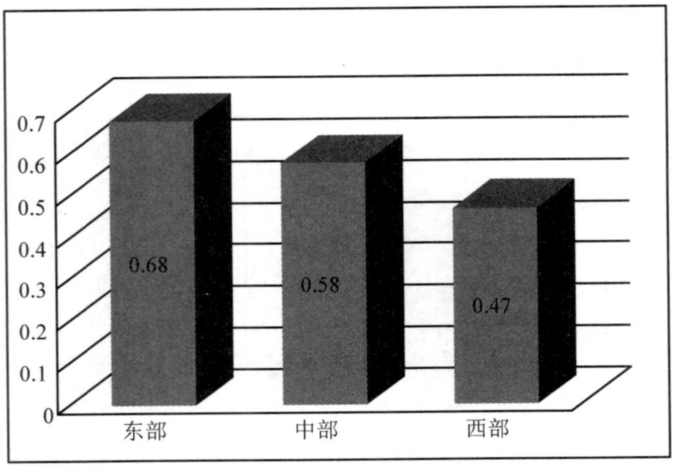

图4　不同区域平均绩效

将评测结果按照科学的系统聚类方法，运用专业的数学统计工具，综合三大指标的得分情况，将41个单位聚为三类，聚类结果见表6。

表 6　41 个评测单位得分聚类结果表

类　别	省、区、市
第一类	辽宁、湖南、北京、福建、浙江、广东、山东、安徽、上海、河南、陕西、江西、内蒙古、大兴安岭、吉林森工、湖北、河北、吉林、青海、宁波、山西、江苏，计 22 个
第二类	四川、宁夏、海南、大连、新疆、云南、龙江森工、广西、黑龙江、深圳、青岛、重庆，计 12 个
第三类	贵州、内蒙古森工、天津、厦门、甘肃、新疆兵团、西藏，计 7 个

第一类，以辽宁、湖南、北京为代表的 22 个省区市，该类中的多数地处我国东部和中部地区，区域经济较为发达，信息化建设基础比较扎实，管理系统和数据库应用程度较高，每个指标项都得到了较高的分值。因此，该地区的信息化综合水平较高，处于全国上游水平。

第二类，以四川、宁夏、海南为代表的 12 个省区市，其信息化建设和保障水平相对较好，网站建设情况处于中下等水平，林业信息化应用程度不够，尤其是 OA 办公系统发展缓慢。因此，该类地区在巩固现有建设成果、稳定保障水平的基础上，应积极推进信息化应用，提高信息系统和数据库的使用效率，扩大林业电子政务的应用领域。

第三类，该类地区林业信息化基本处于起步阶段，除了天津和厦门，其余都是由于区域经济基础薄弱，信息化投入不足，机构队伍没有保障。因此，该类地区林业信息化整体水平较低，只有加倍努力、快速推进，才能达到支撑现代林业发展的目标要求。

(四)分项指标分析

1. 建设水平分析。建设水平的平均得分 25.01 分，略低于中间数 25.95 分，信息化建设的总体水平偏低，最大差值达到 27.30 分，占总分的 68.3%，地区之间差异明显。从图 5 显示的频数分布情况看，分值在 25～30 分的单位个数较多，分布情况比较分散。其中湖南、辽宁的得分在 35 分以上，西藏和新疆兵团的得分在 15 分以下。

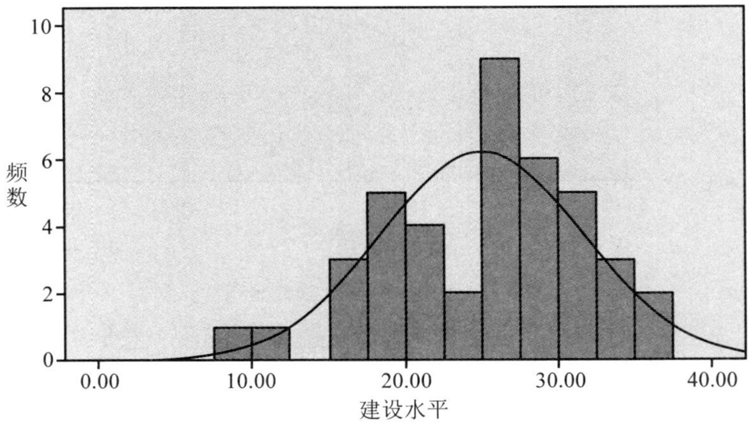

图 5　建设水平得分频数分布

在建设水平的各项指标中，机房建设水平比较理想，得分率达到了83.15%，网站建设与系统建设相对较好，而数据库、终端和网络建设水平相对较低，得分率低于60%。2010年林业信息化建设情况如图6所示。

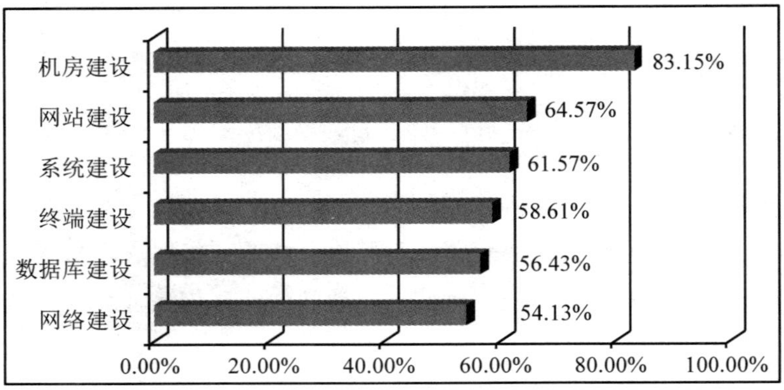

图6 建设水平各项指标得分率

2. 应用水平分析。应用水平的平均得分17.66分，低于中间数18.04分，最大差值达到24.25分，占总分的80.8%，地区之间差异十分显著。

从图7应用水平频数分布情况看，频数在各个数据段的分布较为均匀，主要集中在12~22分之间。甘肃、西藏和新疆兵团应用水平较差，得分在7分以下。安徽、北京等5个省区市的信息化应用水平良好，得分在27分以上。

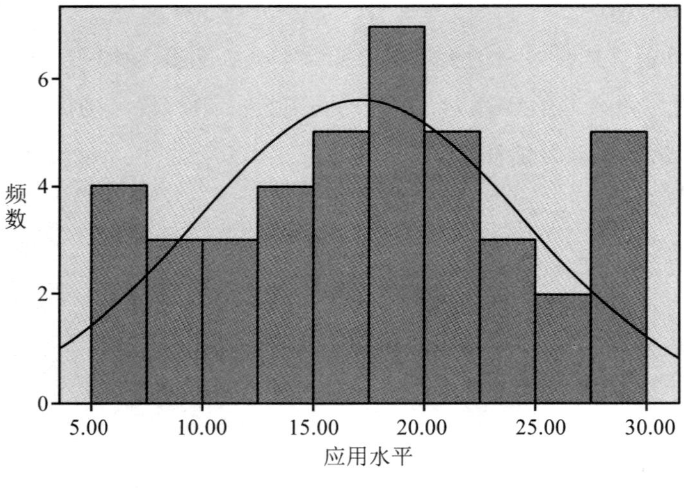

图7 应用水平得分频数分布

应用水平各指标项得分情况如图8所示，应用系统使用情况较好，数据库应用水平次之，而数据库和应用系统支撑核心业务情况以及内外网应用情况略低于及格线，OA系统使用情况最不理想，得分率仅为37.97%，反映出各省区市林业主管部门强化OA系统应用的任务十分艰巨。

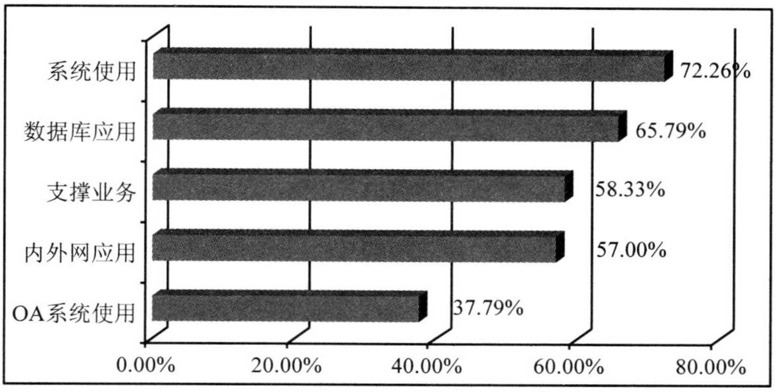

图 8　应用水平各项指标得分率

3. 保障水平分析。保障水平指标中，平均得分 19.66 分，高于信息化的应用水平得分，略低于中间数 21.00。最大差值达到 23.00 分，占总分的 76.7%，地区之间差异较为显著。

从各分段的频数分布(图 9)来看，分数值在 20～25 分之间的省区市数量居多，达到 14 个。低分段频数较少，厦门市的信息化保障水平得分低于 7 分。其余在各个分段的频数分布较为均匀。吉林、广东等 6 个省区市的保障水平较为良好，得分在 27 分以上。

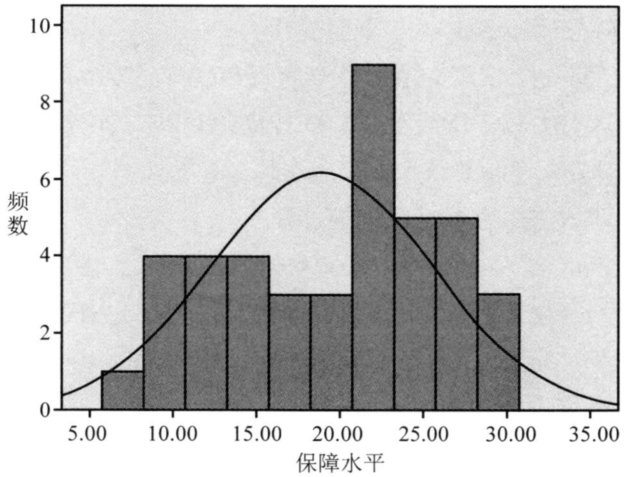

图 9　保障水平得分频数分布

保障水平的各项指标得分情况如图 10 所示，各个指标的得分情况较为平均，无明显的差异。相对来说，管理保障和队伍保障情况良好，得分率达到 70% 以上，安全保障和机构保障次之，制度和资金保障情况略低。说明各省区市对国家林业局的信息化建设比较支持，响应度较高，各地信息化人员队伍较为有保障，需要进一步加强制度建设，加大资金投入力度。

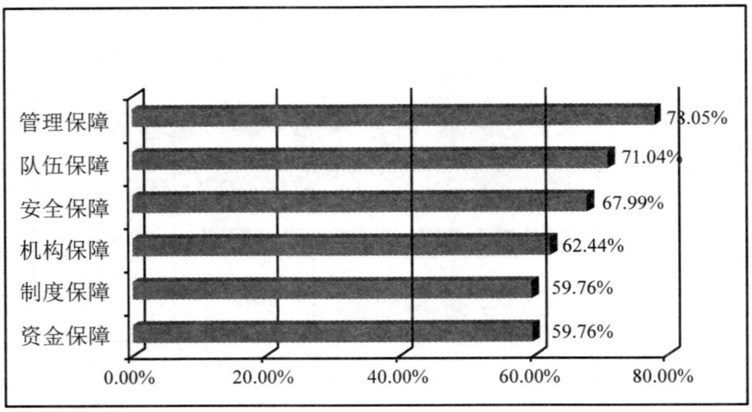

图 10　保障水平各项得分率

五、2010 年林业信息化发展特点

从 2010 年的评测结果来看，全国各地认真贯彻落实全国林业信息化工作会议精神，不断提高建设水平，不断扩大应用范围，逐步强化管理措施，林业信息化综合能力显著提高。与 2008 年和 2009 年相比，2010 年全国林业信息化建设取得了全方位的进步与发展。主要体现在以下几个方面：

（一）党政领导高度重视，总体水平全面提升

信息化工作的发展与进步，关键在于领导重视和支持。2010 年全国林业信息化各省区市平均总得分为 62.01 分，较 2009 年的 61.28 分提升 1.2%，较 2008 年的平均分 58.76 提升 5.5%，全国各地林业信息化总体水平全面提升。

（二）基础建设稳步推进，机构队伍明显加强

2010 年的信息化基础建设在 2008 年与 2009 年的基础上，逐步对软硬件设备、网络设施、技术力量以及运行环境等进行了全面扩建和完善。吉林、浙江、厦门、上海等地专网覆盖面大大增加。青海、宁波等 7 省区市的机房面积扩大 40% 以上。35 个省区市建立有独立的计算机房，在外网电脑数量达到人均 1.08 台的基础上，内网电脑的配备率比 2009 年提高 12%。60% 以上的省区市对本地网络设施进行了扩容和升级改造，基础建设到位，网络运行良好，为林业信息化应用奠定了较好的基础。

（三）信息化应用全面展开，覆盖领域快速扩展

数据库和应用系统的覆盖面较前两年明显扩展，渗透到林业业务管理的各个领域。在营造林管理、林业资源监管、重点工程管理、林业应急处置等 10 多个业务领域广泛使用。湖南开发研建了测土配方管理信息系统，实现了计算机辅助营造林和森林采伐设计。河南等地将林业视频会议系统延伸至全省。90% 以上的省区市利用电子公文传输系统顺利实现了公文、简报和有关信息的远程传输，13 个省区市实现了无纸化办公，市县级网站数量明显增加，网上办事逐步推进，互动交流成为政府为民服务的重要内容。

(四)经费投入快速增加，筹资渠道明显拓宽

从本次评测来看，全国各省区市林业信息化资金较快增长。2008 年各省区市信息化资金投入平均 241 万元，该项平均得分 2.48 分；2009 年各省区市信息化资金投入平均 271 万元，平均得分 2.52 分，两年投入额差距较小。2010 年各省区市信息化资金投入平均 748 万元，较 2009 年投资增长率达到了 176%，13 个省区市投资超过 1000 万元。2010 年平均得分达到 3.61 分，比 2009 年增长了 43.3%。财政和基建资金用于林业信息化的比重有所增加。其中，上海市投资 4685 万元，用于上海市网格化管理系统建设；吉林森工投资 4200 万元，用于经济运行指挥中心、物联网应用和木材营销管理电子商务平台等；广东省投资 2953 万元，用于森林防火信息化基础设施和应用系统建设。各地信息化发展的资金渠道开始多元化，部分省区市还增设了信息化专项事业经费。这一切，为林业信息化发展提供了较好的资金保障。

从评测结果来看，2010 年全国林业信息化建设取得了较好的成绩，但是对照林业信息化工作的总体要求，还存在一些不足：一是省区市林业信息化发展差异较大。受地域差异、经济条件、思维观念、技术力量等多个因素制约，综合条件较好的省区市发展较快，而经济和自然等条件较差的省区市发展缓慢。长期以来，导致省区市之间林业信息化发展差异越来越大。二是林业信息化基础设施建设仍需加强。目前，全国多数省级林业网络基础设施建设已经基本完成，但只有少数省份随着信息技术的快速发展对已有设备进行了更换，而大部分省份还是十多年前的设施没有更新，特别是市县级网络基础和终端设备比较落后，需要加快建设。三是外网三大功能利用不平衡。经统计，各地外网在信息发布方面逐年加强，但网站在线办事和互动交流的功能没有充分发挥，影响了政府为民服务和效能型政府建设。同时，外网信息公开的深度和广度不够，需要拓展和加强。四是经费投入仍需提高。多数省份的信息化建设资金缺乏，成为制约信息化发展水平提高的重要瓶颈。应加大各级财政对林业信息化建设专项经费的支持力度，建立多渠道、多形式、多层次的林业信息化资金投入机制，加强林业信息化建设的资金保障。

为进一步提高全国林业系统信息化发展水平，确保林业信息化发展目标顺利实现，提出如下建议：一是进一步提高认识，适应形势发展的要求，积极推动各区域、各层级和各方面的林业信息化协调发展。二是在“五个统一”原则下，狠抓资源整合和共建共享，形成全行业一盘棋。三是要认真落实《全国林业信息化发展“十二五”规划(2011～2015 年)》，努力完成各项建设任务。四是完善信息化发展的体制机制，确保资金投入，继续加强机构和人员队伍建设。五是要建立绩效考核机制，将信息化发展情况纳入干部考核范畴，全面调动积极性。

国家林业局信息办关于印发《国家林业局信息办关于加强文化建设的实施意见》的通知

信综函〔2011〕56号

信息办各处：

《国家林业局信息办关于加强文化建设的实施意见》已经信息办全体会议审议通过。现印发给你们，请结合实际认真贯彻执行。

附件：国家林业局信息办关于加强文化建设的实施意见

国家林业局信息化管理办公室
二〇一一年十一月九日

附件

国家林业局信息办关于加强文化建设的实施意见

（二〇一一年十一月）

为深入贯彻党的十七届六中全会精神，认真落实国家林业局党组关于深入学习贯彻党的十七届六中全会精神、开展“创先争优强作风，兴林富民促发展”、学习塞罕坝精神和杨善洲先进事迹等活动的有关要求，进一步加强信息办文化建设，全面提升干部职工的整体素质，引领干部职工树立正确的核心价值观，进一步激发干部职工干事创业的热情和激情，不断增强信息办的凝聚力、创造力和战斗力，促进林业信息化全面快速发展，为发展现代林业、建设生态文明、推动科学发展做出新的更大贡献，特提出如下实施意见。

一、目的意义

党和国家始终高度重视文化建设，并将其与经济建设、政治建设、社会建设、生态文明建设并列，作为建设中国特色社会主义现代化国家的重大方针和战略任务。改革开放，特别是党的十六大以来，党中央把文化建设放在党和国家全局工作的重要战略地位，坚持物质文明和精神文明一起抓。党的十七届六中全会做出了《中共中央关于深化文化体制改革推动社会主义文化大发展大繁荣若干重大问题的决定》，更是把文化建设提升到了国家战略高度，赋予了更为丰富、更为深厚的内涵。通过大力推进文化建设，可显著提高全民族思想道德素质和科学文化素质、促进人的全面发展和事业的全面进步，增强国家文化软实力，为坚持和发展中国特色社会主义提供强大精神力量。

信息办承担组织、协调、指导、监督、管理全国林业信息化建设和电子政务工作的重要职责任务。责任重大，任务繁重。作为一个独立的事业单位，一年的发展靠领导，三年的发展靠制度，十年的发展靠文化。加强信息办文化建设，借助于形式多样的文化载体和文化形式，以文化和道德的力量来影响、感染、约束干部职工的言行，引领干部职工树立正确的核心价值观，进一步激发干部职工想事业、干事业、干成事业的热情和激情，充分发挥干部职工的主人翁精神，引导干部职工心往一处想，劲往一处使，在集体智慧中实现个人价值，对于促进林业信息化事业的快速发展和干部职工个人的全面进步均具有十分重要的意义。我们一定要用世界眼光和战略思维，认真落实《中共国家林业局党组关于深入学习贯彻党的十七届六中全会精神的通知》要求，切实增强做好信息办文化建设工作的责任感、紧迫感和使命感，顺应潮流，迎接挑战，抢抓机遇，采取措施，全面促进林业信息化建设再上新台阶，为现代林业建设做出新贡献。

二、指导思想

以实现科学发展为主题，以转变经济发展方式为主线，以建设社会主义核心价值体系为根本任务，通过营造“单位兴、个人兴；单位衰，个人衰”的文化思想，明晰个人与集体的关系，把促进干部职工的进步和林业信息化事业的全面快速发展，作为信息办文化建设的出发点和落脚点，大力倡导爱岗敬业、诚信服务、依法行政、廉洁高效的文化精神，建设高品位的管理文化、团队文化、廉政文化、环境文化，把信息办逐步打造成集综合管理部门、专业业务部门、现代科技部门、先进文化部门于一体的现代化团队，全面加快林业信息化建设。

三、基本原则

坚持用社会主义核心价值体系引领干部职工，充分发挥单位文化建设的导向功能、约束功能、凝聚功能、激励功能、辐射功能和品牌功能，弘扬以爱国主义为核心的民族精神和以改革创新为核心的时代精神，引领干部职工树立团队理念、工作理念、管理理念、学习理念、人才理念和廉政理念，把思想统一到林业信息化建设的总体思路上来，把力量凝聚到林业信息化建设事业的重大工作部署上来，努力打造统一指导思想、共同理想信念、强大精神力量、基本道德规范的信息办单位文化。

四、建设目标

(一)使命。实现信息化对林业事业发展的最高保障和最大有效。

(二)愿景。一流的林业信息管理者，一流的林业信息服务者。

(三)核心价值观。责任、创新、服务、同心。

(四)理念。

团队理念：同一个团队，同一个梦想。

工作理念：快速反应，快乐工作。

管理理念：有效沟通，高效激励。

学习理念：精读慎思，学以致用。

人才理念：人尽其才，人人成才。

廉政理念：心廉为本，行廉为实。

(五)规范。

办公行为：守时，守信，守洁，守静。

职业修养：常怀进取心，追求无止境；常怀责备心，勤奋技术精；常怀公益心，扶危助贫困；常怀宽容心，大度重友情。

仪容仪表：整洁端庄，得体大方；举止文雅，谈吐高雅。

公务接待：宾至如归，融洽妥贴，分寸得当，友谊绵长。

日常交往：责任清晰，管理有序，服务热情，效率为先。

通讯礼仪：联系顺畅，方式得当，话语简明，和谐沟通。

五、主要内容

(一)建设学习型组织

1. 坚持理论学习制度。坚持“三会一课”制度，即党小组会、支委会、全体党员大会和党课，认真落实中心组理论学习规定，深入学习党的最新理论和局党组决策部署，用最先进的理论武装头脑，增强围绕林业中心工作谋划林业信息化事业发展的能力。

2. 积极开展专题学习。每月组织一次专题学习，邀请有关领导、专家重点开展信息化知识、林业知识、公文写作、行政管理等专题讲座。有计划安排干部职工，特别是年轻干部参加局里组织的各类学习和培训。鼓励和支持干部职工在不影响工作的前提下，参加社会上组织的各类培训班、学习班。

3. 坚持边工作边学习。针对工作中出现的某些过失和错误，及时将大家召集在一起，研究、分析、交流过失原因及导致的后果，总结经验，汲取教训，提高工作质量。

4. 倡导读书交流活动。每年为每名职工购买 1 ~ 2 本好书，号召大家利用工作之余，抽时间、挤时间多读一些经济、法律、哲学、历史等方面的书籍，及时交流学习体会，让大家共同提高。在综合处开设学习读书角。争取每周读 1 篇好文章，每季度读 1 本好书，并就学习心得进行经常性的交流沟通，以期相互促进，共同提高。

5. 加强外出交流学习。创造条件，尽可能多地为大家争取出国、出境参观考察和交流学习的机会，努力拓展大家的视野，开阔大家的眼界。

6. 开展主题实践活动。以“创先争优强作风，兴林富民促发展”，学习塞罕坝精神和杨善洲同志先进事迹等活动为抓手，积极开展“我为林业信息化发展献计策”、“我为网站来把脉”等活动，创建“党员示范窗口”、“党员先锋岗”，用先进典型教育人、鼓舞人、引导人。组织开展“党日”、“国庆”、信息办周年节庆、唱红歌、重温入党誓词、参观革命圣地等活动，让干部职工接受系统的党性教育和革命传统教育，引导干部职工爱岗敬业、无私奉献，争当“优秀共产党员”、“优秀干部”，塑造单位良好形象。

(二)建设服务型组织

1. 强化服务意识。信息化工作是为林业中心工作服务的，是为各司局、各直属单位服务的，是为林业行业服务的，是为广大林农群众服务的。服务是信息化工作的出发点和落脚点。为此，必须树立强烈的服务意识，并将其作为贯穿信息化工作始终的灵魂。

2. 提升服务水平。坚持与时俱进，树立大局意识，围绕林业中心工作，围绕局党组的安排部署，及时调整工作思路，确定工作重点，提升服务的质量和水平。

3. 创新服务方式。全面推行服务承诺制、限时办结制、一次性告知制，进一步缩短办事时限，提高办事效率和工作透明度，全面提升信息办行政管理水平、行政效能和执行力。

4. 优化服务环境。一是环境美。办公室布置庄重得体，环境清洁整洁，文件物品摆放有序。二是着装美。着装整洁端庄，得体大方，格调高尚。重要公务活动着正装，其余时间可着便装。三是行为美。举止文雅，谈吐高雅，装饰淡雅。接听电话时使用规范用语，表述问题简洁明了。与人交往大方得体，分寸妥帖。

（三）建设和谐型组织

1. 认真落实民主集中制原则。完善领导体制、工作机制、议事规则和决策程序，坚持重大重要问题集体研究决定，促进决策的民主化、程序化和科学化。

2. 创建科学的用人机制。一是完善干部梯队结构。按照岗位要求、学历学识和年龄配比等，不断完善干部梯队结构。二是合理使用干部。一方面，大胆启用年轻干部，给他们压担子、定目标、提要求，让他们在工作中得到锻炼，在实践中不断成长。另一方面，有效整合现有人力资源，根据每人的优势和特长，各自放在最合适的位置上，让其充分施展才能、发挥作用。

3. 实行表扬激励机制。以各种方式，经常地、及时地对大家做出的工作成绩和良好的工作表现予以表扬和鼓励，以此激发大家的工作热情和工作积极性，努力营造展现自我、人人争先的进取氛围。每年年终或大型活动中，评选一批先进个人和模范处室。

4. 开展谈心交心活动。积极开展各个层次的谈心、交心活动，及时了解每一位职工的思想动态，准确把握每一位职工的实际需求，有针对性地采取应对措施，尽可能多地为大家办实事、办好事，解决实际困难，消除后顾之忧，引领大家心往一处想，劲往一处使，增强单位的凝聚力和向心力。

5. 组织文体活动。除组织大家参加全局组织的运动会、联欢会、歌咏比赛等活动外，原则上每 2 个月组织一次集体活动，由各处轮流牵头并确定主题，排列顺序以处室排序为准。同时，要充分发挥党组织和工青妇等群众性组织的作用，尽可能多组织开展形式多样、生动活泼、健康向上的文体活动，活跃工作气氛，营造和谐氛围。

6. 关心帮助每一位干部职工。在要求干部职工尽心尽力做好本职工作的同时，也要从多方面、多角度、多途径关心干部职工的工作、生活、学习和进步。凡有职工或家属生病住院的，均以工会组织的名义前往探视，送去组织的关怀和温暖。

（四）建设廉政型组织

1. 加强反腐倡廉思想教育。组织学习《中国共产党党员领导干部廉洁从政若干准则》、《党纪处分条例》等党纪政纪条规，组织大家收看收听各类腐败案例警示教育资料片，引导干部职工牢固树立廉洁从政和勤政为民的工作理念，严格遵守“廉洁自律六不准”等规定，时刻牢记“两个务必”，保持清醒头脑，牢记党员身份，永葆党员本色。

2. 做好廉政风险防控工作。按照国家林业局统一部署和安排，认真梳理信息办各岗位、各处室工作职权，编制职权目录，确定廉政风险等级，有针对性地制定防控措施，进一步完善信息办廉政风险防控机制，全面做好信息办廉政风险防控工作。有效控制和规范公务经费支出，认真做好厉行节约工作。

3. 强化廉洁从政监督工作。推行信息办党务公开和政务公开，自觉接受组织、群众和全社会的监督，让权力在阳光下运行，努力打造阳光透明组织。

六、具体要求

单位文化建设是一项复杂的系统工程，必须深入研究，精心组织，扎实推进，务求实效。

（一）统一思想，提高认识

文化是一个民族生存发展的精神命脉，在人类进步与发展中始终担当着导向和推动的重任。只有重视文化建设，才就能获得最根本、最持久、最难替代的竞争优势。要进一步统一思想，提高认识，不断深化对加强文化建设重要性和紧迫性的认识，使广大干部职工认清自己在文化建设中肩负的重要责任，激发参与热情，增强责任感，积极投身到文化建设中来，为信息办文化建设打下良好基础。

（二）加强领导，全员参与

要将文化建设活动作为推进林业信息化事业又好又快发展的一项基础性工程，列入议事日程，加强组织领导，精心组织实施，切实调动全体党员干部的参与热情和工作积极性，确保单位文化建设的顺利开展，以获取最大的实际效果。

（三）搞好结合，周密部署

要把信息办文化建设与贯彻落实党的十七届六中全会精神、深入学习胡锦涛总书记“七一”重要讲话和首届亚太经合组织林业部长级会议重要讲话精神结合起来，与加快构建繁荣的生态文化体系结合起来，与深入推进“创先争优强作风，兴林富民促发展”主题教育实践活动结合起来，迎接党的十八大召开结合起来，统筹部署，周密安排，确保实效。

（四）扎实推进，确保实效

文化建设渗透于林业信息化事业的方方面面。要坚持“两手抓、两不误”，一手抓业务工作，一手抓文化建设。要精心组织，统筹安排，不走过场，不搞形式，注重实效。要以文化建设的开展促进业务工作的深入，以业务工作完成的高质量检验文化建设的成果，切实做到“两不误”、“两促进”。

国家林业局信息办关于印发《中国林业信息化发展报告 2011》的通知

信项发〔2011〕63 号

各省、自治区、直辖市林业厅(局),内蒙古、吉林、龙江、大兴安岭森工(林业)集团公司,新疆生产建设兵团林业局,各计划单列市林业局,国家林业局各司局、各直属单位:

为认真落实全国林业信息化工作会议精神,按照我局统一部署,经过近 1 年的紧张工作,《中国林业信息化发展报告 2011》(以下简称《报告》)近日已由中国林业出版社正式出版发行。该书是继《中国林业信息化发展报告 2010》之后又一部实证式的林业信息化记录。现印发你们,并将有关事项通知如下:

一、充分认识《报告》的重要意义

2010 年,各级林业主管部门紧紧围绕林业改革发展这个核心任务,科学谋划,扎实工作,不断加快林业信息化建设步伐,推动全国林业信息化建设取得新的重大进展。《报告》采用全景扫描方式,记录了 2010 年林业信息化各项工作进展情况、突出成就和具有前瞻性的信息技术,预测了林业信息化发展趋势,对重大工程项目等进行了全面、深入的分析评估。该《报告》的出版,必将为全面加快林业信息化建设步伐,推动现代林业科学发展提供有益的借鉴。

二、认真学习《报告》的主要内容

《中国林业信息化发展报告 2011》共计 50 多万字,分总论篇、地方篇和借鉴篇,并附大事记及图表专栏。

在延续首部林业信息化报告框架结构的基础上，该《报告》在“地方篇”中增设了“计划单列市林业信息化”章节，详细介绍了5个计划单列市信息化发展概况。在“借鉴篇”中增加了“新技术集萃”章节，系统梳理了“物联网、云计算、IPV6”等前沿性的高端技术。同时，新增了114个图、表、专栏的检索信息，便于查阅。

全书内容丰富，可读性强，对于社会各界全面了解我国林业信息化发展现状，共同推进林业信息化事业具有重要的参考价值。各地各单位要认真组织学习《报告》，熟悉掌握《报告》主要内容，以《报告》指导实践，推动工作。

三、深入推进林业信息化工作

各地各单位要结合实际，积极借鉴《报告》中的经验做法，切实提高对加快林业信息化、带动林业现代化重要性的认识，不断加强组织领导，不断改进工作，提升林业信息化水平。科学谋划今后林业信息化工作，积极争取有关部门支持，加快推进林业信息化发展。提前安排部署2012年发展报告材料起草工作，为推进林业信息化发展做出新贡献。

特此通知。

国家林业局信息化管理办公室
二〇一一年十二月一日

国家林业局信息办关于开展 2011 年中国林业网子站绩效评估工作的通知

信站发〔2011〕65 号

各省、自治区、直辖市林业厅(局)，内蒙古、吉林、龙江、大兴安岭森工(林业)集团公司，新疆生产建设兵团林业局，各计划单列市林业局：

为进一步加强林业系统政府网站建设，提升网站应用和管理水平，经研究，决定继续组织开展中国林业网子站年度绩效评估工作。现将有关事项通知如下：

一、评估目的

围绕政府网站“信息公开、在线服务、政民互动”三大功能定位，引导和推动全国林业系统政府网站建设，不断提升林业网站的应用服务水平，为全面推动现代林业建设做出新贡献。

二、评估依据

(一)《全国林业网站绩效评估标准(试行)》。

(二)《全国林业网站绩效评估办法(试行)》。

(三)本次评估调查获得的相关数据。

三、评估对象

各省、自治区、直辖市林业厅(局)，内蒙古、吉林、龙江、大兴安岭森工(林业)集团公司，新疆生产建设兵团林业局和国家林业局各司局、各直属单位子站。

四、有关要求

请各地各单位按要求认真填写《2011 年中国林业网子站绩效评估信息调查表》（见附件），于 12 月 21 日前将表格电子版反馈国家林业局信息办，本次评估将根据调查数据和网站直接抓取数据，评估各地各单位网站年度综合绩效和单项绩效。

联系人：顾红波，谢宁波

电　话：010－84238014，84238624，84239675

传　真：010－84238625

E-mail：wangzhanchu@ forestry. gov. cn

附件：1. 2011 年中国林业网子站绩效评估信息调查表

2. 全国林业网站绩效评估标准（试行）

国家林业局信息化管理办公室

二〇一一年十二月十五日

附件 1

2011 年中国林业网子站绩效评估信息调查表

省级厅(局)名称____________________　　　　填表部门______________________

信息公开	信息公开规范性	是否发布信息公开条例：□是　□否 是否发布信息公开指南：□是　□否 是否发布信息公开目录：□是　□否 是否设有依申请公开栏目：□是　□否 依申请公开在线受理数量：________。 是否发布信息公开年度报告：□是　□否
	工作动态及业务信息	发布信息数量(总数)______个；图片数量______个； 视频数量________分钟。
	政府文件	是否发布本部门政府文件：□是　□否 发布的文件数量________。
	财政公开	是否发布政府采购与招标信息：□是　□否 是否发布部门年度预算信息：□是　□否
	计划规划	是否发布本省区市各类林业规划：□是　□否
		是否发布本省区市林业年度计划：□是　□否
	林业统计	是否发布本省区林业统计信息：□是　□否
在线办事	行政许可	行政许可审批是否实现在线处理：□是　□否 在线办理数量______个；在线办理率________%。
互动交流	在线调查与民意征集	是否建有公众留言系统：□是 □否 全年公众留言的数量______条，回复留言____条。 是否建有意见征集系统：□是 □否 全年征集意见的数量____条。 是否建有领导信箱：□是　□否 全年领导信箱来信数量____条，答复来信____条。 是否有网上调查栏目：□有　□无 网上调查事项数量______个。 是否有访谈直播系统：□有　□无 开展访谈直播数量______次。

（续）

<table>
<tr><td rowspan="3">网站管理</td><td>领导小组</td><td colspan="2">是否有网站管理领导小组：□有　□无
是否由本单位主要领导担任组长：□是　□否</td></tr>
<tr><td>工作机制与制度建设</td><td colspan="2">是否有明确信息采集报送及发布流程：□有　□无
是否有网站信息发布审核和保密检查制度：□有　□无
是否有网站管理制度：□有　□无
是否有网站内容保障制度：□有　□无
是否定期检查网站页面访问情况：□有　□无
是否定期检查错链和断链情况：□有　□无</td></tr>
<tr><td>管理人员</td><td colspan="2">是否设立网站管理岗位：□是□否
是否设立内容保障岗位：□是□否
是否设立运行维护岗位：□是□否</td></tr>
<tr><td rowspan="2">网站安全监控</td><td>安全防护措施</td><td colspan="2">是否配备安全网关：□是□否
是否配备 WEB 应用防火墙：□是□否
是否配备防篡改功能安全产品：□是□否
是否配备防病毒功能安全产品：□是□否</td></tr>
<tr><td>应急预案</td><td colspan="2">是否制定应急预案：□是□否
预案内容是否落实到责任人：□是□否</td></tr>
<tr><td rowspan="3">子站建设</td><td colspan="2">是否按网站群架构建设</td><td>□是　□否</td></tr>
<tr><td colspan="2">子站个数</td><td>省级____个；市级____个；县级____个</td></tr>
<tr><td colspan="2">子站信息加载量(总数)</td><td></td></tr>
<tr><td>网站访问</td><td colspan="3">2011年总访问量________(人次)；日均访问量______(人次)；</td></tr>
<tr><td>获奖情况</td><td colspan="3"></td></tr>
<tr><td>特色服务</td><td colspan="3"></td></tr>
</table>

注：本次调查只针对无法从网站直接获取的部分信息和有关数据。

填表人________　电话________　填表日期________

附件 2

全国林业网站绩效评估标准(试行)

一、各司局、各直属单位子站评估指标体系及评分标准

一级指标	二级指标	三级指标	指标说明	分值
信息发布45分	机构设置	领导简介	网站是否发布本单位主要领导姓名、工作简历、工作分工、工作照等信息。	2.0
		组织机构	网站是否发布本单位机构设置情况，包括内设机构和下属单位名称、职能、联系方式等信息。	2.0
	信息加载	通知公告	网站是否及时发布本单位发出的各种通知公告信息。	3.0
		业务信息	网站对本单位业务信息发布的全面性和信息质量。如领导讲话、各业务类别信息等是否都发布。	11.0
		信息发布总数	网站信息加载总体数量。	5.0
		信息发布频度	网站信息更新频率，包括多少天更新 1 次，每次更新多少条。	4.0
	热点专题	专题建设	网站围绕会议、活动、部门职责等建立的专题栏目的丰富度，专题内容及质量。	5.0
		专题更新	网站热点专题栏目的内容更新情况。	2.0
	法规政策	法规政策	网站是否发布有关法律法规和本单位的政策文件。	2.0
		政策解读	网站对有关政策制度的解读情况。	3.0
	规划计划	发展规划	网站对本单位制定的相关规划的公开情况。	2.0
		工作计划	本单位年度、专项工作计划及执行情况的信息发布情况。	2.0
	项目成果	成果展示	网站对单位业务成果的展示情况。	2.0
在线办事15分	办事渠道	业务办理	网站是否提供单位业务在线办理功能，如办事指南、表格下载、在线申报等。	6.0
	办事内容	办理类别	网站在线办理业务的类别有多少。	3.0
		办理查询	网站是否提供在线办理业务的在线查询功能，如业务办理状态查询、业务办理结果查询等。	6.0

（续）

一级指标	二级指标	三级指标	指标说明	分值
公众参与15分	业务咨询	交流渠道	网站是否提供公众业务咨询的渠道即咨询交流平台。	2.0
		互动效果	业务咨询交流平台的易用性、在线交流的形式、意见回复等情况。	3.0
	民意征集	征集渠道	网站是否提供民意征集的渠道。	2.0
		征集效果	网站征集渠道易用性、征集形式、意见反馈等情况。	3.0
	网站访问	总访问量	网站总体访问情况及变化。包括总访问量，页面浏览量等。	3.0
		日均访问量	网站日均访问情况及变化。	2.0
网站管理与页面设计25分	组织领导	领导小组	是否有网站管理领导小组 ，是否由本单位主要领导担任组长。	2.0
		工作机制	信息采集报送及发布是否有明确流程。	2.0
	人员保障	管理人员	网站是否设立或指定网站管理、内容保障、运行维护的工作岗位，配备专职或兼职管理人员。	2.0
		内部配合	内部职责分工及对网站管理的响应度。	2.0
	对主站信息的贡献	信息报送	对中国林业网主站内容的信息报送情况，对主站设立的相关栏目的信息更新情况。	5.0
		职责配合	对主站在线服务和访谈直播活动的支持情况，领导活动的配合情况。	5.0
	页面展示	页面效果	网站首页布局、个性化设计、栏目安排的合理性与相对全面性。	3.0
	功能服务	搜索功能	网站搜索引擎功能的实用性和易用性。	2.0
		导航链接	是否提供网站地图，是否设置站内导航，是否可轻松返回上级页面，以及与国家林业局主站等相关网站的链接情况。	1.0
		联系方式	网站是否提供网站维护单位及联系方式。	1.0

注：此评估标准个别指标根据当前实际情况作部分修改。

二、各省级林业子站评估指标体系及评分标准

一级指标	二级指标	三级指标	指标说明	分值
信息发布40分	信息公开规范性	公开指南	本部门信息公开指南及制定情况。	1.0
		公开目录	是否按照《政府信息公开目录系统实施指引》中的有关要求建设。	2.0
			是否通过点击目录即可访问到文件内容。	2.0
		公开年度报告	是否发布本年度信息公开报告。	1.0
	主动公开	机构职能	领导姓名、简介、分工等信息发布情况。部门职责与内设机构及分工信息发布情况。	2.0
		政府文件	本部门发布的公文网上发布情况。	4.0
		通知公告	本单位发出的通知公告网上发布情况。	2.0
		人事任免	干部任免、公务员考录、工作人员招考信息发布情况。	3.0
		财政公开	政府采购与招标信息发布情况。部门预算信息发布情况。	3.0
		计划规划	本省区市各级林业规划或专项规划发布情况。年度计划信息发布情况。	3.0
		林业统计	本省区市林业统计信息发布情况。	2.0
		专题建设	反映本地当前林业重点工作的专题专栏建设情况。	5.0
	依申请公开	指南信息	依申请公开指南、程序、办理时限和收费标准等信息发布情况。	2.0
		渠道建设	开设在线依申请公开的渠道。	2.0
	信息发布量	总量	网站信息加载总体数量。	4.0
		频度	网站信息更新频率，包括多少天更新1次，每次更新多少条等。	2.0
在线服务20分	下载服务	资料下载	提供各种资料下载（包括表格、文本、图片、软件等）的数量和质量。	5.0
		表格下载	提供表格下载的行政许可事项占本部门所承担全部行政许可事项的百分比。	3.0
	办事服务	办事指南	提供办事指南的行政许可事项占本部门所承担全部行政许可事项的百分比。	3.0
		在线申报	实现在线申报功能的行政事项占本部门所承担全部行政事项的百分比。	4.0

（续）

一级指标	二级指标	三级指标	指标说明	分值
	办事服务	结果反馈	实现办事结果查询和反馈的行政许可事项占本部门所承担全部行政许可事项的百分比。	3.0
		服务整合	是否将网上办事全流程应覆盖的五项服务，即办事指南、表格下载、在线申报、结果反馈等进行全面整合。	2.0
互动交流25 分	信件投诉	领导信箱	是否设有领导信箱并开通。信件处理与反馈的更新情况。	4.0
		投诉举报	有网上投诉和信访渠道。投诉内容、投诉处理结果情况。	4.0
	在线咨询	渠道建设	是否开通在线咨询渠道。	4.0
		在线答疑	在线咨询的处理与反馈更新情况。	
	征集意见	网上调查	是否设有网上调查栏目。调查主题是否与当前的政务相关。	4.0
	访谈直播	访谈直播	访谈直播的质量。访谈直播的更新情况。	4.0
	网站访问	总访问量	网站总体访问情况及变化。包括总访问量，页面浏览量等。	3.0
		日均访问	网站日均访问情况及变化。	2.0
网站设计与管理15 分	页面设计	首页布局	网站首页布局的合理性，是否能够少于 3 次点击即可定位查询内容。	3.0
		个性设计	页面简洁、美观、大方，特色突出。	
		栏目设置	栏目设置是否方便用户查询和浏览。	
	功能服务	搜索功能	是否提供全文和关键字检索；是否提供高级检索。	2.0
		导航链接	站点地图、栏目导航的质量，林业系统上下级单位网站的链接数量和质量。	1.0
		联系方式	是否提供网站维护单位及联系方式。	1.0
	制度建设	管理制度	网站管理制度的制定情况。	1.0
		内容保障制度	内容保障制度的制定情况。	1.0

（续）

一级指标	二级指标	三级指标	指标说明	分值
	安全管理	访问检查	定期检查网站页面访问情况。	1.0
		内容审核	有专人进行内容审核、有保密检查。	1.0
		防攻击和篡改	是否有安全网关、防火墙、防篡改措施。	1.0
		防病毒和应急预案	是否有防病毒措施，是否定期升级和检查。是否有应急预案，有无演练。	1.0
		备份恢复情况	是否有备份机制并坚持定期备份。是否有恢复机制，有无演练。	2.0

注：此评估标准个别指标根据当前实际情况作部分修改。

附　录

2009年中国林业信息化大事记

1月22日

国家林业局印发《全国林业信息化建设纲要(2008~2020年)》、《全国林业信息化建设技术指南(2008~2020年)》，这是指导全国林业信息化建设的纲领性文件，对促进全国林业信息化建设具有重大而深远的意义。

1月23日

国家林业局成立国家林业局信息化管理办公室，负责综合协调、指导监督、组织实施全国林业信息化和电子政务工作。

2月11日

国家林业局信息办召开第一次全体会议，部署安排林业信息化相关工作，并将每周一召开例会确定为一项基本工作制度。例会主要内容为总结前期工作，部署安排下阶段工作。

国家林业局信息办创办《林业信息化》内部刊物，重点刊载信息化建设重大政策、工作动态和有关论述等，为广泛宣传林业信息化建设发挥重要作用。

2月23日

国家林业局信息办印发《国家林业局信息化管理办公室工作制度(暂行)》。

2~3月下旬

国家林业局在全国范围内组织开展了征集"林业信息化"标识活动。经过初选、复选、终选三个阶段的评审，评选出"林业信息化"标识一、二、三等奖作品。综合标识评选结果，国家林业局组织专家和作者一道，在一等奖作品的基础上，吸收其他有关优秀设计理念，反复修改润色，形成林业信息化正式标识——"飞翔的林业"。

3月20日

全国林业信息化工作领导小组成立，首次将林业信息化工作领导小组延伸至全国林业系统。

3月24~25日

首届全国林业信息化工作会议在北京召开，贾治邦局长作主报告，全体局领导出席会议，各地林业主管部门、各司局、各直属单位主要负责人出席。会议全程网络、视频发布，开创了林业会议先河。这次会议的规格之高、规模之大、形式之多样、内容之丰富、影响之深远，前所未有。会议的召开，标志着林业信息化建设开始步入全面加快发展的新阶段，在林业信息化发展史上具有划时代意义。会上形成了当前和今后一个时期全国林业信息化工作的总体思路，概括一句话，就是“加快林业信息化，带动林业现代化”。同时，会上启用了林业信息化标识——“飞翔的林业”，举办了首届全国林业信息化高峰论坛和全国林业信息化成就展。

3 月 24 日至 4 月 3 日

首届全国林业信息化成就展举办。本次展览共制作 63 块展板，系统展示了全国林业信息化建设成就与经验，并对《全国林业信息化建设纲要》提出的八大行动计划作了全面解读。

4 月 14 日

全国林业信息数据标准化技术委员会正式成立，并召开第一次全国林业信息数据标准化技术委员会工作会议。

4 月 15 日

林业资源和地理空间基础信息库建设领导小组会议在京召开，祝列克副局长主持会议并作重要指示，李世东主任作“林业资源和地理空间基础信息库项目”建设情况汇报。

5 月 19 日

辽宁省召开了首届全省林业信息化工作会议，认真传达学习全国林业信息化工作会议精神，对当前和今后一个时期全省林业信息化建设工作进行了总体部署，全省掀起数字林业建设高潮。

6 月 1 日

为全面贯彻落实首届全国林业信息化工作会议精神，结合学习贾局长讲话和《全国林业信息化建设纲要》重要内容，局政府网组织开展“厅局长论信息化”主题活动。

6 月 19 日

“金林工程”专家研讨会在京召开，国家林业局副局长祝列克出席并讲话。

6 月 22 ~ 23 日

中央林业工作会议在北京举行。中共中央政治局常委、国务院总理温家宝会见全体代表并发表重要讲话，中共中央政治局委员、国务院副总理回良玉出席会议并讲话。会议要求，“加快推进林业机械化、信息化、标准化建设，不断提高现代林业建设的物质装备水平和科学管理水平”。局政府网开设中央林业工作会议专题。

6 月 28 日

贾治邦局长在信息办关于国家林业局政府网“中央林业工作会议”专题情况报告上做重要批示。

7 月 1 日

“森林重庆”网站正式开通。

7 月 15 日

国家林业局局长贾治邦、副局长张建龙座客国家林业局政府网，就贯彻落实中央林业工作会议精神、全面推进集体林权制度改革进行政策解读。

7 月 21 日

国家林业局办公室发出《关于编制林业信息化建设规划的通知》，在全国范围内组织开展林业信息化建设规划编制工作。

7 月 23 日

国家林业局政府网访问量突破1000 万。自 2007 年 4 月 26 日网站改版以来，信息发布更加及时，在线服务不断拓展，互动交流日益便捷，越来越受到各方面的欢迎，继 2008 年 2 月 26 日访问量突破 500 万次后，2009 年 7 月 23 日实现访问量突破 1000 万次，仅一年左右的时间，访问量超过了前 8 年的总和。

《国家林业局关于做好国家林业局内外网整合改造工作的通知》(林信发[2009]175 号)印发，通知要求，对局公共性、基础性、关键性的建设内容进行统一规划、统一设计、统一建设，重点进行国家林业局内外网整合改造等工作，实行内外网物理隔离，这标志着国家林业局内外网整合改造工作正式启动。

7 月 29 日

江西省林业厅党组书记、厅长刘礼祖接受国家林业局政府网、江西省林业厅网站联合专访，就深入贯彻落实中央林业工作会议精神，积极推进集体林权制度改革等有关情况与网民进行在线交流。

8 月 6 日

全国林业视频会议等系统改造扩建工程启动。工程建设内容主要包括：全国林业视频会议系统扩建、林业综合办公电子传输系统扩建、网络 IP 电话系统建设。

8 月 7 日

国家林业局信息化项目建设领导小组办公室主持召开了国家林业局内外网整合改造项目开工会。项目领导小组办公室成员，计资司、科技司等司局、单位有关负责人，承建单位及监理代表约 30 人出席会议。会议的召开，标志着国家林业局年度林业信息化建设项目正式进入施工阶段。

8 月 11 日

国家林业局办公室发出《关于开展国家林业局中心机房及网络系统改造工作的通知》，标志着局中心机房及网络系统改造工程正式实施。

8 月 20 日

全国政务公开领导小组办公室副主任韩平满到国家林业局调研指导政务公开工作。

8 月 26 日

国家林业局信息办李世东主任接受 Cio Insight 杂志关于加快林业信息化建设的专访。

9月15日

国家林业局政府网开通“新中国林业60年”专题，作为向新中国成立60周年的献礼。

9月18~19日

全国林业信息化建设培训班在山西太原举办，来自国家林业局各司局、直属单位及各省、自治区、直辖市林业厅(局)信息化主管处室(中心)的负责同志共200余人参加本次培训。

9月30日

国家林业局信息办组织相关人员，通过向全国林业系统发调查函、网络查阅以及从相关标准组织机构查询等途径，开展了全国林业信息化标准建设摸底调查工作，对与林业信息化相关的标准进行了研究和分析，并组织开展《林业信息化标准清查》、《林业信息化标准体系》意见征集工作。

10月16~22日

国家林业局信息办组织开展信息化调研，分赴福建、吉林森工、浙江、湖南等地调研林业信息化建设情况。

10月29日

国家林业局部署安排首部《中国林业信息化发展报告》编写工作，以此为起点，计划每年一部。

11月8日

《信息方略》杂志以封面文章“全国林业信息化建设纲要孕育始末”刊登专访特写。

中国林业学术大会暨森林经理与林业信息化的新使命研讨会在南宁召开，信息办主任李世东作主题演讲。

11月10日

湖南林业信息化步伐全面提速。全省林业干部职工通过湖南林业电子政务网同步收看湖南省委林业工作会议实况转播。

11月13~14日

国家林业局信息办在北京组织召开了中国林业信息化发展战略座谈会，启动中国林业信息化发展战略研究。这是落实国家林业局党组一系列指示精神的重要举措，是统揽全局、发挥后发优势、实现林业信息化快速发展的主要步骤。

11月30日

在杭州举办的“向建国60周年献礼——中国电子政务发展优秀应用成果推选大会”上，国家林业局“全国卫星林火监测系统”获部委级十佳电子政务效能应用奖。该系统在森林防火预警预报和扑火指挥工作中发挥了不可替代的重要作用，被誉为森林防火工作的“千里眼”。

12 月 15 日

国家林业局局长贾治邦对林业信息化做出重要批示，明确指出：林业信息化工作是我们最重要的基础工作，又是我们最重要的技术手段。把这项工作搞好了，林业改革发展、现代林业建设、同国际林业水平接轨就有了条件和基础。

国家林业局信息化项目建设领导小组办公室组织召开专题会议，对 2009 年林业信息化建设项目进行初步验收。

12 月 16 日

国家林业局组织开展首批全国林业信息化示范省建设，确定辽宁省林业厅、福建省林业厅、湖南省林业厅和吉林森工集团为首批示范省实施单位。

12 月 17 日

国家林业局政府网在 2009 年中国政府网站绩效评估暨第四届中国特色政府网站评估结果发布大会上获“品牌栏目奖”第一名。

12 月 25 日

辽宁省林业厅完成的辽宁省数字林业核心平台课题研究成果通过了辽宁省科技厅组织的专家鉴定。

2010 年中国林业信息化大事记

1 月 21 日

中国林业网和国家林业局办公网开通运行，整合了 50 多个业务子站和一批重点数据库及应用系统，建成了首个国家林业政府网站群。

1 ~ 3 月

国家林业局组织开展首次全员信息化培训，连续举办 5 期培训班学习中国林业网、国家林业局办公网和综合办公系统的应用，为国家林业局内外网应用和实现无纸化办公奠定了基础。

1 月 29 日

电子政务管理实践案例评选活动总结大会召开，国家林业局荣获知识管理奖和电子政务管理效能提升奖。

2 月 4 日

全国林业信息数据标委会年会组织召开，并完成《林业信息术语》等 6 个标准的专家评审。

2 月 5 日

工信部软件司赵小凡司长一行来国家林业局检查指导信息化工作。

2 月 10 日

吉林森工“三网”融合项目完成方案设计，进入实施阶段。

3 月 2 日

国家网络森林医院开通运行，实现了森林疾病“在线就医问药”和“在线咨询服务”。

3 月 10 日

中央机构编制委员会办公室印发《关于国家林业局信息中心机构编制的批复》。

3 月 12 日

湖南省林木测土配方基础平台建设完成并投入运行。

4 月 1 日

国家林业局综合办公系统开始试运行。

4 月 2 日

中国林业网和国家林业局办公网应用情况在局长办公会上作专题汇报。

4 月 30 日

国家林业局政府网开通上海世博会专题。

5 月 10 ~ 20 日

组织编制《国家重大信息化工程建设规划(2011 ~ 2015 年)》林业信息化项目建议。

5 月 26 日

国家知识产权局专利局来国家林业局调研无纸化办公及档案管理情况。

5 月 27 日

国家测绘局管理信息中心来国家林业局调研信息化工作。

6 月 1 日

国家林业局综合办公系统正式启用，这标志着全国林业系统开始进入无纸化办公时代。

辽宁省召开第二次全省林业信息化工作会议。

6 月 17 日

国家林业局印发《关于成立国家林业局信息中心的通知》，正式成立了国家林业局信息中心，该中心为国家林业局正司局级单位，核定事业编制 30 人，承担组织、协调、指导、监督、管理全国林业信息化建设和电子政务工作。

7 月 1 日

国家森林防火指挥中心升级改造项目启动，我国森林防火指挥装备与能力建设进一步增强。

7 月 7 ~ 28 日

赴英国电子政务管理培训班圆满举办。

7 月 8 日

国家林业局印发《中国林业网管理办法》、《国家林业局办公网管理办法》、《全国林业专网管理办法》、《国家林业局中心机房管理办法》和《国家林业局网络信息安全应急处置预案》五项信息管理制度。

7 月 9 日

国家林业局印发《全国林业信息化工作管理办法》。

8 月 19 日

空军信息化工作办公室到国家林业局调研信息化工作。

9 月 1 日

国家林业局信息办组织召开林业资源监管服务体系试点建设项目实施方案座谈会。

9 月 6 日

国家林业局政府网直播张建龙副局长接受中国政府网专访。

9 月 20 日

辽宁省数字林业核心平台建成，并获得辽宁省科技进步二等奖。

9 月 25 日

"国家林业局林业资源综合监管服务体系试点建设项目"开始公开招标。

10 月 10 日

国家林业局政府网开通全国集体林改百县经验交流会专题，并开始组织"百县书记县长谈林改"网络电视访谈直播系列活动。

11 月 8 日

国家林业局信息办印发《办公计算机安全管理办法》等 8 项信息安全管理办法。

11 月 10 日

林业资源综合监管服务体系试点建设项目正式启动，这是《全国林业信息化建设纲要》第一个行动计划的核心内容，信息技术在林业核心业务中的应用深入发展。

11 月 22 日

《全国林业信息化发展"十二五"规划》(2011 ~ 2015 年)通过专家评审。

11 月 26 日

首次物联网示范工作会议召开，国家林业局和有关部委被列入首批物联网示范单位。

12 月 6 日

华东林业产权交易所建成。建立了全省统一、规范、公开的森林资源和林业要素交易平台，为林业和融资担保之间找到了一个契合点。

12 月 8 日

国家林业局政府网获 2010 年绩效评估"品牌栏目"奖。

12 月 9 日

公安部、北京市公安局对国家林业局进行信息安全等级保护检查。

12 月 16 日

第九届中国政府网站绩效评估结果发布会召开，国家林业局政府网在 73 个部委网站综合排名中位列第 11 名，荣获“优秀政府网站”称号。

12 月 20 日

河南林业信息网荣获“全国农业网站百强”称号。

12 月 23 日

《国家林业局信息办财务与资产管理办法（试行）》印发。

12 月 27～28 日

首次全国林业信息化示范省建设工作座谈会在北京召开，会议向首批全国林业信息化示范省颁发了奖牌，宣布了首次中国林业网子站和各省（区、市）林业厅（局）网站绩效评估结果，宣布了“十一五”全国林业十件大事和 2010 年全国林业信息化十件大事评选初步结果。

12 月 30 日

《中国林业信息化发展报告 2010》正式出版，这是首部中国林业信息化发展报告。

2011 年中国林业信息化大事记

1 月 21 日

《国家林业局移动办公管理办法（试行）》印发。

1 月 27 日

国家林业局移动办公系统正式上线运行，彻底打破了办公的时空局限，开启了林业系统移动办公新时代。

2 月 16 日

国家林业局与中国电信集团公司签署战略合作框架协议。双方本着平等自愿、优势互补的原则，围绕林业信息化建设目标，充分发挥各自优势，开展全面、深入、务实的战略合作。

2 月 24 日

国家林业局荣获部委信息公开第二名。《中国法治发展报告 No. 9（2011）》第二次发布了中国政府透明度年度报告，国家林业局政府信息公开工作在国务院所属 59 个部门中排名第二。

3 月 2～22 日

经国家外国专家局批准，国家林业局信息化管理办公室组织“林业信息化建设管理技术培训团”，赴澳大利亚进行为期 21 天的培训。

3 月 25 日

《全国林业信息化发展“十二五”规划(2011 ~ 2015 年)》印发。《规划》提出了“十二五”时期林业信息化的发展思路、建设目标、主要任务和保障措施等，绘就了今后 5 年林业信息化发展蓝图，为促进林业决策科学化、办公规范化、监督透明化、服务便捷化奠定了扎实基础。

4 月 9 ~ 12 日

组织四个工作组分赴河南、江西、山西、陕西、山东、内蒙古、广西、广东进行林业信息化示范省调研。

4 月 16 日

北京林业大学信息学院成立 10 周年。

5 月 5 日

国家林业局启动第二批全国林业信息化示范省建设工作。在第一批示范省的基础上，确定北京、山西、内蒙古、江西、山东、河南、广东、陕西、沈阳为示范省(市)。

《全国林业信息化发展水平评测报告》发布。

5 月 6 日

为充分听取各方面专家的意见和建议，提高林业信息化决策的科学水平，国家林业局成立全国林业信息化专家咨询委员会，充分发挥对林业信息化的指导作用。

5 月 9 ~ 10 日

第二届全国林业信息化工作会议在沈阳召开，总结“十一五”全国林业信息化工作，安排部署“十二五”及 2011 年林业信息化工作，提出了“统一规划、统一标准、统一制式、统一平台、统一管理”的基本原则，举办了第二届全国林业信息化高峰论坛和第二届全国林业信息化成果展，进一步加快了林业信息化发展步伐。

6 月 1 日

山东省机构编制委员会批复成立山东省林业信息中心。

7 月 5 日

中国林业网国有林场、种苗基地、自然保护区子站群陆续上线开通，中国林业网站群基本形成。

7 月 25 日

国家林业局信息办联合清华大学举办了首届林业 CIO 高级研修班，从战略政策、行业应用、组织管理、交流研讨等多方面开展了学习研讨，取得了良好效果。

8 月 17 日

湖南省组织召开全省林业信息化工作会议。

8 月 24 日

国家批复首批国家物联网应用示范工程实施方案，标志着智能林业等首批国家物联网应用示范项目正式启动。

9 月 7 日

林业资源综合监管服务体系试点建设项目通过初步验收，使林业信息化由公共基础建设向林业核心业务拓展。

9 月 16 日

中科院办公厅到国家林业局调研信息化建设情况。

10 月 19 日

四川省林业信息化专家咨询委员会在成都成立。

10 月 27 ~ 28 日

首届全国林业信息化学术研讨会在京召开。会议以“科技先导，应用创新”为主题，对我国林业信息化发展战略、信息技术与林业应用创新等议题进行了探讨。来自国家林业局有关单位、省级林业信息化主管部门、林业教学和科研单位、特邀专家以及知名 IT 企业的 160 余人参加会议。

10 月 30 日

中国林业网访问量两年突破 2 亿人次，日均访问量超过 30 万人次。

11 月 7 日

《2010 年全国林业信息化发展水平评测报告》发布，市级林业网站数量由 2009 年的 257 个增加到 370 个。

11 月 9 日

《国家林业局信息办关于加强文化建设的实施意见》出台。《意见》中明确了信息办文化建设的目的意义、指导思想、基本原则、建设目标、主要内容、具体要求，对促进林业信息化事业的快速发展和干部职工的全面进步具有十分重要的意义。

11 月 10 日

《全国林业省级单位机房建设管理规范》出台。该《规范》按照国家有关信息化规范和林业信息化建设“统一规划、统一标准、统一制式、统一平台、统一管理”的原则，从机房建设、配套系统、机房管理等各个方面对全行业省级单位信息网络数据中心进行了统一规范。

11 月 16 ~ 21 日

国家林业局以“感知生态　智慧森林物联网建设方案”参加第 13 届高交会展览，荣获“发展新一代信息技术，加快经济社会信息化”主题展览优秀组织奖。

国家林业局被授予“国家物联网应用示范工程”奖牌。

11 月 22 日

西藏林业网正式开通，实现了全国省级林业网站的全覆盖，标志着我国林业信息化建设取得了新进展。

11 月 29～30 日

在“政府网站集约化建设与精品栏目管理经验交流会”上，国家林业局政府网“行政许可”和“网络视频”栏目获“精品栏目奖”。

上海市林业局网站的“办事大厅”栏目和辽宁省林业厅网站的“辽宁林业网络电视”栏目，分别获在线办事类和互动交流类“精品栏目奖”。

12 月 1 日

《中国林业信息化发展报告 2011》出版发行。报告系统总结了 2010 年林业信息化建设成就与经验，内容丰富，可读性强，对于社会各界了解我国信息化现状和任务，共同推进林业信息化发展具有重要参考价值。

12 月 2 日

中国政府网站绩效评估结果公布，国家林业局政府网进入前十名。

12 月 6 日

中共中央书记处书记、中央纪委副书记何勇视察国家林业中心机房并观看“信息改变林业”视频短片。

12 月 15 日

中国林业信息化发展战略研究基本完成。该研究从发展道路剖析、战略地位与作用、战略需求、战略设计、战略内容、战略重点、优先领域、战略保障、发展测评等多个方面，对 2030 年之前中国林业信息化发展战略进行了全方位的研究。

12 月 25 日

全国林业网站绩效评估工作完成。评估工作对中国林业网 100 多个子站的建设情况和国家林业局内网 50 多个单位的应用情况进行了全面评估。评选出全国林业十佳网站、国家林业局十佳网站、国家林业局内网应用先进单位，以及网站单项指标领先单位。评估工作达到了以评促建、以评促用的目的。

12 月 30 日

首届全国生态作品大赛圆满结束。为弘扬生态文化，倡导生态文明，中国林业网、国家生态网举办了首届全国生态作品大赛。大赛自启动以来，得到社会各界的广泛关注和热情参与，收到文学、摄影、绘画和书法作品 8000 多件，评选出各类作品的一、二、三等奖和优秀奖共 64 名。大赛宣传范围广、作品类别多、参与人员广、投稿热情高，达到了预期目的。

我们三岁了

（代后记）

——在国家林业局信息办成立三周年纪念晚会上的致辞

我们三岁了！
今天，是一个特别的日子，
是我们信息办三周岁的生日。
回首三年走过的历程，
我们无限感慨，
我们无比自豪！

我们三岁了！
三岁，是一个多么可爱而美好的年龄！
就像一个新生婴儿，
即将离开母亲的怀抱，
怀着一颗赤子之心，
来到幼儿园这一走向社会的第一个驿站，
在欢乐和考验中一天天历练，
在憧憬和向往中一天天成长！

我们三岁了！
三年间，我们有过欢乐，有过鲜花，有过荣耀，有过沉甸甸的丰收；
三年间，我们有过失落，有过辛酸，有过泪水，有过道不尽的苦楚。
三年间，我们度过了一千多个日夜，每一天都发生着令人动容的感人故事；
三年间，我们创造了三十多项纪录，每一项都铭刻着大量心血的无悔付出。
三年间，我们怀着好奇而纯洁的眼光，尝试着，努力着！
三年间，我们张开希望而执著的翅膀，翱翔着，奋进着！

我们三岁了！
三岁，是一个充满希望的年龄。
正如一棵幼苗，
迎着朝阳，
颤落清晨的露珠，
奔向蓝天！

这，所有的一切才刚刚开始，
这，所有的一切都会成为可能！

我们三岁了！
挥挥手，我们告别过去，
无论昔日如何辉煌与荣光，
无论曾经多么坎坷与苦涩，
我们都轻轻地将它收藏在记忆里，
变成我们的永久财富！

我们三岁了！
昂首踏上新的征程，
再一个三年，
无论天晴日朗，
还是雨骤风狂，
我们都将义无反顾，
直前勇往。
到我们六岁时，
我们将告别幼儿园，
走向小学校，
迎接时代新的洗礼！

看，在扑面而来的信息时代浪潮中，林业信息化之舟在破浪前进！
听，在日新月异的现代林业大道上，林业信息化的汽笛隆隆轰鸣！

朋友们，
让我们举起酒杯，
为了林业信息化更加美好的明天，
为了谱写我们更加壮丽的历史诗篇，
为了各位同仁的身体健康，
让我们共同，
干杯！

李世东
2012年1月9日